DR. ULRICH KESSLER

DER HYBRIDE RECHTSSTAAT

AF219310

Bibliografische Information der Deutschen Bibliothek:
Die Deutsche Bibliothek verzeichnet diese Publikation in der
Deutschen Nationalbibliografie; detaillierte bibliografische
Daten sind im Internet unter *http://dnb.ddb.de* abrufbar.

Impressum

© 2018 Rechteinhaber des Buches:
Der hybride Rechtsstaat LtD.

Rechteinhaber der Bilder:
Dr. Ulrich Keßler

Satz, Layout und Umschlaggestaltung:
Achim Czogallik

Herstellung und Verlag:
BoD - Books on Demand, Norderstedt

ISBN: 978-3-7528-5403-9

DR. ULRICH KESSLER

DER HYBRIDE RECHTSSTAAT

Tagebuch eines Aufbauhelfers
in Sachsen

Mein besonderer Dank gilt meinen beiden Kindern Carmen und Daniela, ohne deren Liebe dieses Buch nie möglich geworden wäre.

Ich bedanke mich außerdem bei meiner Schwester Charlotte für ihre grenzenlose Unterstützung.

Inhalt

Jahrzehnte der Demokratie haben bei vielen die Wachsamkeit gegenüber Propaganda einschläfern lassen. Wir misstrauen zwar generell Politikern sowie Journalisten, trauen ihnen viele Lügen zu und berichten ausführlich über jeden Missstand bei uns. Aber gleichzeitig durchschauen wir es nicht, wenn die Lüge die Norm ist und Missstände die Regel sind. Dass jemand konsequent Recht bricht, Nachrichten und Sprache systematisch zur Manipulation nutzt und das Gegenteil von dem sagt, was er denkt und tut, können wir uns nicht vorstellen und deshalb auch nicht glauben.

Boris Reitschuster

Prolog

Dieses Buch zu schreiben fällt mir auch nach Jahren noch schwer. »*Nichts ist wie es scheint*«, formuliert Al Pacino treffend in dem Film »*Der Einsatz*« und weist damit drastisch auf die Diskrepanz zwischen persönlicher Überzeugung und Wirklichkeit hin. Seine Worte beschreiben meine Erlebnisse am besten. Es geht um nicht erfüllte Hoffnungen, um den Traum vom Rechtsstaat.

Rückblickend gab es in meinem Leben zu viele schlechte Entscheidungen. Dabei sticht eine besonders heraus: Anfang 1993 wählte ich für meinen Berufsstart Leipzig. Ich glaubte gut vorbereitet zu sein. Immerhin hatte ich zwei juristische Staatsexamina erfolgreich abgeschlossen. Das Justizsystem war meine Heimat. In meiner Doktorarbeit befasste ich mich auf mehr als 100 Seiten mit dem im Grundgesetz verankerten Rechtsstaatsprinzip. Ich wusste, welcher rechtliche Rahmen für die Inhaber der Staatsgewalt gilt, und wo sie ihre Grenzen überschreiten. Ich kannte meine Rechte. Oder etwa nicht? Damals fühlte ich mich vor staatlicher Willkür sicher.

Hierin lag meine größte Fehleinschätzung. Es ist eine Sache, Inhalt und Reichweite des Rechtsstaatsprinzips in einer Doktorarbeit herauszuarbeiten. Mein grundlegender Irrtum lag in der Annahme, die Justiz werde diesen Verfassungsgrundsatz so interpretieren, wie viele etablierte Verfassungsrechtler dies taten. Ungünstiger hätte meine Ausgangslage daher nicht sein können.

Die gelebte Praxis entfernt sich von der Theorie jedoch durch den Faktor Mensch. Es war ein Irrglaube anzunehmen, Andere würden zu denselben Schlussfolgerungen gelangen wie ich oder rechtsstaatliche Bindungen respektieren. Womit ich allerdings nie gerechnet hatte war die Kaltschnäuzigkeit und Dreistigkeit,

11

mit der fundamentale rechtsstaatliche Prinzipien unterlaufen werden.

In den vergangenen 18 Jahren kämpfte ich in Sachsen an den unterschiedlichsten Fronten. Es war ein aussichtsloser Kampf. Denn die Vertreter der öffentlichen Hand besitzen zu rechtsstaatlichen Mindeststandards ihre ganz persönliche Auffassung. Juristische Maßnahmen ordneten sich schnell dem politisch Gewollten unter. Sicherheit vor staatlicher Willkür lernte ich unter diesem Primat der Politik nie kennen.

Die Krake besitzt viele Arme. In seinen Staatsanwaltschaften und Finanzämtern findet die herrschende politische Kaste ebenso eifrige wie treue Helfer. Von einem Tag auf den anderen wurde ich von der sächsischen Justiz in den Stand des Kopfes einer kriminellen Vereinigung erhoben. Unter Berufung auf ein vermeintliches Informationsinteresse der Öffentlichkeit fütterten meine Gegner die Boulevardpresse, allen voran die BILD-Leipzig, stets auf Neue mit ihren gegen mich erhobenen Vorwürfen. Man hatte mich der öffentlichen Hinrichtung preisgegeben.

Die Angriffe, derer ich mich bis heute ausgesetzt sehe, sind zu komplex um sie mit Zufällen zu erklären. Dem Vorgehen fehlen nämlich weder Strategie noch Steuerung. Derartige »Zufälle« sind nach jeder Wahrscheinlichkeitsrechnung ausgeschlossen. Nach meiner Meinung handelt es sich eher um einen politisch motivierten Politik- und Justizskandal.

Dass es so einfach ist, in die Fänge der Justiz zu geraten, lag außerhalb meiner Vorstellung. Dass es unmöglich ist, sich aus ihren Fängen wieder zu befreien, ebenso. Hat man sich einmal die Aufmerksamkeit des Establishments verdient, führt dies zu einem eheähnlichen Verhältnis, das ewig hält. Scheidung ausgeschlossen.

Meine Erlebnisse sprengen alles, was ich für möglich hielt. In Sachsen blühen nicht die Land-, sondern die Seilschaften. Von Machtoptionen wird erbarmungslos Gebrauch gemacht. Vor allem aber musste ich eins feststellen: Der Freistaat Sachsen besitzt ein exzellentes Gedächtnis.

Meine Ausführungen beruhen auf meinen persönlichen Erfahrungen. Mein Schicksal sehe ich als Reaktion auf meine Arbeit als Aufbauhelfer. Ob dieses verallgemeinert werden kann, habe ich nicht zu entscheiden. Dies möge der geneigte Leser tun. Vieles deutet jedoch darauf hin. Mit meinem Tagebuch möchte ich Missstände aufzeigen, sie thematisieren und damit den Raum frei machen für eine dringend notwendige öffentliche Diskussion. Daran, dass sich in Sachsen etwas ändert, glaube ich dennoch nicht.

Freitag, 29. Dezember 2017

Meine optimistische Grundhaltung war längst tiefer Verzweiflung gewichen. Verzweiflung über die Auslöschung meiner finanziellen und beruflichen Existenz, Verzweiflung über die Unerbittlichkeit des Freistaates Sachsen. Meine Unfähigkeit, die Regeln dieser Auseinandersetzung zu verstehen, nagt immer noch schwer an meinem Ego. Was ich früher als gerecht empfand, war es schon lange nicht mehr. Früher, als ich für das an der Universität gelehrte Rechtsstaatsprinzip noch meine Hände ins Feuer gelegt hätte.

War alles doch nur ein Traum? Längst schwer depressiv stelle ich mir stets dieselbe Frage. Bis heute habe ich hierauf keine passende Antwort gefunden. Meine Ärzte empfahlen mir, meine Erfahrungen schriftlich aufzuarbeiten. Ohne die erneute Konfrontation mit den Ereignissen, die mein Leben zerstört hatten, sei eine Genesung unmöglich.

Doch aller Anfang ist schwer, vor allem bei traumatischen Erinnerungen. Sie liegen weit jenseits dessen, was ich in meinen schlimmsten Träumen für möglich hielt. Sie entstammen einer Parallelwelt, in der Vertreter aus Politik, Justiz und Finanzämtern ihre Machtambitionen hemmungslos ausleben. Nur war es keine Parallelwelt in der ich lebte, sondern die Realität.

Viele Jahre hatte ich geträumt. Es war der Traum vom Rechtsstaat, ein schöner Traum. Ihn träume ich schon lange nicht mehr.

TEIL I

Wie alles anfing

Kapitel 1:

Erste Scharmützel

Nun war ich Rechtsanwalt geworden und arbeitete in einem Beruf, den ich eigentlich nie ergreifen wollte. Ich hatte mir bisher meine Zukunft in einem Unternehmen in den alten Bundesländern vorgestellt. Ein denkwürdiges Vorstellungsgespräch bei RTL in Köln Mitte November 1992 führte zu einem Umdenken. Meine künftige Kollegin brach dort nach kurzer Zeit in heftige Tränen aus. An mir lag es entgegen meiner ersten Vermutung anscheinend nicht. Vielmehr beklagte sie sich über die hohe Arbeitsbelastung im Sender und die entsprechenden Scheidungsraten. Wenn das so ist kann ich auch gleich Rechtsanwalt werden, sagte ich mir damals.

Jedenfalls leuchtete die Zukunft in goldenen Farben. Was sollte mir schon passieren? Ich fühlte mich stark und in der Lage, jedes Problem zu bewältigen. Mit meinem Realitätsbewusstsein war das aber so eine Sache. Es musste erst noch durch die raue Realität geschärft werden. Denn die Welt, wie ich sie mir damals vorstellte, existierte nicht. Glaube und Wirklichkeit sind zwei grundverschiedene Dinge.

Mittwoch, 2. Dezember 1992

Es war ein schöner Dezembertag, als ich am Flughafen Leipzig/ Halle aus der Boeing 737 der Lufthansa, die aus Frankfurt kam, stieg. Die Sonne zeigte sich von ihrer besten Seite. Gezahlt hatte den Flug mein künftiger Arbeitgeber, die internationale Anwaltssozietät DERINGER TESSIN HERRMANN & SEDEMUND. Deren Wunsch folgend wollte ich mir ihr Leipziger Büro anschauen.

Hier war ich nun: Neugierig auf einen neuen Lebensabschnitt. In der Region der »blühenden Landschaften«, wie Bundeskanzler Helmut Kohl nach der Wiedervereinigung stets vollmundig versprochen hatte.

Bei meiner ersten Ehefrau rief meine Bereitschaft, künftig als Aufbauhelfer in Sachsen zu arbeiten, tiefe Sorgen hervor. Die Nachrichten berichteten regelmäßig von gewalttätigen Rechtsradikalen im Freistaat. Für sie war dieses Bundesland ausländerfeindlich. Als Ekuadorianerin besaß sie ihre eigenen Ängste.

Die Worte Helmut Kohls hatten mich allerdings tief beeindruckt und motiviert. Bei der Gestaltung der blühenden Landschaften wollte ich mitwirken, und meinen Teil zum Aufbau-Ost beisteuern.

Am Eingang zum Terminal B traf ich zum ersten Mal auf einen leipziger Zeitgenossen. Groß, kräftig, mit kahlem Schädel, Springerjacke und -stiefeln. Ein offensichtlich wehrhafter Deutschnationaler.

Sofort meldeten sich in meinem Kopf die Sorgen meiner Frau zu Wort. War das ein schlechtes Omen? Mein Magen zuckte nervös. Nun war ich schon einmal angereist. Mein Rückflug ging erst in ein paar Stunden. Was hatte ich zu verlieren? Der Kanzlei absagen konnte ich immer noch. Also nahm ich ein Taxi. Mein Ziel war die Nikolaistraße 55 in der Leipziger Innenstadt.

Während der Fahrt sorgte mein Blick aus dem Fenster für steigende Ernüchterung. Die Stadt befand sich in einem erbarmungswürdigen Zustand. Verfallene Bauwerke, zerbröckelter oder nicht vorhandener Putz, zerstörte Fensterscheiben inmitten von sozialistischer Baukultur, wohin man nur blickte. Die blühenden Landschaften waren hier jedenfalls noch nicht angekommen. Die Stadt besaß etwas Düsteres, Schwermütiges, Morbides. Als sei die Zeit stehengeblieben.

Mein erster Eindruck verunsicherte mich stark. Bei diesen Rahmenbedingungen konnte so schnell nichts blühen. Auch das Gespräch mit meinen künftigen Kollegen im Leipziger Büro der Kanzlei führte zu keiner günstigeren Einschätzung. Dort befasste man sich schwerpunktmäßig mit der Abwicklung von DDR-Vermögen sowie der Aufarbeitung offener Grundstücksfragen.

Ohne eine Lösung dieser Themen konnte kein Neuaufbau beginnen. Wer investiert schon in ein Grundstück, dessen Eigentümer er nicht einmal kennt? Es ging um die Aufarbeitung der Vergangenheit, in der Zukunft war man noch lange nicht angekommen.

Nach zwei Stunden endeten meine Gespräche und ich trat die Rückreise an. Obwohl die Stadt für ihre Baudenkmäler bekannt war, reizte mich ein Gang durch die Innenstadt nicht wirklich. Nur der traditionsreichen Nikolaikirche, dort wo so vieles begann, stattete ich einen Besuch ab. Diese befand sich ebenfalls in einem desolaten Zustand. Die Baugerüste im Inneren zeugten wenigstens davon, dass sich etwas bewegte.

Durch die Nikolaistraße ging ich zurück zum Hauptbahnhof. Das Wetter war inzwischen vollständig umgeschlagen. Nässe und Kälte waberten durch die Stadt. Die hereinbrechende Dunkelheit verstärkte den traurigen Eindruck. Leipzig, einst Blütestadt, was war aus Dir geworden? Wie konnten so viele Menschen so lange in einem derartigen Umfeld überleben? Nein, das war nicht die Stadt in der meine Familie leben sollte.

In gedrückter Stimmung schritt ich die Treppen zur Unterführung unter dem Innenstadtring Richtung Hauptbahnhof hinab. Hier erlebte ich das ganze winterliche Elend. Überall saßen bettelnde Heimatlose, vor allem gestrandete Osteuropäer, in Nässe und Dreck, der von den Fußgängern in die Unterführung getragen worden war. Ihr lautes Wehklagen klingt noch heute in meinen Ohren.

Was meine Augen zu sehen bekamen war einfach nur traurig, Menschen ohne jegliche Perspektive, alleingelassen von den Mühen des Aufbaus. So viele Schicksale und so wenig Zukunft. Wie sollte der Herkulesakt gelingen? Was war nun mit den blühenden Landschaften? War man von politischer Seite vielleicht doch zu voreilig?

Damit schloss sich für mich dieses Kapitel – vorerst jedenfalls. Auf der anderen Straßenseite angekommen nahm ich ein Taxi zum Flughafen. Die düstere Stimmung verließ mich während der Rückfahrt nicht. Das war es also mit Leipzig. Ich hatte es gesehen. Für eine Perspektive war das zu wenig.

Immerhin blieb mir am Flughafen der Skinhead erspart. Er hatte sich wohl in wärmere Regionen zurückgezogen. Für mich stand jedoch fest: Das war mein erster und letzter Aufenthalt in dieser Stadt.

Montag, 21. Dezember 1992

Langsam kam der Zeitpunkt, von Saarbrücken Abschied zu nehmen. Ende Januar stand die mündliche Prüfung für mein Zweites Staatsexamen an. Anfang Februar 1993 wollte ich beruflich starten.

Die Sorge um mein künftiges Gehalt trieb mich um. In den vergangenen Jahren hatte ich nicht schlecht gelebt. Mein Jurastudium finanzierte ich mit Musikunterricht. Davor hatte ich vier Jahre lang Orchestermusik an der Folkwang-Hochschule in Essen studiert.

Daneben arbeitete ich als wissenschaftlicher Mitarbeiter am Lehrstuhl für Öffentliches Recht der Universität und besserte so mein Gehalt als Rechtsreferendar weiter auf. Da kam am Ende finanziell Einiges zusammen. Dieses Gehalt musste ich erst einmal in meinem neuen Job erreichen.

Bislang hatte ich mich nicht als käuflich eingeschätzt. Dass ich mich gewaltig irrte bewies mein künftiger Arbeitgeber, als er mir einen Arbeitsvertrag anbot. Ein Weihnachtsgeschenk sozusagen. Schon im ersten Vorstellungsgespräch hatte man mich mit der Gehaltsfrage konfrontiert: Was ich denn denke wert zu sein, fragte mich damals der Seniorpartner Dr. Tessin. Ich ließ mich nicht lumpen und erwiderte: 80.000,00 DM. Dass ich mit dieser Forderung bei meinen Gesprächspartnern nicht einmal ein müdes Lächeln hervorrief, hätte mir zu denken geben sollen. So erhielt ich mitleidsvoll die Antwort: «Da werden wir noch ein wenig was drauflegen».

Was wenig war, hielt ich nun in den Händen. Mein künftiger Arbeitgeber bot mir ein Einstiegsgehalt von 95.000,00 DM. Das war ein toller Anfang. Meine Sorgen schienen wie weggeblasen.

Ich konnte es drehen und wenden wie ich wollte. Natürlich hatte mir Leipzig nicht gefallen. Auch rissen die Horrornachrichten über rechtsradikale Übergriffe nicht ab. Auf der anderen Seite bot DERINGER viel Geld und eine glänzende Perspektive als Rechtsanwalt in einer Großkanzlei. Am Ende überstimmten Gehalt und Aufgabe meine Sorgen. Ich entschied mich für einen Berufsstart in Leipzig.

Rückblickend betrachtet traf ich damit die schlechteste Entscheidung meines Lebens. An meinem Arbeitgeber lag dies allerdings nicht, wohl aber an den Rahmenbedingungen in Sachsen. Ich hätte besser auf mein ungutes Gefühl anlässlich meines ersten Besuchs in Leipzig gehört. Meine Fehlentscheidung bereue ich heute noch. Ändern kann ich sie leider nicht mehr.

Sonntag, 31. Januar 1993

Die Fahrt nach Leipzig Ende Januar war eine reine Strapaze. Das Auto vollbeladen mit den nötigsten Dingen. Nach Durchfahren der früheren Zonengrenze gelangten wir auf das Gebiet der ehemaligen DDR.

Für die Fahrt hätte ich besser auf ein Kettenfahrzeug der Bundeswehr zurückgreifen sollen. Die Straßen sahen aus wie nach schweren Mörserangriffen. Sie waren übersät mit tiefen Kratern. Die Zeit schien hier stehengeblieben zu sein. Dies galt nicht nur für die Reparaturarbeiten, sondern auch für den Verkehr, der sich allenfalls mühsam seinen Weg bahnte. Ich steckte mehrere Stunden im Stau fest.

Aber immerhin: Mein neuer Arbeitgeber stellte mir eine sanierte Wohnung zur Verfügung. Damals war das purer Luxus, denn bewohnbare Wohnungen nach westdeutschen Standards gab es Anfang 1993 so gut wie nicht. Die Bausubstanz in Leipzig ähnelte den Straßen der ehemaligen DDR. Die sich schleppende Klärung der Eigentumsfragen in den neuen Bundesländern forderte ihren Tribut.

In Leipzig bezogen wir im Stadtteil Kleinzschocher Quartier. Das Umfeld war alles andere als einladend. In unmittelbarer Nähe lagen ein Schrottplatz und der örtliche Friedhof. Wenn Bilder sprechen könnten.

Im weiteren Umfeld waren keine sanierten Häuser auszumachen. Das Viertel verbreitete einen trostlosen Eindruck. Willkommen im Reich der Untoten! Sicherlich schlugen sich auch der kalte Leipziger Winter und der eisige Ostwind auf meine Stimmung nieder. Sahen so die blühenden Landschaften aus? Wohl eher nicht. Hier fehlte es an Allem. Leipzig konnte einem richtig leidtun.

Montag, 1. Februar 1993

Nun hieß es, in einen neuen Lebensabschnitt zu starten. Gegen 7:30 Uhr verließ ich das Haus. Das unwirtliche Klima fuhr mir tief in die Knochen. Bei der Fahrt mit der Straßenbahn aus DDR-Zeiten blickte ich neugierig auf die Umgebung. Zu einem Verweilen lud sie nicht wirklich ein.

Überall sah ich erschöpfte und ratlose Gesichter. Von Optimismus oder gar einer Aufbruchsstimmung keine Spur. Man fühlte die Angst und Ungewissheit, unter der viele Menschen wegen ihrer neuen Lebensumstände litten. Die Stimmung in der Straßenbahn war gedrückt.

Am Hauptbahnhof angekommen machte ich mich auf den Weg in die Nikolaistraße. In der Unterführung suchten noch mehr Obdachlose als bei meinem letzten Besuch Zuflucht. Was für ein trauriger Start in meinen ersten Arbeitstag.

Gegen 8:15 Uhr betrat ich das Gebäude in der Nikolaistraße 55. Immerhin gab es einen Fahrstuhl, der allerdings den Krieg gegen Frankreich 1870/71 erlebt haben musste. Dementsprechend verschlissen war seine Technik; die meiste Zeit funktionierte er nicht, wie auch an diesem Tag. Ernüchtert nahm ich die Treppen in Angriff und machte mich auf den Weg zum Gipfel, der in meinem Fall drei Stockwerke höher lag.

Als Anfänger »*erbt*« man in Anwaltskanzleien regelmäßig diejenigen Rechtsgebiete, welche die berufsälteren Kollegen nicht bearbeiten wollen. So war es auch in meinem Fall, womit ich für das Arbeitsrecht auserkoren wurde. Für meine Kollegen war das »*brotlose Kunst*«. Auf mich übte dieses Rechtsgebiet schon lange seinen Reiz aus. Hier ging es um menschliche Schicksale, das war Rechtsberatung direkt am Mandanten.

Montag, 10. Mai 1993

Es dauerte nicht lange bis ich bemerkte, dass die Dinge in Leipzig nicht so liefen, wie ich mir das an der Universität vorgestellt hatte. Viele meiner aus den alten Bundesländern stammenden Anwaltskollegen sprachen vom »*wilden Osten*«. Sie meinten damit eine Region, die erst noch ihre Regeln finden musste.

In der Wahl der Mittel war man oft nicht zimperlich. Dies galt vor allem für die Glücksritter, jene Spezies, die im Westen wirtschaftlich gescheitert war und nun in den neuen Bundesländern finanziellen Reibach machen wollte. Für diese lag der wirtschaftliche Erfolg darin, notleidende Menschen abzukassieren. Und davon gab es genügend.

Ich erinnere mich noch gut an jenen Montagmorgen. Es war

der Tag, an dem ich in meine erste schwere juristische Auseinandersetzung geriet. Am frühen Nachmittag erhielt ich einen Anruf von meinem Kollegen Dr. Kröber. Dieser bat mich, am Abend für eine Kölner Unternehmerfamilie an einer Gesellschafterversammlung im Paulaner teilzunehmen.

Es ging um den Versuch einer feindlichen Übernahme des Nürnberger Immobilienmoguls Dr. Siegfried Axtmann, dem damaligen Präsidenten des VfB Leipzig, dem ersten deutschen Fußballmeister im Jahr 1900. Dr. Axtmann hatte sich auf dem Leipziger Wohnungsmarkt einen Namen gemacht. Er galt als starker Gegner.

Weniger für ihn sprach, dass er auf die beschwerliche Arbeit, eine Doktorarbeit zu schreiben, verzichtet hatte. Dass Geld vieles erleichtert, bewies er ebenso wie so mancher Zeitgenosse durch den Kauf des Titels.

Axtmanns unternehmerischer Aufstieg zeigt, wie schnell man in den neuen Bundesländern Geld verdienen konnte. Gemeinsam mit seinem Geschäftspartner Jürgen Schlögel, der ein paar Jahre später den größten Leipziger Finanzskandal auslösen sollte[1], kaufte er Anteile an Wohnungsgesellschaften in der ehemaligen DDR auf.

Viele dieser Gesellschaften kannten ihre Mitgesellschafter nicht. Dies machten sich Axtmann und Schlögel zunutze. Sie profitierten davon, dass bei den meistern Handelsregistern nur wenig Unterlagen über die Gesellschaften vorhanden waren. Dies konnte man ausnutzen, wenn man bereit war, einen Teil der Gesellschafter ausfindig zu machen.

Axtmann und Schlögel hatten mit der Wohnungsbaugesellschaft Leipzig-West AG ihren Durchbruch erzielt. Dort kauften sie einem Gesellschafter für ein kleines Taschengeld seine vermeintlich wertlosen Anteile an der Gesellschaft ab. Immerhin gehörten dem Unternehmen mehr als 2.000 Wohnungen.

---

1 Für das Geschäftsmodell interessierte sich Jahre später die Staatsanwaltschaft Leipzig, siehe *www.nordbayern.de/wirtschaft/leipziger-wbg-pleite-von-nurnberg-aus-gesteuert-1.4403254*; ferner *www.tag24.de/nachrichten/scheitert-sachsen-groesstes-betrugsverfahren-am-suff-7710*

Als Neuaktionär luden Sie anschließend zu Gesellschafterversammlungen ein. Da keine weiteren Aktionäre auffindbar waren, tauschten sie den Vorstand aus, führten sodann mehrere Kapitalerhöhungen ohne Beteiligung der Mitgesellschafter durch und gewannen auf diesem Weg die Aktienmehrheit.

Man kann über die moralischen Aspekte dieses Geschäftsmodells sicherlich streiten. Rechtlich zulässig war es allemal. Der »wilde Osten« bot vielfältige Betätigungsmöglichkeiten.

Zu einer ersten Feindberührung kam es, als Axtmann und Schlögel dieselbe Strategie bei der Wohnhaus- und Siedlungsbau-GmbH aus Aschersleben anwandten. Nur dieses Mal stießen sie auf Widerstand. Die Gesellschaft und der aus Köln stammende Mitgesellschafter wurden von meiner Kanzlei vertreten.

Durch einen Zufall erfuhren wir, dass Axtmann und Schlögel für den 10. Mai 1993 zu einer Gesellschafterversammlung unserer Mandantin eingeladen hatten. Es war ihnen zuvor gelungen, einen Bruchteil der Anteile an dem Unternehmen zu erwerben.

Auf der Tagesordnung stand neben der Absetzung des bisherigen Geschäftsführers die Wahl von Schlögel zu seinem Nachfolger. Meine Gegner wählten damit dieselbe Strategie wie bei der Wohnungsbaugesellschaft Leipzig-West AG. Sie wollten sich die Wohnhaus- und Siedlungsbau GmbH ebenso unter den Nagel reißen.

Mich beschlich ein mulmiges Gefühl. Nicht nur, dass wir gegen starke Gegner antreten mussten. Meine gesellschaftsrechtlichen Fähigkeiten waren zu diesem Zeitpunkt mehr als ausbaufähig, was ich Dr. Kröber mahnend in Erinnerung rief. Lust auf eine Auseinandersetzung, die ich nur verlieren konnte, verspürte ich nicht. Als jüngster Spross der Anwaltskanzlei besaß ich allerdings keine Wahl. Und meinen Job riskieren wollte ich sicherlich nicht.

An diesem Abend traf ich im Paulaner auf bestens aufgestellte Gegner. Axtmann hatte seinen Geschäftspartner Schlögel und einige seiner Weggefährten entsandt. Mit Herrn Tschaschel war

zudem ein Notar anwesend, der das Protokoll der Gesellschafterversammlung verfassen und Schlögel als neuen Geschäftsführer zum Handelsregister anmelden sollte. Meine Gegner hatten
wirklich an alles gedacht. Das war ein professioneller Auftritt,
stellte ich ebenso nervös wie verunsichert fest.

Mein Gastspiel dauerte glücklicherweise nicht lange. Um Widerstand von Beginn an im Keim zu ersticken, warf man mich
kurzerhand aus der Gesellschafterversammlung raus. Anschließend tagten meine Gegner ohne meine Beteiligung und wählten
Schlögel zum neuen Geschäftsführer.

Damit begann eine intensive Auseinandersetzung. Mit meinem Rauswurf hatten unsere Gegner meinen Ehrgeiz geweckt.
Also beantragte ich beim Landgericht Leipzig erfolgreich den
Erlass einer einstweiligen Verfügung, die den früheren Zustand
wiederherstellte.

Montag, 5. Dezember 1993

In den letzten Monaten tobte ein erbitterter Streit. Unsere Bilanz
war makellos geblieben. Wir konnten sämtliche Anläufe unserer
Kontrahenten unterbinden.

An diesem kalten Montagmorgen betrat ich unser Büro. Die
Stimmung war gedrückt. Dazu passte auch die ernste Miene, mit
der mich mein Kollege Dr. Kröber empfing. Mit leiser Stimme
bat er mich Platz zu nehmen. Die vermeintliche Gefasstheit, mit
der er sprach, besaß etwas Irreales. Er kam ohne Umschweife zur
Sache.

Dr. Kröber berichtete über eine Drohung, die er erhalten hatte, ohne deren Herkunft zu offenbaren. Es ging um unsere Beratungstätigkeit für die Wohnhaus- und Siedlungsbau-GmbH.
Wir sollten uns unverzüglich aus dem Mandat zurückziehen,
sonst könne man für unsere körperliche Unversehrtheit nicht
mehr garantieren.

Ich fragte meinen Kollegen, wer diese Drohung ausgesprochen hatte. Dr. Kröber blieb jedoch bei seinem Schweigen und mahnte mich, dass die Drohung ernst zu nehmen sei. Er ging von einer Morddrohung aus.

Ich war sichtlich schockiert. Da war er schon wieder, der »wilde Osten«. Was wir nun tun sollten, fragte ich meinen Kollegen. Ließen wir uns wirklich von Drohungen einschüchtern oder lag unsere Aufgabe nicht auch darin, unseren Mandanten in einer schwierigen Situation zur Seite zu stehen? Mir stellten sich viele Fragen, auf die ich keine Antwort wusste. Vielleicht handelte es sich auch nur um den Versuch einer Einschüchterung, redete ich mir ein. Denn wer ist schon so dämlich und kündigt einen Mordanschlag an?

Dennoch machte mich die Drohung sichtlich nervös. Die kommenden Tage und Wochen drehte ich mich auf der Straße öfter um, als ich dies gewöhnlich tat. Wo waren unsere Gegner? Hinter welchem Stein hatten sie sich verkrochen? Die Bedrohung wurde jedoch nicht umgesetzt. Letztlich hat sie mich nur zusätzlich motiviert.

Nun überzog ich meine Gegner mit einstweiligen Verfügungen. Es begann ein Abnutzungskrieg. Derjenige, dem zuerst das Geld ausging, würde verlieren. Wir schraubten den Preis für die feindliche Übernahme gewaltig in die Höhe.

Am Ende kam es wie so oft bei derartigen Auseinandersetzungen: Nach zwei Jahren hatten die Parteien genug und einigten sich.

Dennoch beeindruckte mich meine erste Morddrohung stark. Es sollte nicht die letzte gewesen sein.

Kapitel 2:

Ein handfester Skandal

Arbeitslos war ich nach dieser Auseinandersetzung noch lange nicht. Es wartete bereits ein skandalträchtiger Fall auf mich. Kern des Streits war ein anderes »lukratives Geschäftsmodell«. Der Fall zeigt, wie skrupellose Geschäftsleute in den Aufbaujahren abkassierten. Geschädigt wurden die damalige AOK Leipzig und damit die bei dieser Krankenkasse gesetzlich Versicherten.

Donnerstag, 26. Januar 1995

Von einer Mandantin, der Klinikbetreiberin P., wurde ich gebeten, mir die Leidensgeschichte des damaligen Personalchefs der AOK Leipzig, W., anzuhören. Über ihm brauten sich dunkle Wolken zusammen. Sein Leben sollte sich innerhalb kürzester Zeit dramatisch verändern. Meine Mandantin warnte mich vor: Ich würde in ein Wespennest stechen, Ausgang ungewiss. Schon allein dies machte mich neugierig.

Nun saß er vor mir: W., von mittlerer Statur, schlank, stark verunsichert und mit zitternden Händen. Es war zunächst schwierig, eine gemeinsame Kommunikationsbasis zu finden. W. wusste nicht, ob er mir vertrauen konnte. Nur zögerlich machte er Angaben zur Sache.

Es ging um Dienstleistungsverträge und Honorarrechnungen, welche über seinen Schreibtisch liefen und von ihm abgezeichnet worden waren. Einer dieser Verträge, er betraf die Bewirtschaftung der Kantine der AOK, barg ein erhebliches finanzielles Risiko. W. deutete an, möglicherweise sei die AOK-Führung in den Fall involviert.

Die AOK hatte sich dazu entschieden, ihre Kantine nicht mehr selbst zu betreiben, sondern hierfür den Caterer L. aus Süddeutschland einzusetzen. Die Höhe seines Honorars sorgte für reichlich Gesprächsstoff, denn es sprengte den normalen Rahmen. Nun warf die AOK L. vor, zu hohe Leistungen abgerechnet zu haben. Darin sei wohl ein »Kickback«, also eine Rückvergütung für die Entscheidungsträger der Krankenkasse, enthalten. W. betonte, er habe die Rechnungen von L. im Einvernehmen mit der Geschäftsführung geprüft und zur Zahlung freigegeben. Er bat um meine Einschätzung.

Die Wahrheit erfuhr ich allerdings nicht von ihm, sondern wenige Tage später von der Klinikbetreiberin P. Auch sie kannte L. Sie behauptete, es gehe in Wirklichkeit um ein brisantes Geschäftsmodell, das den Beteiligten nun um die Ohren zu fliegen droht. Nach ihren Informationen floss ein erheblicher Teil des Honorars von L. zurück an seine Auftraggeber bei der AOK.

Damit marschierten die Beteiligten quer durchs Strafgesetzbuch. Das Damoklesschwert des Betruges, der Untreue und der Bestechung hing bedrohlich über ihren Köpfen.

Donnerstag, 2. Februar 1995

Nur wenige Tage waren vergangen, da saß der Personalchef erneut in meinem Besprechungsraum. Dieses Mal wirkte er deutlich angespannter.

Zwischenzeitlich hatten die Ereignisse einen ungünstigen Verlauf genommen. Nun machte man ihn für die überhöhten Honorarzahlungen an L. verantwortlich. Die AOK warf ihm vor, sich persönlich bereichert zu haben. Seine Gegner forderten seine sofortige Beurlaubung.

W. räumte die Existenz einer Rückvergütung ein. Eine persönliche Bereicherung schloss er dagegen aus. Er deutete an, die

AOK-Führung habe von L. Zahlungen für den Cateringvertrag erhalten. W., handele lediglich auf Weisung. Zu diesem Zeitpunkt saß der Caterer L. bereits in der Justizvollzugsanstalt in Untersuchungshaft.

W. ahnte, dass er in einer argen Bredouille steckte. Der Vertrag zwischen der AOK und L. drohte zu seinem Sargnagel zu werden. Bislang hatte die Führung der AOK hinter ihm gestanden. Das änderte sich jedoch schlagartig, als diese selbst ins Fadenkreuz der Ermittlungen geriet. Es musste schleunigst ein Schuldiger präsentiert werden. Da lag die Wahl des Personalchefs nahe.

W.'s Naivität überraschte mich dann doch. Beide Augen zu verschließen passte so gar nicht zu seiner gewissenhaften Arbeitsweise.

Langsam bahnte sich ein richtiger Skandal an. Sollte tatsächlich jemand aus der AOK-Führung Gelder für den gut dotierten Vertrag des L. erhalten haben? Diese Praxis war eindeutig strafbar, in der Wirtschaft jedoch nicht unüblich. Derartige Geschäftsmodelle neigen allerdings dazu, eines Tages zu implodieren.

Dienstag, 14. März 1995

Wenig später schuf die AOK Fakten. Die enge Freundschaft zwischen W. und der AOK-Führung war Geschichte. Nachdem W. keine plausiblen Antworten liefern konnte oder vielleicht auch aus falsch verstandener Loyalität nicht liefern wollte, wurde er mit sofortiger Wirkung beurlaubt.

Aber es kam für ihn noch dicker: Die AOK versuchte nun, ihm außerordentlich zu kündigen. Dies war zwar bei einem sogenannten Dienstordnungsangestellten wie W. schwierig, da er quasi über einen Beamtenstatus verfügte. Daher musste die AOK zuerst ein förmliches Disziplinarverfahren durchführen.

Diese Mühen scheute die AOK jedoch und hörte W. lediglich

zu seiner beabsichtigen Kündigung an. Dies war rechtlich zwar falsch, ermöglichte jedoch die schnelle Trennung.

Die Anhörung von W. verlief außergewöhnlich unerfreulich. W. wurde von den Wortführern auf Seiten der AOK nur mit allgemeinen Vorwürfen konfrontiert. Diese lieferten keine belastbaren Beweise, was meinen Verdacht schürte. Wie sollte man Vorwürfe aus der Welt schaffen, die man nicht einmal genauer kennt? In einem heftigen Schlagabtausch versuchte ich, dies der AOK klar zu machen. Bei deren Anwalt P., mit dem mich eine innige gegenseitige Abneigung verband, trafen wir jedoch auf taube Ohren. Die Trennungsentscheidung stand offensichtlich bereits zu Beginn des Gesprächs fest.

Aus Sicht der AOK konnten wir die Vorwürfe nicht ausräumen. Der Druck, ein Ergebnis zu liefern, war immens, auch wenn es meiner Meinung nach den Falschen traf. Aus Freundschaft war nun offene Feindschaft geworden.

Montag, 27. März 1995

Es dauerte gerade einmal drei Wochen, bis W. die fristlose Kündigung erhielt. Diese zog ihm endgültig den Boden unter den Füßen weg. Dagegen reichte ich eine Kündigungsschutzklage beim Arbeitsgericht Leipzig ein. Ich war von W.'s Unschuld überzeugt. Der Fisch stinkt nun einmal vom Kopf. W. war einfach nicht der Mann, der sich derartige Geschäftsmodelle ausdachte. Das Ganze roch förmlich danach, dass die Täter in einer höheren Gehaltsklasse zu finden waren.

Das Arbeitsgericht Leipzig ordnete einen Gütetermin an, der wenig später ebenso spannungsgeladen wie ergebnislos blieb. Eine Entscheidung über die Wirksamkeit der Kündigung musste zu einem späteren Zeitpunkt getroffen werden.

Den heutigen Tag hatte ich mit Spannung erwartet. Nun, im sogenannten Kammertermin, musste das Arbeitsgericht über die fristlose Kündigung entscheiden. Ich besaß keinerlei Zweifel daran, diesen Rechtsstreit zu gewinnen, denn die AOK hatte die Durchführung eines förmlichen Disziplinarverfahrens versäumt. Damit war der Fall eindeutig.

Nervös war ich dennoch. Der Rechtsstreit lag bei der 4. Kammer des Arbeitsgerichts Leipzig und damit bei einer schwierigen Richterin, die wie ich aus dem Saarland stammte. Diese war dafür bekannt, bei der Urteilsfindung gelegentlich eigene Wege zu gehen.

Bei ihr trafen wir auf wenig Sympathie. Ich besaß den Eindruck, als träfe ich auf ein Machtkartell. Vielleicht lag die greifbare Feindschaft auch daran, dass ich die Vorsitzende Richterin bereits im Gütetermin – erfolglos – in einem flammenden Schriftsatz wegen Befangenheit abgelehnt hatte.

Zudem tat mein gegnerischer Kollege P. alles, um die Stimmung weiter anzuheizen. Laut beschwerte er sich über die von W. begangenen Straftaten, die er immer noch nicht nachweisen konnte. Er drohte diesem sogar, die AOK werde den entstandenen Schaden in Höhe von mehr als 1 Mio. DM gerichtlich bei ihm einfordern.

Für einen derartigen Schaden gab es weit und breit keine Anhaltspunkte. Denn immerhin hatte die AOK vertragsgemäße Cateringleistungen erhalten. Bei den Ausführungen des von mir wenig geschätzten Kollegen handelte es sich offensichtlich nur um lautes Anwaltsgetöse ohne Substanz. Viele meiner Kollegen glaubten immer, durch Lautstärke und eine flammende Gestik fehlende Argumente ersetzen zu können.

Die Vorsitzende Richterin erklärte, nach ihrer Auffassung sei die fristlose Kündigung wirksam. Ein förmliches Disziplinarverfahren müsse die AOK nicht durchführen. Dieses werde durch die Anhörung des Personalrats ersetzt.

Bis zum heutigen Tage handelt es sich um eine der krassesten Fehleinschätzungen, mit der ich in meiner gesamten anwaltlichen Laufbahn konfrontiert wurde. Personalratsanhörung und förmliches Disziplinarverfahren stellen zwei unterschiedliche Prozesse dar, zwischen denen es wenig Gemeinsamkeiten gibt. Erst recht spricht das Gesetz nicht davon, dass die Personalratsanhörung das förmliche Disziplinarverfahren ersetzen kann. Eigentlich lernte man dies im dritten Semester Rechtswissenschaft. Das war nun wirklich eine sehr eigenwillige Art der Rechtschöpfung.

Die Vorsitzende Richterin interessierte all dies wenig. Am Ende wies sie unsere Kündigungsschutzklage ab. Wir hatten trotz aller Anstrengungen verloren.

Ich möchte nicht, dass hier der falsche Eindruck entsteht. Bei diesem Urteil handelt es sich um einen Einzelfall. Vielleicht spielten dabei auch die exponierte Stellung der AOK und die in Leipzig bestehenden Machtstrukturen eine Rolle. Für das Arbeitsgericht Leipzig lege ich ansonsten meine Hände ins Feuer. Während meiner anwaltlichen Tätigkeit habe ich bei diesem Gericht immer gute Erfahrungen gesammelt. Seine Arbeitsrichter wiesen sich durch eine hohe Fachkompetenz aus.

Dienstag, 7. November 1995

Natürlich konnten wir das Urteil des Arbeitsgerichts nicht auf uns sitzen lassen. W.'s Gesundheitszustand litt stark unter der Niederlage. Langsam ging ihm finanziell die Luft aus, da die AOK seine Gehaltszahlungen eingestellt hatte. In der Folge drohte die Zwangsversteigerung seines Hauses, nachdem er die Kreditraten nicht mehr bedienen konnte. Er kämpfte zwischenzeitlich an verschiedenen Fronten und brauchte zeitnahe, belastbare Lösungen.

W. befand sich in einer derart düsteren Stimmung, wie ich es zuvor noch nie erlebt hatte. Ich riet ihm abzuschalten und sich zu erholen. Wir würden das Berufungsverfahren in jedem Fall gewinnen machte ich ihm Mut.

Damit legte ich Berufung zum sächsischen Landesarbeitsgericht in Chemnitz ein.

Mittwoch, 6. Dezember 1995

Es war noch früh am Vormittag, als mir meine Sekretärin einen Anruf meines »Lieblingskollegen« P., dem Vertreter der AOK Leipzig, ankündigte. Sein Anruf war eigentlich unüblich. Aufgrund unserer innigen Feindschaft gingen wir uns aus dem Weg. Vielleicht war er, so überlegte ich kurz, wegen des fehlenden Disziplinarverfahrens doch einigungsbereit. Immerhin drohte der Rechtsstreit und die zu erwartende Lohnfortzahlung zugunsten von W. für die AOK zu einem finanziellen Desaster zu werden.

Meine weihnachtliche Stimmung verflog jedoch schnell. Er habe, so kam P. ohne Umschweife zur Sache, gehört, mein Mandant sei verstorben. Dies wollte er sich von mir bestätigen lassen. Ich erstarrte förmlich zu Stein, denn davon hatte ich nichts gehört. Ich müsse mich erst erkundigen, erwiderte ich und legte auf.

Mein nächster Anruf galt W. Nachdem es länger geklingelt hatte, nahm seine Ehefrau ab und antwortete mit dünner, zittriger Stimme. Ich berichtete ihr von meinem merkwürdigen Telefonat mit P., worauf sie zu Heulen anfing. Sie bestätigte mir, ihr Ehemann sei während eines Urlaubs mit einer Seniorengruppe in Portugal beim Bergwandern ums Leben gekommen.

Damit war mein Tag restlos ruiniert. Ich bemühte erfolglos ein paar tröstende Worten und beendete das Telefonat. Auf einen Rückruf bei P. verzichtete ich. Ich konnte W. nicht mehr helfen und machte mir deswegen schwere Vorwürfe. Denn immerhin hatte ich das Verfahren vor dem Arbeitsgericht Leipzig verloren.

Zwei Wochen später zog Frau W. einen Schlussstrich unter die Zusammenarbeit. Sie entzog mir das Mandat.

Trotz des Todes von W. wurde der Rechtsstreit weitergeführt, da seine fristlose Kündigung Auswirkungen auf seine Vergütungsansprüche besaß. Diese standen nun den Erben zu.

Mein Einsatz blieb am Ende vergeblich. Gerne hätte ich vor dem Landesarbeitsgericht für die Richtigkeit meiner Rechtsauffassung gekämpft. Dies war nun nicht mehr möglich. Das Mandat ging an eine andere Kanzlei.

Wie ich später erfuhr, blieben die neuen Anwälte meiner Prozessstrategie treu. Die mündliche Verhandlung vor dem Landesarbeitsgericht war Berichten zufolge nur von kurzer Dauer. Das Gericht stellte nur eine einzige Frage: Wo ist das förmliche Disziplinarverfahren?

Dass am Ende doch noch Recht gesprochen wurde, war nur ein schwacher Trost. W. konnte ich nicht mehr helfen.

Schon damals glaubte ich nicht an einen Unfall. Ich will mir beim besten Willen nicht vorstellen, dass Bergwandern mit einer Seniorengruppe in dem nichtalpinen Portugal lebensgefährlich sein soll. Nein, W. setzte meiner Meinung nach seinem Leben selbst ein Ende. Zu unerbittlich waren die Angriffe der AOK und ihres Rechtsanwalts P. Diese und die nicht nachvollziehbare Entscheidung des Arbeitsgerichts Leipzig hatten ihm jeden Lebenswillen genommen.

Die Sache wäre sicherlich bei einem erfolgreichen Ausgang des erstinstanzlichen Verfahrens anders ausgegangen. All das war nun Geschichte. Die Enttäuschung darüber, am Ende nicht helfen zu können, habe ich nie überwunden.

Kapitel 3

Der Kampf um die sächsischen Spielbanken

Mein Berufsstart lag nun schon vier Jahre zurück. Es war eine Zeit mit hoher Arbeitsintensität. Von jungen Anwälten wird in einer Großkanzlei erwartet, dass sie sechzig bis siebzig Stunden in der Woche arbeiten und damit auch am Wochenende im Büro erscheinen. Die Bewertung eines Anwalts hängt stark davon ab, welche Umsätze er am Ende des Monats erzielt und somit die Geldbeutel der Partner füllt.

Wer die Vorgaben nicht erreicht, besitzt in einer Großkanzlei keine Zukunft. Ich befand mich in einem Hamsterrad, das sich immer schneller drehte. Stoppen konnte ich dieses nicht. Irgendwann – so meine Befürchtung – wird der Hamster aus dem Rad herauskatapultiert oder stirbt an einem Herzinfarkt. Ins Grab mitnehmen wird er dagegen nichts. Am Ende bleibt nur die Erinnerung, nicht gelebt zu haben.

Montag, 12. Februar 1996

Zwischenzeitlich war es uns gelungen, die Sächsische Spielbanken GmbH & Co.KG als Mandantin zu akquirieren. Es handelte sich um ein Staatsunternehmen, das unter der Aufsicht des damaligen sächsischen Finanzministers Prof. Dr. Milbradt, dem späteren Ministerpräsidenten, stand. Dieses suchte einen Arbeitsrechtler, um seine zahlreichen Baustellen abzuarbeiten. In der Vergangenheit hatten die Spielbanken so ziemlich jeden Arbeitsgerichtsprozess verloren. Es galt, diese Bilanz aufzupolieren. Daher mussten neue Pferde gesattelt werden.

Die Zusammenarbeit verlief für beide Seiten erfolgreich. Dank einer besseren Vorbereitung von Personalmaßnahmen des Unternehmens gelang es uns, die anstehenden Arbeitsgerichtsprozesse zu gewinnen. Die Sächsische Spielbanken GmbH & Co.KG wiederum erwies sich als guter Kunde, der unsere Honorarrechnungen schnell und ohne Rückfragen bezahlte. Für mein Standing in der Kanzlei war dies wichtig.

Damals ahnte ich noch nicht, welche Bedeutung dieses Mandat für meine anwaltliche Laufbahn nehmen sollte. Es leitete in vielerlei Hinsicht den Wendepunkt ein.

Mandate wie die sächsischen Spielbanken waren in Leipzig heiß begehrt. Auch andere Großkanzleien rissen sich um sie. Leider war ich als junger Anwalt angreifbar. Mir fehlten die grauen Schläfen, welche man gemeinhin als Zeichen langjähriger Berufserfahrung interpretiert. Ich versuchte, dies durch Temperament und Leidenschaft auszugleichen. Dies gelang leider nicht immer.

Von Anfang an fokussierte ich mich auf meine Arbeit. Dabei ließ ich etwas Elementares außer Acht: Die wichtigsten Mandate werden nicht tagsüber, sondern am Abend akquiriert, indem man illustre gesellschaftliche Veranstaltungen besuchte und »Networking« betrieb. Privat eher kontaktscheu zeigte ich bei diesen Anlässen zu wenig Präsenz.

Dass der Geschäftsführer der sächsischen Spielbanken, Michael Fendel, nicht mehr zu Beratungsgesprächen erschien und stattdessen seine Vertreter entsandte, beunruhigte mich zunehmend. Drohte hier etwa Ungemach? Dafür war mein Verhältnis zu seinem technischen Direktor Dielenschneider umso enger.

Der stellte sich zwar als hoffnungsloser Zyniker heraus. Als Anwalt war mir Zynismus allerdings nicht fremd. Es handelte sich um ein uns verbindendes Element. Dielenschneider und ich hatten uns im Laufe der Zeit angefreundet. Er nahm mich u. a. zum Golfspielen mit und sah, wie ich verzweifelt auf den Golfball eindrosch, als könnte ich so meinem Gegner im Gerichtssaal besiegen. Beim Golfen war ich allenfalls Durchschnitt.

Eines Tages geriet Dielenschneider selbst in den Fokus seines Geschäftsführers. Dieser wollte ihn loswerden. Der Grund hierfür lag in Dielenschneiders Gehalt. Er hatte anlässlich seines Wechsels zur Spielbank in Leipzig wenige Jahre zuvor gut verhandelt. Sage und schreibe 15.000 Deutsche Mark netto pro Monat schlug er für sich heraus.

Dumm nur, dass die Höhe seines Gehalts aufgrund einer Indiskretion der Spielbanken das Interesse der BILD-Zeitung geweckt hatte. Diese schlachtete das Thema groß aus und befeuerte eine öffentliche Neidkampagne. Ob denn jemand dieses Gehalt überhaupt wert sein könne, wurde plakativ gefragt. Das sorgte für zusätzlichen Druck.

Schon damals war ich kein Fan davon, derartige Auseinandersetzungen über die BILD auszutragen. Dies zeugte aus meiner Sicht von einer gering ausgeprägten sozialen Intelligenz. Allerdings besitzt in der Bundesrepublik die Diffamierung des Gegners in der Boulevardpresse eine lange Tradition.

Eine Sache bereitete mir Sorgen: Dielenschneider erklärte mir, ich werde das Mandat der sächsischen Spielbanken demnächst verlieren. Geschäftsführer Fendel habe im Leipziger Rotary-Club einen anderen, aus seiner Sicht fähigeren Rechtsanwalt gefunden. Er beabsichtige daher, die Pferde erneut zu wechseln.

Schließlich zollte ich meiner schlechten Vernetzung in Leipzigs Establishment Tribut. Die tadellose Bilanz meiner Beratungstätigkeit spielte keine Rolle. Der Mandatsverlust bedeutete einen ersten Knick in meiner jungen Anwaltskarriere. Neue Aufträge erhielt ich von den Spielbanken jedenfalls keine mehr.

Donnerstag, 18. April 1996

Am Ende trat das ein, was mein Freund Dielenschneider vorausgesagt hatte. Er erhielt eine betriebsbedingte Kündigung. Das Schreiben trug die Unterschrift des Geschäftsführers Fendel.

40

Dielenschneider fragte mich, ob ich bereit sei, ihn vor dem Arbeitsgericht zu vertreten. Sofort sagte ich ihm meine Unterstützung zu. Ich wollte gleich die erste sich mir bietende Gelegenheit nutzen, um mich mit dem neuen Anwalt der Spielbanken zu messen. So ließ ich mich jedenfalls nicht abservieren.

Die sächsischen Spielbanken begründeten die Kündigung damit, die Stelle Dielenschneiders sei weggefallen. Seine Arbeiten würden künftig von anderen Mitarbeitern übernommen. Mich überzeugte das nicht; das klang eher wie eine Mogelpackung. Arbeitsrechtler sprechen hier von einer unzulässigen Austauschkündigung. Es ging den Spielbanken meiner Meinung nach allein darum, sich von einem unliebsamen Mitarbeiter zu trennen.

Also reichte ich beim Arbeitsgericht Leipzig eine Kündigungsschutzklage ein. Um die Sache für die Gegenseite noch schwerer zu machen schob ich einen Antrag auf Erlass einer einstweiligen Verfügung hinterher. Die Spielbanken hatten Dielenschneider mit sofortiger Wirkung freigestellt. Das konnten wir nicht hinnehmen. Ich wollte zeitnah seine Weiterbeschäftigung durchsetzen. Dies versprach den größten Druck auf meine Gegner.

Freitag, 31. Mai 1996

Das Arbeitsgericht Leipzig machte im einstweiligen Verfügungsverfahren mit den sächsischen Spielbanken kurzen Prozess. So richtig konnte es deren unternehmerische Entscheidung nicht nachvollziehen, zumal die Arbeitsaufgaben meines Freundes Dielenschneider nach wie vor anfielen. Das Arbeitsgericht hob seine Beurlaubung auf und verdonnerte unseren Gegner zu seiner vorläufigen Weiterbeschäftigung.

Dies sorgte unternehmensintern natürlich für gewaltige Unruhe, denn aufgrund der Entscheidung des Arbeitsgerichts bestanden nun auch berechtigte Zweifel an der Wirksamkeit der ausgesprochenen Kündigung. Wir erhöhten den Druck, als wir wenig später gegen 21 Uhr im Casino in der Gerberstraße auftauchten und lautstark gegenüber den schnell herbeigerufenen Polizeikräften die Durchsetzung des Urteils verlangten. Für uns war diese Aktion eigentlich nur ein Spaß, der unseren Gegner nervös machen sollte.

Donnerstag, 12. Dezember 1996

Den Kündigungsschutzprozess gewannen wir dann ein halbes Jahr später. Das Arbeitsgericht Leipzig nahm die von den Spielbanken vorgebrachten Kündigungsgründe regelrecht auseinander. Für uns stellte dies einen wichtigen Etappensieg dar.

Die Urteilsverkündung verfolgten wir persönlich. Es kam in meiner anwaltlichen Laufbahn nicht oft vor, dass ich einer Urteilsverkündigung beiwohnte. Immer zu Späßen aufgelegt rief Dielenschneider anschließend bei den Spielbanken an, damit ihm deren Geschäftsführer Fendel zu seinem Sieg gratulieren könne. Dieser war für ihn jedoch nicht zu sprechen.

Mittwoch, 20. August 1997

Natürlich ließen die sächsischen Spielbanken die Entscheidung des Arbeitsgerichts Leipzig nicht auf sich sitzen und legten Berufung ein. Sie kämpften weiter für ihre Kündigungsgründe. Das sächsische Landesarbeitsgericht verhandelte den Rechtsstreit ein Dreivierteljahr später bei einem Außentermin in den Räumen des Arbeitsgerichts Leipzig.

Die Stimmung an diesem Tag war spannungsgeladen. Es knisterte förmlich in der Luft. Nun würden wir erfahren, wie die zweite Instanz über die Kündigung meines Freundes dachte.

Die mündliche Verhandlung fand nachhaltigen Anklang. Viele Mitarbeiter der sächsischen Spielbanken hatten den Weg zum Arbeitsgericht gefunden, darunter auch die Betriebsräte. Diese waren zwischenzeitlich ebenfalls auf der Suche nach einem engagierten Anwalt, der ihnen weiterhelfen konnte. Sie wollten sich persönlich einen Eindruck verschaffen.

Das Landesarbeitsgericht deutete in einigen Nebensätzen seine Zweifel an der Wirksamkeit der Kündigung an und fragte nach Möglichkeiten, sich in der Sache gütlich zu einigen. Aus der Einleitung des Vorsitzenden Richters folgerte ich, dass wir das Berufungsverfahren ebenfalls gewinnen würden.

Mein Freund Bernd war jedoch ein Spieler. Er wollte wissen, wieviel Geld er an diesem Tag bei einem Vergleichsschluss mitnehmen kann. Also begannen die Einigungsgespräche. Wegen der Sensibilität des Themas und der Höhe der zu erwartenden Forderungen schloss das Landesarbeitsgericht die Öffentlichkeit aus.

Die Verhandlungen verliefen zäh. Es ging zu wie auf einem arabischen Basar, auf dem jeder lautstark für seine Ware warb. Am Ende erzielten wir ein vorzeigbares Ergebnis. Trotz seiner geringen Betriebszugehörigkeit erhielt Dielenschneider seine ausstehende Vergütung sowie eine Abfindung in Höhe von knapp 300.000 DM, dazu noch das offene Gehalt für fast ein Jahr. Mein Freund war zufrieden und zahlte mir sogar eine Prämie.

Als wir den Sitzungssaal verließen, fragten mich die anwesenden Betriebsräte, ob ich künftig ihre Interessen vertreten will. Nach kurzer Zeit des Nachdenkens sagte ich zu. Noch immer hatte ich den Mandatsverlust nicht verschmerzt. Mir bot sich nun eine Möglichkeit zur viel umfassenderen Revanche.

Sympathiepunkte brachte mir dieser Rechtsstreit bei dem Gesellschafter der sächsischen Spielbanken, dem Freistaat Sachsen, allerdings nicht ein. Im von Prof. Dr. Milbradt geführten Finanzministerium besaß man seine ganz eigene Sichtweise und sah das Ganze alles andere als sportlich. Milbradt, ein westfälischer Sturkopf, duldete keinen Widerstand von Seiten der Belegschaft oder der Betriebsräte, auch wenn dieser noch so berechtigt war. Für ihn gab es nur schwarz oder weiß. Wer seine Forderungen nicht erfüllte, war ein Gegner.

Zwar hatte ich mit dem Fall Dielenschneider einen Erfolg errungen. Nun traf ich mit dem Freistaat Sachsen direkt auf einen Gegner, der vor allem eins hatte, was ich nicht besaß, nahezu uneingeschränkte Macht und eine exzellente Vernetzung. Mit beidem sollte ich in den kommenden Jahren mehr Bekanntschaft machen, als mir lieb war. Wie ich dabei schmerzlich erfahren musste, vergisst der Freistaat Sachsen weder seine Niederlagen, noch verzeiht er diese. Er besitzt einen langen Atem.

Donnerstag, 27. November 1997

In den vergangenen Monaten suchten mich ständig weitere Mitarbeiter der Spielbanken auf und baten darum, sie zu vertreten. Nun ließen sich auch die Mitarbeiter der Spielbank Dresden, deren Betriebsrat, der Betriebsrat der Verwaltung sowie der Gesamtbetriebsrat von mir beraten. Damit konnte ich den zuvor erlittenen Mandatsverlust locker kompensieren.

Über den Spielbanken brauten sich düstere Wolken zusammen. Es standen Verhandlungen über einen neuen Gehaltstarifvertrag für die im klassischen Spiel (französisches und American Roulette sowie Black Jack) Beschäftigten an. Die damalige Gewerkschaft HBV (heute ein Teil von Verdi) sowie Finanzminister Prof. Dr. Milbradt fochten mit harten Bandagen. Milbradt bestand auf einer Kürzung der Gehälter der Spielbankmitarbeiter. Sollte das nicht geschehen, werde er das klassische Spiel schließen, drohte er gleich mehrfach und erstickte damit jegliche sachliche Diskussion von Anfang an im Keim. Lösungen lassen sich mit derartigen Drohungen sicherlich nicht erzielen.

Natürlich waren die Gehälter im klassischen Spiel höher als

in anderen Betrieben. Dies war in erster Linie den ungünstigen Arbeitszeiten der Croupiers geschuldet, die bis tief in die Nacht ihrer Tätigkeit nachgingen. In der Vergangenheit gab es an dieser Stelle keinerlei Probleme. Die bisherigen Vergütungstarifverträge waren alle von Prof. Dr. Milbradt abgesegnet worden. Er selbst war daher für die Höhe der Gehälter verantwortlich.

Gehaltssteigerungen sind bei Tarifverhandlungen eigentlich selbstverständlich. Eine Gehaltsreduzierung kam daher für die Mitarbeiter des klassischen Spiels auch nicht in Frage. Diese hatten bereits in den vergangenen Jahren regelmäßig höherwertigere Tätigkeiten ausgeführt, hierfür aber nicht die tariflich geforderte Vergütung erhalten.

Die Gehaltsdebatte eignete sich nicht wirklich als Mittel der Auseinandersetzung. Dies musste auch Prof. Dr. Milbradt klar sein: Die Gehälter der Croupiers – dies stellt in Spielbanken eine Besonderheit gegenüber privatwirtschaftlichen Unternehmen dar – werden aus den Trinkgeldern der Gäste, dem sogenannten Tronc, bezahlt. Spieler, die gewinnen, werfen üblicherweise 10 % ihres Gewinns in eine entsprechende Öffnung am Rand des Spieltischs, worin die Trinkgelder gesammelt werden. Dieses Geld verwendet die Spielbank anschließend für die Bezahlung der Gehälter. Es sind also die Gäste der Spielbank, die für die Personalkosten der Mitarbeiter aufkommen.

Die vermeintliche Höhe der Gehälter war auch wegen der Steigerung der allgemeinen Lebenshaltungskosten kein belastbares Argument. Fendel und Milbradt wussten dies natürlich. Politisch konnte man allerdings aus der Höhe der Gehälter Kapital schlagen. Denn die Öffentlichkeit wusste nichts über die eigentlichen Hintergründe, insbesondere darüber, wer die Gehälter am Ende finanzierte. Das Thema taugte daher, um eine Neiddebatte zu führen. Das machten sich unsere Gegner zunutze.

Damals galten öffentliche Spielbanken als Gelddruckmaschinen: Ihre Einnahmen erzielten sie durch verlorene Spieleinsätze ihrer Gäste. Davon wanderte der größte Teil sofort in die Kassen des Freistaates Sachsen. Leichter konnte man sein Geld nicht verdienen.

Dienstag, 1. Dezember 1998

Anfang Dezember hatte der Testosteronspiegel bei Finanzminister Prof. Dr. Milbradt neue Höhen erklommen. Nun platzte ihm endgültig der Kragen. Er drohte ultimativ mit der Schließung des klassischen Spiels, sollten die Croupiers sowie die Gewerkschaft seine Forderungen nicht innerhalb einer Woche erfüllen. Er werde in diesem Fall knapp 100 Spielbankmitarbeiter sofort auf die Straße setzen.

Dieses Ultimatum stellte im Kern nichts Anderes als eine Erpressung dar. Kommunikativ war damit das Tischtuch endgültig zerschnitten. Die Croupiers blieben bei ihrer Verhandlungsposition. Energisch schritt Prof. Dr. Milbradt zur Tat. Für ihn galt es: rien ne va plus.

Seine Beschäftigungspolitik zeigt, was er unter »blühenden Landschaften« verstand. Es ging ihm nur um seinen Willen und die Möglichkeiten, diesen durchzusetzen. Da spielte es auch keine Rolle, dass die Spielbanken erhebliche Gewinne für den Staatshaushalt abwarfen. Das Ganze hatte eher etwas mit Egomanie zu tun als mit dem Aufbau belastbarer Strukturen in der sächsischen Wirtschaft.

Es wäre jedoch zu einfach, Prof. Dr. Milbradt zu unterschätzen. Denn er besaß einen Hintergedanken. Als kühler Rechner beabsichtigte er nicht, auf die Einnahmen zu verzichten. Dem Finanzminister – unstreitig ein heller Kopf – gelang nämlich die Quadratur des Kreises.

An den Einnahmen aus dem Spielbetrieb war er deshalb nicht interessiert, weil diese nach dem sächsischen Spielbankengesetz für soziale Zwecke ausgegeben werden mussten. Milbradt konnte über sie also nicht frei verfügen. Die Erfüllung sozialer Zwecke stand bei dem marktkapitalistisch angehauchten Professor allerdings nicht auf den vorderen Plätzen seiner Prioritätsliste.

Als alter Politprofi wusste Prof. Dr. Milbradt, was er tun musste, um sich dieser sozialen Zweckbindung zu entledigen. Diesen Weg eröffnete ihm der Länderfinanzausgleich, in dem die einnahmestärksten Bundesländer ihre schwächeren Pendants mit Transferzahlungen unterstützen.

In Wirklichkeit gingen dem Freistaat bei einer Schließung des klassischen Spiels keine Einnahmen verloren. Die Gründe hierfür sind nur auf den ersten Blick kompliziert: Wenn Milbradt das klassische Spiel schloss reduzierte sich auch das Steueraufkommen im Freistaat.

Dies bedeutete am Ende des Tages allerdings nicht, dass dem Freistaat damit weniger Geld zur Verfügung stand. Die geringeren Steuereinnahmen wurden vielmehr über den Länderfinanzausgleich von den Geberländern, damals allen voran Bayern, Baden-Württemberg und Hessen, ausgeglichen. Daher mussten die Bürger dieser Länder für die verfehlte Arbeitsmarktpolitik des Freistaates Sachsen herhalten. Milbradt hat sie sicherlich nicht gefragt, ob sie hierzu bereit waren. So wichtig war der Volkswille für ihn dann doch nicht.

Diese Lösung hatte für ihn zudem noch einen weiteren Vorteil. Die Transferzahlungen der Geberländer unterlagen nicht der sozialen Zweckbindung. Über diese konnte der Freistaat Sachsen also frei verfügen.

Milbradt trug seine Entscheidung damit auf dem Rücken der Steuerzahler der reichen Bundesländer aus. Dass er gleichzeitig etwa 100 sächsischen Familien die Lebensgrundlage entzog war dem streitbaren Professor egal. Seiner späteren Wahl zum sächsischen Ministerpräsidenten schadete dies jedenfalls nicht.

Aufgrund der hohen Einnahmen der Spielbanken hofften wir lange auf ein Einlenken des Finanzministers. Am Ende ließ er sich nicht überzeugen. Vielleicht lag das auch daran, dass er insgeheim andere Pläne verfolgte. Aber bisweilen schlägt das Leben seine eigenen Kapriolen. Nicht jeder Plan bleibt geheim.

An der Schließung des klassischen Spiels hielt Milbradt fest. Am Ende waren wir tief enttäuscht und ausgesprochen sauer. Wie konnte man als Minister derart unverantwortlich handeln? Aber wir mussten der Realität ins Auge sehen. Also beschlossen wir, unsere Haut so teuer wie möglich zu verkaufen und das Maximale für die Beschäftigten herauszuschlagen.

Die nun folgende Konfrontation sollte sich jedoch viel dramatischer entwickeln als von uns prognostiziert. Wir wussten damals nicht, wie wenig sich das Ministerium von Milbradt sowie Teile der sächsischen Justiz für rechtsstaatliche Bindungen interessierten.

Prof. Dr. Milbradt schritt jedenfalls unverzüglich zur Tat. Allerdings sind Personalentlassungen in größerem Umfang arbeitsrechtlich nicht einfach umzusetzen. Zunächst mussten die Spielbanken mit dem zuständigen Betriebsrat über einen Interessenausgleich verhandeln. Dieser legte fest, wann und wie die Entscheidung, das klassische Spiel zu schließen, umgesetzt wird.

Vor einem Scheitern der Verhandlungen über einen Interessenausgleich waren Kündigungen ausgeschlossen. Um dieses Verfahren in Gang zu setzen forderten die Spielbanken den Gesamtbetriebsrat auf, Verhandlungen über einen derartigen Interessenausgleich aufzunehmen.

Für uns bot sich damit die erste Gelegenheit für Muskelspiele. Unsere Betriebstemperatur lag aufgrund der bevorstehenden Kündigungen deutlich jenseits von vernichtend heißen 1000 Grad. Wir wollten die Verhandlungen so lange wie möglich verzögern. Für die Betroffenen bedeutete jeder Monat bares Geld, da bis zum Scheitern der Verhandlungen über einen Interessenausgleich die Löhne weitergezahlt werden mussten. Damit stieg der Druck auf die Spielbanken deutlich an.

Bislang ging unsere Strategie auf. Die letzten beiden Monate hatten wir damit verbracht, den Spielbanken Knüppel zwischen die Beine zu werfen. Wir nutzten jede sich bietende formale Rechtsposition, über die man streiten konnte und ritten sie wie eine nicht endende Welle.

Inhaltlich hatten wir noch nicht einmal begonnen, über einen Interessenausgleich zu reden. Wir befassten uns vielmehr ausgiebig mit der Frage, welcher Betriebsrat eigentlich für die Verhandlungen zuständig war. Das brauchte unsere Gegner mächtig auf die Palme. Man konnte die entstandene Spannung deutlich fühlen. Die Herren auf Seiten der sächsischen Spielbanken und auf Seiten des Finanzministeriums kochten förmlich.

Nun schienen sie ihre Nerven endgültig zu verlieren. Sie begannen ohne weitere Verhandlungen damit, die Betriebsräte zu den beabsichtigten Kündigungen anzuhören. Nach den betriebsverfassungsrechtlichen Regelungen war dies unzulässig, was das sächsische Finanzministerium jedoch nicht weiter störte. Warum auch sollten unsere Gegner die einschlägigen Gesetze berücksichtigen?

Mit einer gehörigen Menge Wut im Bauch reichte ich gegen die bevorstehenden Kündigungen einen Antrag auf Erlass einer einstweiligen Verfügung beim Arbeitsgericht ein und ging zum Gegenangriff über. Damit drohte eine gerichtliche Untersagung der Kündigungen. Dies sorgte bei unseren Gegnern nicht gerade für Freudenschreie.

Wenige Tage später erhielt ich einen erzürnten Anruf des Staatssekretärs im sächsischen Finanzministerium, Dr. Carl. Dieser forderte mich mit scharfen Worten auf, den Antrag auf Erlass einer einstweiligen Verfügung zurück zu nehmen. Warum ich das tun sollte erklärte er mir dagegen nicht. Seine Verärgerung war jedenfalls deutlich herauszuhören.

Bei meinem Gesprächspartner handelte es sich um eine

schillernde Persönlichkeit: In den 80er Jahren war Dr. Carl am Flughafen in Luxemburg erwischt worden, als er versuchte, Krügerrand-Goldmünzen aus Südafrika einzuschmuggeln. Dies brachte ihm den Spitznamen »Mr. *Goldfinger*« ein. Mit dieser Qualifikation gelangte man problemlos im Ministerium von Prof. Dr. Milbradt in eine Führungsposition.

Ich besaß wenig Lust, mich am Telefon von Dr. Carl beschimpfen zu lassen. Wenn er nicht bereit war, sachlich zu diskutieren, sollte er besser mit der Straße reden. Daher erklärte ich ihm, wir würden unsere einstweilige Verfügung durchziehen und die Kündigungen erst einmal unterbinden. Danach legte ich auf.

Montag, 23. Februar 1998

Dr. Carl ließ jedoch nicht locker und suchte weiter händeringend nach Alternativen. Dagegen waren wir fast ausschließlich auf Krawall gebürstet. Wir hielten den Druck auf das Sächsische Finanzministerium hoch. Freunde brachte uns das sicherlich nicht ein.

Nun hatte ich den erzürnten Staatssekretär erneut am Telefon. Er schlug vor, dass wir unsere Auseinandersetzungen vor einer betrieblichen Einigungsstelle austragen und dort über einen Interessenausgleich und Sozialplan verhandeln. Offensichtlich hatte er sich vorher rechtlich beraten lassen.

Ich stimmte seinem Vorschlag unter einer Bedingung zu: Wir wollten den Vorsitzenden der Einigungsstelle bestimmen. Dieser besitzt eine herausragende Bedeutung. Er führt nicht nur die Verhandlungen, sondern verfügt im Fall eines Abstimmungspatts über die entscheidende Stimme.

Meine Wahl stellte eine bittere Pille für die Arbeitgeberseite dar, denn ich entschied mich für den Bremer Hochschulprofessor Dr. Wolfgang Däubler, eine Ikone im Kampf um Arbeitnehmerrechte. Für uns war er eine Idealbesetzung.

Trotz aller Bedenken glaubte man im Finanzministerium, mit Prof. Dr. Däubler fertig zu werden. Hier war man wahrscheinlich etwas zu voreilig, denn beeinflussen ließ er sich nicht.

Sonntag, 15. März 1998

Heute tagte die Einigungsstelle das erste Mal. Bereits fünf Monate hatten wir die Diskussion um einen Interessenausgleich torpediert.

Bei Prof. Dr. Däubler handelte es sich um einen stets freundlichen Menschen, der leise schwäbisch sprach und dessen Haarpracht eher an den heutigen Chefdirigenten der Berliner Philharmoniker, Sir Simon Rattle, erinnerte. Wir versprachen uns von ihm aufgrund seiner umfangreichen Erfahrungen wichtige Impulse für die beginnenden Verhandlungen. Prof. Dr. Däubler bemühte sich nach Kräften, zwischen unserem Lager und der Arbeitgeberseite zu vermitteln. Hierbei handelte es sich um eine Mammutaufgabe, denn viele Fallstricke lagen auf dem Weg.

Wir nutzten dagegen das erste Aufeinandertreffen für eine Generalabrechnung mit den Vertretern der sächsischen Spielbanken. Die sich über Monate angestaute Spannung entlud sich in gleich mehreren schweren Gewittern und entsprechenden Angriffswellen. Es ging uns nicht um übertriebene Sachlichkeit. Jedenfalls hatte die Arbeitgeberseite aufgrund unserer vereinbarten Choreographie sichtlich Probleme damit, überhaupt zu Wort zu kommen. Wir boten schon einmal einen Vorgeschmack auf das, was noch kommen sollte.

Weil es so nicht weiterging brach Prof. Dr. Däubler die gemeinsamen Verhandlungen ab und führte mit jeder Seite Einzelgespräche. Nur vereinzelt trafen wir in der Folgezeit noch mit unseren Gegnern zusammen.

Die Verhandlungen über einen Interessenausgleich machten so gut wie keine Fortschritte, was uns natürlich in die Hände spielte. Wir trafen uns einmal im Monat am Wochenende. Mit immer neuen Manövern hielten wir die Arbeitgeberseite hin. Wir entwickelten unser eigenes Konzept für die Zukunft der Spielbanken. Wir empfahlen einen attraktiveren Standort mit deutlich ausgeweitetem Spielangebot und verlängerten Öffnungszeiten. Dafür brauchte man natürlich noch mehr Personal. Eine Entlassung von Mitarbeitern sah unser Konzept nicht vor.

Immerhin gab es anlässlich unserer Sitzungen etwas Warmes zu essen, meistens Pizza auf Kosten der Arbeitgeberseite. Das Essen schmeckte wirklich lecker. Wer jedoch glaubte, dass sich damit unsere Angriffslust dämpfte, sah sich getäuscht.

Sonntag, 17. Januar 1999

Etwa 10 Monate hatten wir die Verhandlungen über einen Interessenausgleich verzögert. Das waren 10 Monate, in denen den Spielbankmitarbeitern nicht gekündigt werden konnte. In diesem Zeitraum erhielten sie ihren dringend benötigten Lohn weiter. Die Kosten hierfür lagen in einem hohen siebenstelligen Bereich. Dieses Zwischenergebnis konnte sich sehen lassen.

Eine Zäsur war längst überfällig. Nun stellte der Vorsitzende der betrieblichen Einigungsstelle Prof. Dr. Däubler das Scheitern der Verhandlungen über einen Interessenausgleich fest. Die Arbeitgeberseite hatte all unsere Ideen, vor allem unser Alternativkonzept, abgeschmettert.

Rechtlich konnten wir die Schließung des klassischen Spiels nicht mehr länger torpedieren. Diese Entscheidung traf allein die Arbeitgeberseite. Mit dem Scheitern der Verhandlungen über einen Interessenausgleich war der Zeitpunkt gekommen, betriebsbedingte Kündigungen für knapp 100 Beschäftigte auszusprechen.

Unser Einverständnis zum Scheitern der Verhandlungen über den Interessenausgleich ließen wir uns teuer abkaufen. Die Spielbanken mussten sich im Gegenzug verpflichten, einen Sozialplan mit mindestens 3 Millionen DM zu dotieren. Der bisherige Vorschlag der Arbeitgeberseite lag bei 900.000 DM. Damit hatten wir ein wichtiges Etappenziel erreicht.

Fast alle der von einer Kündigung Betroffenen waren zwischenzeitlich Mandanten von mir geworden. Dies erleichterte die Arbeit, da man sich nicht mit anderen, teils egozentrischen Anwälten, herumärgern musste.

Ich reichte für meine Mandanten Kündigungsschutzklagen beim Arbeitsgericht Leipzig ein. Darin bezweifelte ich, dass das klassische Spiel endgültig geschlossen werden sollte. Immerhin erzielte der Freistaat Sachsen durch den Spielbetrieb hohe Einnahmen. Die Kündigungen seien unverhältnismäßig und sachlich nicht gerechtfertigt. Außerdem glaubten wir, dass die Schließung ausschließlich erfolgte, um Druck auf die Beschäftigten und deren Gehälter auszuüben. Wir waren sicher, dass man im sächsischen Staatsministerium der Finanzen insgeheim die Weiterführung des klassischen Spiels plante.

Sonntag, 21. Februar 1999

Unsere Verhandlungen vor der betrieblichen Einigungsstelle gingen derweil weiter. Nur dass diese sich nun mit dem Sozialplan befasste. Hier spielte die eigentliche Musik für die Beschäftigten. Aus dem Sozialplan ergab sich, welche Abfindung die sächsischen Spielbanken für die Entlassung der Beschäftigten zahlen mussten. Wir hatten nicht vor, uns mit den bereits zugesagten 3 Millionen DM zufrieden zu geben.

Montag, 8. März 1999

Die Güteverhandlungen in den Kündigungsschutzverfahren vor dem Arbeitsgericht Leipzig brachten erwartungsgemäß kein Ergebnis. Unsere Versuche, unsere Gegner mit der Behauptung zu provozieren, dass die Schließung des klassischen Spiels nur vorübergehend erfolgte, um renitente Mitarbeiter und Betriebsräte loszuwerden, wies die Arbeitgeberseite entrüstet zurück. Selbstverständlich sei die Schließung des klassischen Spiels endgültig, teilte man uns wie eine tibetanische Gebetsmühle mit.

Mittwoch, 21. April 1999

Wir hatten noch eine weitere Möglichkeit gefunden, den Druck auf die Spielbanken zu erhöhen. Bei den Gehaltszahlungen der Beschäftigten gab es ebenfalls Klärungsbedarf. Die Mitarbeiter des klassischen Spiels wurden schon seit Jahren auf höherwertigeren Positionen eingesetzt, erhielten hierfür aber nicht die tariflich geschuldete Vergütung. Die Gehaltsdifferenz betrug pro Einzelfall und Monat zwischen 200 und 500 Deutsche Mark.

Also bereicherte ich die Auseinandersetzungen mit 100 Vergütungsklagen für die Beschäftigten. Damit verdoppelten sich auf einen Schlag die beim Arbeitsgericht Leipzig anhängigen Verfahren. Zudem wurden die Betriebsräte immer streitbarer und zogen ebenfalls vor Gericht. Das Hemd der Beschäftigten verkaufte ich jedenfalls so teuer wie möglich.

Zugegeben, es war vielleicht doch keine so gute Idee, die sächsischen Spielbanken mit einer derartigen Flut von Arbeitsgerichtsprozessen zu überziehen. Wir hatten zwar mit einer harten, am Ende aber fairen Auseinandersetzung gerechnet. In dieser Einschätzung sollten wir uns gründlich täuschen. Man weckt nun einmal keinen schlafenden Riesen, ohne dass man nachhaltige Konsequenzen befürchten muss. Jedenfalls nicht in Sachsen.

Wie wir in den kommenden Monaten am eigenen Leib erfuhren, begnügte sich der Freistaat Sachsen als Gesellschafter der Spielbanken nicht mit der arbeitsgerichtlichen Auseinandersetzung. Er warf etwas in den Ring das uns nicht zur Verfügung stand: sein staatliches Gewaltmonopol sowie die Steuerung des öffentlichen Meinungsbildes über die Boulevardpresse.

Warum auch sollte der Freistaat auf die Ausübung seiner Macht verzichten? Es lag näher, dass er uns zeigen wollte, wer wirklich die Hosen anhatte.

Montag, 3. Mai 1999

Es war ein göttlicher Zufall, der wie Manna vom Himmel fiel. Was wir nie für möglich gehalten hatten, war geschehen. An diesem Tag erhielt ich einen Anruf eines Betriebsratsmitglieds. Dieser war auf einen dicken Leitz-Ordner mit Geheimplanungsunterlagen der sächsischen Spielbanken gestoßen.

Aus diesen ergab sich eindeutig die Absicht unserer Gegner, das klassische Spiel fortzuführen. Die Betriebsstilllegung sollte also nur vorübergehend erfolgen.

Die Unterlagen stammten aus dem Besitz des damaligen Direktors des Automatenspiels B., der das Projekt federführend betreute. Er erledigte die notwendigen Projektsteuerungsarbeiten weisungsgemäß über seine Privatanschrift. Das diente eindeutig der Verschleierung der eigentlichen Absichten.

Was wir sahen, haute uns von den Socken: Wir fanden Pläne für ein deutlich größeres und attraktiveres klassisches Spiel im Cosel-Palais in Dresden, mit Aktennotizen über Geheimtreffen am Leipziger und Frankfurter Flughafen, ferner Pläne eines Architekturbüros aus Darmstadt, Geheimanschriften, Geheimcodes und vieles mehr. Der Ordner las sich wie ein spannender Krimi. Die Geheimplanungen waren bereits weit fortgeschritten. Sie warteten nur noch auf den Zeitpunkt für die Umsetzung.

Wir behielten also mit unseren Vermutungen Recht und konnten unsere Gegner nun überführen. Diese Unterlagen würden den Druck auf den Freistaat sowie die Sozialplanverhandlungen noch einmal deutlich erhöhen. Sie waren pures Gold.

Auch unsere Nervosität stieg merklich an, denn es stellte sich die Frage, wie wir aus diesen Unterlagen am besten Kapital schlagen konnten.

Für das sächsische Finanzministerium und die Spielbanken bargen die Geheimplanungsunterlagen ein hohes Risiko. Wir konnten nun beweisen, dass die Spielbanken vor dem Arbeitsgericht in allen Verfahren die Unwahrheit vorgetragen hatten. Angeblich existierten ja keine Geheimplanungen. Die Schließung des klassischen Spiels sollte endgültig sein.

All dies entsprach nun nicht mehr der Wahrheit. Es handelte sich keinesfalls um ein Kavaliersdelikt, sondern um einen vielfachen versuchten Prozessbetrug, begangen durch die sächsischen Spielbanken, einem Staatsunternehmen.

Jeder Bürger des Freistaates wäre für dieses, meiner Meinung nach klar kriminelle, Vorgehen geradewegs im Gefängnis gelandet. Nicht so die Staatsdiener auf Seiten des Finanzministeriums sowie die Verantwortlichen der Spielbank. Leider gehen Politiker in solchen Fällen meistens straflos aus. Für sie gilt das Sonderrecht der Machtinhaber. Das Gesetz und damit das Rechtsstaatsprinzip richtet sich für diese Spezies allein gegen den Bürger.

Für uns war noch etwas Anderes klar: Ohne die Zustimmung des Finanzministeriums als Gesellschafter der Spielbanken wären die Geheimplanungen nicht möglich gewesen. Im Aufsichtsrat vertraten u. a. Prof. Dr. Milbradt sowie sein Staatssekretär Dr. Carl die Interessen des Freistaates. Der Freistaat war nach dem Gesellschaftsvertrag zwingend zu beteiligen. An einen Alleingang der Spielbanken glaubte daher niemand mehr.

Dass auch Prof. Dr. Milbradt in die Geheimplanungen eingeweiht war, lag nahe. Mit Sicherheit hatte sich die Führungsspitze der Spielbanken zuvor im sächsischen Finanzministerium abgesichert. Schließlich wusste Milbradt wie kein anderer, wie viel Geld im klassischen Spiel verdient werden konnte, noch dazu bei größeren und besseren Rahmenbedingungen. Ironischerweise hatten die Spielbanken in ihren Geheimplanungen genau die vom Betriebsrat vor der betrieblichen Einigungsstelle gemachten Vorschläge aufgegriffen.

Den Besitz der Geheimplanungsunterlagen behielten wir zunächst für uns. Wir warteten auf den besten Zeitpunkt, um zuzuschlagen. Dieser sollte bald kommen. Immerhin standen Landtagswahlen in Sachsen an.

Freitag, 21. Mai 1999

Mit den Auseinandersetzungen zwischen der Spielbank und ihren Mitarbeitern befasste sich immer wieder die kritische Presse. Diese sah wegen der Vernichtung der Arbeitsplätze in einem strukturschwachen Bundesland Diskussionsbedarf. Vor allem die Leipziger Volkszeitung sowie die Sächsische Zeitung unterstützten uns.

Ich war gerade auf dem Rückweg von einem arbeitsrechtlichen Seminar in Düsseldorf. Bislang verlief die Fahrt ruhig. Nun klingelte das Telefon.

Als ich den Anruf entgegennahm meldete sich der Redakteur Wendt vom Nachrichtenmagazin Focus. Auch er hatte in den vergangenen Monaten die Auseinandersetzungen um die Schließung des klassischen Spiels kritisch begleitet.

Nachdem ich ihm ein Update über den aktuellen Stand unserer Verhandlungen gegeben hatte, sprach er eine deutliche Warnung aus. Wenn ich so weitermache, müsse ich mit einem Besuch des Landeskriminalamtes rechnen. Der Freistaat Sachsen, so berichtete Wendt aus Erfahrung, sei im Umgang mit seinen Gegnern nicht zimperlich. Vor allem, wenn er massiv angegriffen wurde. Schon in anderen Fällen habe der Freistaat alles unternommen, um seine Gegner einzuschüchtern und mundtot zu machen.

Ich fing schallend an zu lachen und erwiderte, der Freistaat Sachsen könne mir das Landeskriminalamt gar nicht schicken.

Dafür bedürfe es triftiger Gründe. Schließlich hatte ich mir bei der Art und Weise, wie ich die Interessen der Beschäftigten vertrat, nichts vorzuwerfen. Meine Vorgehensweise war zwar hart, rechtlich jedoch einwandfrei.

Daher nahm ich den Focus-Redakteur nicht so richtig ernst. Nein, so etwas gibt es in einem Rechtsstaat nicht, belehrte ich meinen Gesprächspartner.

Wendt war da anderer Meinung. Wenn ich mit derselben Intensität meiner Angriffe weitermache, werde ich schon sehen, warnte er mich eindringlich.

Wendt machte mich allerdings misstrauisch. Ich spürte, wie nun dunkle Wolken über uns aufzogen. Mir war klar, dass wir auf einem Pulverfass saßen, das zu explodieren drohte. Ich fragte mich, ob die Geheimplanungsunterlagen der sächsischen Spielbanken in meinem Büro überhaupt sicher waren.

Am Ende mahnten mich meine Zweifel und neu entfachten Ängste zur Vorsicht. Ich gab dem Aktenordner mit den Geheimplanungen einen anderen Namen. Künftig hieß dieser Leberbach II. Auf den ersten Blick bestand daher keinerlei Beziehung zu den Spielbanken mehr. Er sah aus wie eine ganz normale Anwaltsakte.

Sonntag, 12. September 1999

Heute fand ein weiteres Treffen unserer betrieblichen Einigungsstelle statt. Es war der Tag gekommen, um in die Offensive zu gehen.

Schon gegen 9:30 Uhr traf ich mich mit einigen Betriebsräten vor dem Verwaltungsgebäude der Spielbanken in der Oststraße in Leipzig. Den Zeitpunkt für unsere Aktion hatten wir genau geplant. Eine Woche später fand in Sachsen die Landtagswahl statt. In diesem zeitlichen Kontext wollten wir zuschlagen.

Zu unserem Treffen luden wir zahlreiche Pressevertreter ein.

Diesen zeigten wir, was wir in den letzten Monaten für uns behalten hatten: Die Geheimplanungsunterlagen der sächsischen Spielbanken. Wir präsentierten u. a. die Pläne für die einzelnen Spieltische im Cosel-Palais in Dresden und wiesen auf die viel größere Zahl der Spieltische hin. Gleichzeitig übergaben wir Kopien an die anwesenden Pressevertreter.

Da standen wir nun, umringt von Journalisten und Fernsehteams. Wir schimpften über unseren Verhandlungspartner, welcher die Mitarbeiter der Spielbanken so schändlich verraten hatte. Unsere Gegner beobachteten aus dem ersten Stock des Verwaltungsgebäudes die Szenerie genau.

Damit sorgten wir vor der anstehenden Verhandlungsrunde für gewaltigen Sprengstoff. Natürlich befassten wir uns auf der Einigungsstellensitzung eingehend mit den Geheimplanungsunterlagen. Auch der Vorsitzende der Einigungsstelle Prof. Dr. Däubler war mächtig angefressen.

Über der Arbeitgeberseite brach ein wahrer Orkan los, ein Feuerwerk der Emotionen, ein Inferno heftigster Attacken. Wir erwischten unsere Gegner natürlich auf dem falschen Fuß. Erklären wollte uns die Geheimplanungsunterlagen allerdings niemand. Der von den Spielbanken unternommene verzweifelte Versuch, diese als reine Fiktion bzw. Erfindung abzustempeln, war zum Scheitern verurteilt. Die Dokumente sprachen längst für sich.

Montag, 13. September 1999

Wir wussten nicht ob wir an diesem Tag triumphieren oder uns Sorgen machen sollten. Für die Medien waren die Geheimplanungen ein gefundenes Fressen. »*Falschspiel auf höchster Ebene*«, so und ähnlich lauteten die Schlagzeilen, die quer durch Sachsen und Sachsen-Anhalt gingen. Unser Timing hatte unsere Gegner ins Mark getroffen.

Diese Runde ging an uns, aber leider schlägt man einen Gegner wie den Freistaat Sachsen nicht umsonst. Dass es eine Reaktion geben würde, war uns klar. Nur über das Wie spekulierten wir noch.

Grundsätzlich sind Siege gegen die herrschende Kaste mit Vorsicht zu genießen. Man kann hier nicht unbedingt Fairness erwarten. Ihre Machtbefugnisse führen sie oft genug in Versuchung. Ein Sieg stellt daher nur eine Momentaufnahme dar. Er verwandelt sich schneller in eine Niederlage als einem lieb ist. Dass der Gegenschlag des Ministeriums Milbradt mit aller Härte und ohne Rücksicht auf rechtsstaatliche Mindeststandards ausgeführt würde, sollte mir schnell klarwerden.

Freitag, 24. September 1999

Die Reaktion des Freistaats ließ nicht lange auf sich warten: Fünf Tage nach der Landtagswahl machte ein fünfzehnköpfiges, bewaffnetes Begrüßungskommando des von der Staatsanwaltschaft Dresden eingeschalteten Landeskriminalamtes morgens um 7 Uhr unfreundlich und druckvoll an meiner Hauseingangstür auf sich aufmerksam.

Während der Auseinandersetzungen um den Erhalt des klassischen Spiels verspürte ich damals oft panische Angst, denn ich wusste nicht, wie weit meine Gegner gehen würden. Ich rechnete mit dem schlimmsten und rief die Polizei auf den Plan.

Als ich schließlich die Haustür öffnete, erschienen gleich zwei Staatsanwälte, die mir in Begleitung der Beamten des Landeskriminalamtes einen Durchsuchungsbeschluss vorlegten. Diesen hatte das Amtsgericht Leipzig kurz zuvor erlassen. Darin wurde ich zum »*Kopf einer kriminellen Vereinigung*« befördert. Das war eine schnelle Karriere und eine mehr als zweifelhafte Ehre.

In meiner Wohnung befanden sich zu diesem Zeitpunkt noch meine damalige Ehefrau, ihre Schwester und meine zweijährige

Tochter Carmen. Außer mir verfügten alle über eine ekuadorianische Staatsbürgerschaft. Die Aktion des Landeskriminalamtes erinnerte mich an eine Bananenrepublik, in der es keinerlei Schutz gegenüber der Staatsgewalt gab. Nur dass deren Epizentrum nicht am südamerikanischen Äquator, sondern im Leipziger Stadtteil Gohlis lag.

Man warf mir allen Ernstes vor, mit anderen Spielbankmitarbeitern zusammen im großen Stil im klassischen Spiel betrogen zu haben. Das war völlig an den Haaren herbeigeholt. Mein Geld war mir immer schon zu schade, um es auf irgendwelchen Spieltischen verschwinden zu lassen. Das wussten meine Gegner natürlich auch. Denn mit der in den Spielbanken eingesetzten Überwachungstechnik konnte man leicht feststellen, dass ich nie am Spielbetrieb teilgenommen hatte. Als Arbeitsrechtler wollte ich lediglich die einzelnen Abläufe verstehen, was mir in den anhängigen Gerichtsverfahren zugutekam.

Wirft man einen Blick ins Strafgesetzbuch, so stellt man fest, dass der Vorwurf, Mitglied oder gar Kopf einer kriminellen Vereinigung zu sein, ähnlich schwer wiegt wie der Vorwurf des Terrorismus. Dafür müssten eigentlich begründete Anhaltspunkte bestehen. Diese waren weit und breit nicht zu erkennen. Mir half das leider nicht. Nun war ich der Christian Klar unter den sächsischen Rechtsanwälten.

Wie sich herausstellte, hatte ein Abteilungsleiter aus dem Finanzministerium von Prof. Dr. Milbradt auf dessen Weisung hin Strafanzeige erstattet. Die Staatsanwaltschaft Dresden beantragte anschließend den Erlass des Durchsuchungsbeschlusses. Das war die Staatsanwaltschaft vor der Haustür von Prof. Dr. Milbradt. Dies versprach immerhin kurze Dienstwege. Es bestätigt ferner, dass die Führung des Finanzministeriums die Geschehnisse um die Spielbanken umfassend steuerte.

Die Staatsanwaltschaft suchte einen Brief, den ein Betriebsratsmitglied an mich geschrieben haben sollte und der mich angeblich belastete. Darin standen so wunderbar strafbare Dinge wie die Aufforderung, mir noch mehr Gerichtsverfahren gegen die Spielbanken einfallen zu lassen. Selbst dies wäre keineswegs strafbar gewesen, es sei denn, man betrachtet die Angelegenheit aus dem Blickwinkel unserer Gegner. Eine Kopie dieses Briefes hatte man bezeichnenderweise im Nachlass des wenige Wochen zuvor verstorbenen Geschäftsführers der Spielbanken, Fendel, gefunden. Was für ein Zufall.

Wieso der Brief nicht bereits früher auftauchte und nie in den Verhandlungen über den Interessenausgleich und Sozialplan vorgelegt wurde, fragte sich auf Seiten des sächsischen Finanzministeriums und der Staatsanwaltschaft Dresden niemand. Auch war es nicht der erste vermeintlich belastende Brief, der sich im Besitz des Geschäftsführers Fendel befand. Schon früher hatte dieser Auseinandersetzungen mit Betriebsräten und Mitarbeiter dadurch bereichert, dass er anonyme Briefe aus seiner Aktentasche zauberte.

Der Buschfunk identifizierte jeweils ihn als den Autor dieser Pamphlete. Hier galt die Devise: Der Zweck heiligt die Mittel. Für unsere Gegner gab es kein Niveau, das nicht unterschritten werden konnte.

Es spielte zudem keine Rolle, dass das Landeskriminalamt in Dresden im Rahmen einer »*inhaltlichen und kriminaltechnischen Auswertung*« vom 20. August 1999 zuvor massive Zweifel an der Authentizität dieses Schreibens geäußert und ihm jegliche strafrechtliche Relevanz abgesprochen hatte.

Natürlich wussten dies auch unsere Gegner im sächsischen Finanzministerium. Dies hinderte sie sowie die Staatsanwaltschaft Dresden dennoch nicht daran, gegen mich vorzugehen. Als Inhaber des staatlichen Gewaltmonopols entschieden sie darüber, wer als Straftäter stigmatisiert und entsprechend verfolgt wird.

Neben mir bildete noch das Betriebsratsmitglied J. einen Teil der »*kriminellen Vereinigung*«. Hier traten weitere Merkwürdigkeiten auf, die im Freistaat geradezu typisch sind: Nach den strafrechtlichen Bestimmungen setzt eine kriminelle Vereinigung mindestens drei Personen voraus. Die Staatsanwaltschaft Dresden hatte aber nur zwei Verdächtige. Dies reichte also nicht aus. Schon deshalb war an den Vorwürfen nicht das Geringste dran.

Die dritte Person, die das Ganze erst zu einer »*kriminellen Vereinigung*« gemacht hätte, lernte ich trotz intensiver Nachforschungen und der Bitte, mir diesen Kandidaten doch vorzustellen, bis zum heutigen Tag nicht kennen. Selbst dem Freistaat mit all seinen Erkenntnismöglichkeiten gelang es nicht, diesen herbeizuzaubern, was irgendwie enttäuschend war. Damit fiel das Konstrukt einer kriminellen Vereinigung eigentlich in sich zusammen. Der Richter, der den Durchsuchungsbeschluss unterzeichnet hatte, befasste sich jedoch nicht mit derartigen Bedenken. Ihm reichte es offensichtlich aus, dass die Strafanzeige aus dem sächsischen Finanzministerium stammte.

Nachdem bisherige Einschüchterungsversuche unserer Gegner nicht zum Erfolg geführt hatten, versuchte man es nun mit härteren Bandagen. Was die Dresdner Staatsanwaltschaft suchte, war mir sofort klar. Es ging um die Geheimplanungsunterlagen.

Aus meiner Sicht wollte das sächsische Finanzministerium diese beschlagnahmen und anschließend verschwinden lassen. Dies konnte man jedoch nur mit der Unterschrift eines Ermittlungsrichters. Nur blieb der belastende Aktenordner anlässlich der gerichtlichen Durchsuchung meiner Wohnung und meiner Kanzlei unauffindbar.

Bei einer derartigen Durchsuchung durfte die Staatsanwaltschaft nicht beliebig viele Anwaltsakten einsehen bzw. beschlagnahmen, da das Mandatsgeheimnis dies verhindert. Notwendig war, dass sich die Akten mit den Spielbanken befassten.

Das Durchsuchungskommando nahm aus meiner Kanzlei alle Prozessakten der Beschäftigten sowie den Ordner mit den Protokollen der Einigungsstelle mit, wogegen ich wütend protestierte. Damit wollte man unsere Verteidigungsfähigkeit vor den Arbeitsgerichten und der Einigungsstelle ausheben. Ohne Prozessakten gibt es kein rechtsstaatliches Verfahren, das wussten natürlich auch unsere Kontrahenten.

Die LKA-Beamten schauten in jede Akte, auf der die Spielbanken als Gegner vermerkt waren. Direkt neben den Spielbankenakten stand noch ein weiterer Ordner einsam vor sich hin. Das war nun irgendwie komisch. Dieser Ordner hieß »*Leberbach II*«. Die LKA-Beamten würdigten ihn keines Blickes. Dabei befand er sich so dicht vor ihrer Nase. Sie waren knapp davor, ihr Ziel zu erreichen.

Die Geheimplanungsunterlagen blieben anlässlich der Durchsuchung verschollen. Insofern brachte die ganze Aktion für die Staatsanwaltschaft Dresden und das sächsische Finanzministerium nichts. Für uns war es oberstes Ziel, dass die Geheimplanungsunterlagen nicht in die Hände unserer Gegner fallen. Sicherlich hätten sie in diesem Fall ein vorschnelles Schicksal im Reißwolf der Ministeretage des sächsischen Finanzministeriums ereilt. Ohne diese Unterlagen konnten wir nichts beweisen.

Die Aktion war wie ein Déjà-vu: Der Focus-Redakteur Wendt hatte mir noch wenige Monate zuvor genau dies Aktion des Landeskriminalamtes angekündigt. Noch heute höre ich seine mahnenden Worte. Nun war mir nun das Lachen gründlich vergangen. Wenn man so schnell zum Kopf einer kriminellen Vereinigung befördert wurde und das Amtsgericht auf der Grundlage hanebüchener Vorwürfe einen Durchsuchungsbeschluss erlässt, war was gewaltig faul in unserem Rechtsstaat. Dieser mutierte zunehmend zu einer Fantasiegestalt, die sich mit der Morgendämmerung in Nichts auflöst. Werde erst mal erwachsen und hör auf zu träumen, dachte ich mir damals.

Bezeichnenderweise konnte sich der Richter des Amtsgerichts Leipzig schon wenige Tage, nachdem er den Durchsuchungsbeschluss unterzeichnet hatte, auf Nachfrage meines Rechtsanwalts Curt-Mathias Engel nicht mehr an den Vorgang erinnern. Als sei es im Freistaat Sachsen Tagesgeschäft, einen Durchsuchungsbeschluss gegen einen Rechtsanwalt zu erlassen. Immerhin werden Anwälte in ihrer Berufsausübung durch das Grundgesetz und die Landesverfassungen besonders geschützt. So jedenfalls die Theorie. Aber dies schien den Ermittlungsrichter nicht weiter zu interessieren.

Vielleicht hatte ihn auch nur die Tatsache, dass der Antrag auf Erlass eines Durchsuchungsbeschlusses von seinem Dienstherrn, dem Freistaat, eingereicht worden war, zur schnellen Ausführung motiviert. Das ist leider oft traurige Realität. Wenn man in Sachsen Karriere machen will, darf man seinem Vorgesetzten einen derartigen Wunsch nicht ausschlagen. Sonst landet man schnell auf dem ewigen Abstellgleis in einer Endlosschleife.

Einige werden sich noch daran erinnern: Es gab einmal einen sächsischen Justizminister Heitmann, der wiederholt Gerichtsakten angefordert und diese mit persönlichen Vermerken versehen hatte[2]. Ihm wurde vorgeworfen, auf die Beurteilung von Richtern Einfluss genommen zu haben, je nachdem, ob ein Urteil seinen Vorstellungen entsprach oder nicht. Die Beurteilung war wiederum eine wichtige Grundlage für Entscheidungen über die Beförderung eines Richters.

Über die Hintergründe dieser Vorgehensweise lässt sich munter spekulieren. Am Ende entschied Heitmann darüber, welcher Richter geeignet war, höhere Aufgaben wahrzunehmen. Dies waren zweifelhafte Aussichten für so manchen unabhängigen Richter.

Wäre mir noch ein Fünkchen Humor verblieben, hätte ich über die Verzweiflungstat meiner Gegner vielleicht lachen können. Etwas Anderes war die Durchsuchungsaktion eigentlich

2 www.spiegel.de/politik/deutschland/a-90341.html; www.spiegel.de/politik/deutschland/sachsen-justizminister-heitmann-zurueckgetreten-a-92979.html;
www.handelsblatt.com/impressum/nutzungshinweise/blocker/?callback=%2Farchiv%2Fun-ertraeglichen-angriffe-fuehren-zum-ruecktritt-sachsens-justizminister-heitmann-gibt-auf-%2F2004406.html;
http://www.rp-online.de/politik/sachsens-justizminister-zurueckgetreten-aid-1.2268419

nicht. Den ungeheuren Vorwurf konnte ich allerdings nicht auf mir sitzen lassen. Es handelte sich eben nicht um eine Lappalie, sondern um einen schwerwiegenden, rechtsstaatswidrigen Fauxpas. Unsere Gegner zeigten ihre ganz eigene, hybride Sicht auf unsere Verfassung.

Gegen den vom Amtsgericht Leipzig erlassenen Durchsuchungsbeschluss legte mein Strafverteidiger Curt-Mathias Engel Beschwerde beim Landgericht Leipzig ein.

Nun musste ich feststellen, dass die sächsische Justiz erneut sehr eigenwillige, für den Außenstehenden kaum nachvollziehbare Wege geht. Das Landgericht hielt den Durchsuchungsbeschluss nämlich für gerechtfertigt. Zwar sei der Vorwurf, Kopf einer kriminellen Vereinigung zu sein eher unwahrscheinlich. Es könne jedoch Untreue vorliegen, so das Gericht.

Dieser – schlicht und ergreifend absurde Vorwurf, für den es nicht einmal in der Anzeige des sächsischen Finanzministeriums Anhaltspunkte gab – sollte nun den Durchsuchungsbeschluss rechtfertigen. Dass hierfür eine Vermögensbetreuungspflicht gegenüber der Sächsische Spielbanken GmbH & Co.KG vorliegen muss, kommentierte das Landgericht mit keinem Wort. Auch nicht, wie eine derartige Pflicht entstanden sein sollte.

Was hatte ich mit den Einnahmen der Spielbanken zu tun? Noch dazu, wo ich nie am Spielbetrieb teilnahm? Es ging dem Landgericht vielleicht auch nur darum, eine möglichst belastbare Begründung zu finden und das Handeln des sächsischen Finanzministeriums zu rechtfertigen. Jedenfalls drängte sich mir dieser Eindruck auf.

Notfalls beruft man sich auf »*alternative Fakten*«, um einen Begriff aus dem Lager des heutigen US-Präsidenten Trump zu verwenden. Dies macht die Sache jedoch nicht wirklich besser. Für mich handelte es sich hier jedenfalls um eine klare Rechtfertigungsrechtsprechung zugunsten des eigenen Dienstherrn.

Ich war wie vor den Kopf geschlagen.

Das eigentliche Ziel der Staatsanwaltschaft Dresden und des

sächsischen Finanzministeriums, in den Besitz der Geheimplanungsunterlagen zu gelangen, wurde nicht erreicht. Wir blieben trotz gegenteiliger Verlautbarungen handlungsfähig und holten nach einer kurzen Verschnaufpause wieder zum Gegenschlag aus.

Wir legten nun vor dem Arbeitsgericht Leipzig die Geheimplanungsunterlagen der Spielbanken vor und bewiesen damit, dass von einer endgültigen Stilllegungsabsicht entgegen der vehementen Beteuerungen unserer Gegner nicht gesprochen werden konnte. Diese ist jedoch Voraussetzung dafür, dass die Kündigungen einer rechtlichen Überprüfung standhalten. Gleichzeitig zogen wir den Freistaat durch eine Streitverkündigung in die beim Arbeitsgericht anhängigen Verfahren hinein.

Unsere Gegner brachte das in eine unangenehme Lage. Nicht nur, dass sie nun 100 Postzustellungen von den Arbeitsgerichten in wenigen Tagen erhielten, was sie noch nervöser machte. Schwerwiegender war die Entwicklung, welche die Arbeitsgerichtsverfahren dadurch für sie genommen hatten. Ab jetzt ging es nicht nur um die Wirksamkeit von Kündigungen, sondern um vielfachen versuchten Prozessbetrug.

Am Ende war ich heilfroh über die Warnung des Focus-Redakteurs Wendt. Und ich hatte ihn ausgelacht. Er kannte meine Gegner besser.

Montag, 27. September 1999

Der Freistaat Sachsen zögerte keine Sekunde und schoss aus allen Rohren.
Obwohl die gerichtlich angeordnete Durchsuchung eigentlich nur bei der Staatsanwaltschaft Dresden, dem Landeskriminalamt und im sächsischen Finanzministerium bekannt war, berichtete die Boulevardpresse wie BILD und Dresdner Morgenpost detailreich über den Vorgang. Beide Zeitungen überboten

sich darin, mich als kriminellen Rechtsanwalt darzustellen, der durch die Vorwürfe massiv belastet wird. Das war nun wirklich jenseits des Erträglichen.

Damals fragte ich mich in all meiner Naivität, wie diese Vorwürfe nach außen gelangen konnten. Heute weiß ich es besser: Diese Zeitungen werden vom Freistaat gezielt als verlängerter Arm zur Beeinflussung der Öffentlichkeit sowie zur Erledigung der Schmutzarbeit benutzt. Sie betätigen sich als Steigbügelhalter der herrschenden Kaste.

Die Boulevardpresse greift ihr zugespielte Informationen nur zu gerne auf. Ihr geht es ausschließlich darum, ihre Auflage mit einer möglichst kernigen Aufmachung zu steigern, egal wie diffamierend diese auch sein mag. Für die Wahrheit interessieren sich deren Redakteure – wenn überhaupt – eher am Rande. Aufgrund ihrer systemtreuen Berichterstattung vertrauen sie darauf, künftig weitere Hintergrundinformationen von den Lenkern unseres Staates zu erhalten.

Der Freistaat besaß jedenfalls den festen Willen, die gegen mich gerichteten Vorwürfe umfassend auszuschlachten. Dies erfolgte sogar mit System, wie ich wenige Wochen später aufgrund einer Einsichtnahme in die Ermittlungsakten der Staatsanwaltschaft Dresden feststellen musste. Dabei stieß ich auf einen Aktenvermerk des Staatssekretärs Dr. Carl vom 9.7.1999. Dieser beschrieb den Inhalt eines Gesprächs mit Finanzminister Prof. Dr. Milbradt. Darin hieß es:

>*»Besprechen Sie bitte, ob und wie die Vorwürfe in den anhängigen Verfahren bzw. in den beabsichtigten Verfahren, dem Verfahren vor der Einigungsstelle und in sonstiger Weise verwendet werden können. In dem Gespräch mit dem Minister wurde zum Beispiel an eine Übersendung an die Rechtsanwaltskammer und die Staatsanwaltschaft gedacht«.*

Das war ein klarer Angriff auf meine Anwaltszulassung und obendrein ein Aufruf von Prof. Dr. Milbradt zum öffentlichen Diffamierung.

In den folgenden Monaten wurde ich tatsächlich von der Boulevardpresse, in der betrieblichen Einigungsstelle und vor den Arbeitsgerichten in geradezu hemmungsloser Weise beleidigt und wie ein Aussätziger behandelt. Der Initiator der Aktion, Prof. Dr. Milbradt, blieb dagegen von jeglicher strafrechtlichen Verfolgung verschont. Sein in dem Aktenvermerk von Dr. Carl festgehaltener Wunsch stellte eine klare Anstiftung zur Verleumdung dar. Aber welcher Ermittlungsbeamte geht schon gegen den eigenen Minister vor, ohne damit seine Karriere aufs Spiel zu setzen? Nein, für diese Herren gilt ein Zweiklassenrecht.

Das Ziel der Aktivitäten des sächsischen Finanzministeriums war völlig klar: Durch die massiven Anschuldigungen wollte man mich in der Öffentlichkeit unmöglich machen und mir so die Grundlage zur Akquisition neue Mandate, auf die ich zu meiner Refinanzierung angewiesen war, entziehen. Wirtschaftlich sollte ich ausbluten. Auf eine rechtlich saubere Auseinandersetzung konnte und wollte man nicht vertrauen. Außerdem glaubte man sicherlich, uns so unter Druck setzen zu können.

Dienstag, 12. Oktober 1999

Für unseren Kampf um den Erhalt des klassischen Spiels warben wir auch bei Politikern des sächsischen Landtags. Diese wollten wir detailliert über die Geheimplanungen der Spielbanken informieren und die Einsetzung eines Untersuchungsausschusses anregen. Wir planten ein Treffen mit den Fraktionsvorsitzenden der SPD und der Linken.

Nun fuhr ich mit den Betriebsratsmitgliedern J. und G. nach Dresden. Schon in der Tiefgarage in Leipzig bemerkten wir ein hektisches Treiben, insbesondere ein größeres Aufgebot an Zivilfahndern, die uns genau beobachteten.

Merkwürdigerweise kannten unsere Gegner unser Vorhaben. Ich gehe davon aus, dass die Staatsanwaltschaft Dresden unsere

Telefone abhören ließ. Dies ist gegenüber einem zur Berufsverschwiegenheit verpflichteten Anwalt aufgrund strenger rechtsstaatlicher Vorgaben zwar schwierig, in Sachsen jedoch nicht unmöglich.

Die Ermittlungsbehörden interessierten sich nicht weiter für derartige Hindernisse. Sie mussten sich jedoch so manchen Spott gefallen lassen. In meinen Telefonaten mit den Betriebsräten begrüßte ich stets zu Beginn unsere vermeintlichen Zuhörer vom Landeskriminalamt und ließ so manchen Spaß über sie los. Wie gut, dass es damals schon so manchen deftigen Polizeiwitz gab.

Ich war mir zudem sicher, dass das Landeskriminalamt meinen Audi verwanzt hatte. Das sollte uns jedoch nicht daran hindern, die Fahrt nach Dresden zu genießen. Wir hörten Lieder von Konstantin Wecker. Ein Lied hatte es uns besonders angetan: »*Wenn ich erst Minister bin. Mit Büro und Illusionen…*«

Ich weiß nicht wie oft wir dieses Lied auf der Fahrt nach Dresden hörten. Schließlich wollten wir unseren Freunden vom Landeskriminalamt etwas bieten. Unser Gesang war wahrscheinlich ebenso unerträglich wie die hohe Lautstärke bei der ständigen Wiedergabe des Songs.

Das Treffen mit den Fraktionsvorsitzenden Jurk von der SPD sowie Prof. Dr. Porsch von der Fraktion der Linken verlief freundlich. Man sagte uns die politische Rückendeckung zu. Geschehen ist allerdings wenig. Wirkliche Opposition gab es im Freistaat nicht.

Von der CDU holten wir uns dagegen eine heftige Abfuhr. Man war nicht bereit, mit »*Kriminellen*« wie uns ein Gespräch zu führen. Die Vertreter dieser Partei informierten sich offensichtlich über die Boulevardpresse bzw. erhielten die Bedienungsanleitung für ihr Gehirn vom sächsischen Finanzministerium. Unser Hilfeersuchen wiesen sie jedenfalls brüsk zurück. Für sie waren wir Aussätzige.

Für mich als eher wertkonservativer Mensch stellte die Ablehnung der CDU eine bemerkenswerte Erfahrung dar. Um politisch etwas erreichen zu können, musste ich mich an deren Gegner wenden. Diese besaßen für unsere Mahnungen, rechtsstaatliche Vorgaben zu gewährleisten ein offenes Ohr.

All das passte so gar nicht in mein politisches Weltbild. In all den Jahren, in denen ich in Sachsen tätig war, interessierte sich die Linke am meisten für die Bedürfnisse der Menschen. Die Verteidigung des Rechtsstaates konnte man dagegen von der regierenden Kaste nicht erwarten. Diese zeigte sich am wenigsten an rechtsstaatlichen Bindungen interessiert. Verkrustete Machtstrukturen trugen ihren Teil zur Entwicklung bei. Die langjährige Herrschaft einer Partei war demokratischen Prozessen noch nie förderlich.

Montag, 18. Oktober 1999

Ich war nicht bereit, den schwerwiegenden Eingriff in meine Berufstätigkeit, der mit dem Durchsuchungsbeschluss des Amtsgerichts Leipzig verbunden war, hinzunehmen. Wenn der Freistaat Sachsen so gegen missliebige Rechtsanwälte vorgeht, ist der gesamte Rechtsstaat bedroht. Das entsprach immer meiner felsenfesten Überzeugung.

Bei der Rechtsanwaltskammer Sachsen warb ich ebenfalls um Unterstützung. Dort schienen sich linientreue Rechtsanwälte allerdings in der Überzahl zu befinden. Ich spürte förmlich meine Stigmatisierung durch die vom Freistaat in der Öffentlichkeit breitgetretenen Vorwürfe. Von der Rechtsanwaltskammer erhielt ich nichts als heiße Luft. »*Man wolle den weiteren Gang der Ermittlungen abwarten und der Arbeit der Justizbehörden nicht vorgreifen*«, lautete die Antwort.

Damit erhielt ich eine eiskalte Abfuhr. Die Rechtsanwaltskammer verweigerte mir also die begehrte Rückendeckung. Das waren ausgesprochen bittere Nachrichten von der Organisation, welche Anwälten eigentlich zur Seite stehen sollte. Wie ich in der

Folgezeit feststellen musste, entpuppte sich auch ein großer Teil der Leipziger Anwaltschaft als absolut linientreu. Die Kollegen waren nicht bereit, über den Tellerrand zu schauen.

Erwartungsgemäß trat ein Teil meiner Anwaltskollegen die Vorwürfe breit. Gerade vor dem Arbeitsgericht Leipzig musste ich mir Einiges anhören. Ich sei eine Schande für den Berufsstand und müsse aus der Anwaltschaft ausgeschlossen werden, so ein Anwalt, der gelegentlich den Freistaat vertrat.

Keiner dieser »Kollegen« hatte mit mir das Gespräch gesucht, sondern blind die Darstellungen von BILD und Morgenpost übernommen. Nur ein Anwaltskollege machte mir Mut. Er klopfte mir auf die Schulter und meinte, ich dürfe mir das nicht gefallen lassen. Es war nur einer von etwa 900 Anwälten, die damals in Leipzig ihrem Beruf nachgingen.

Der Freistaat wusste besser, wie man die öffentliche Meinung beeinflusst. Hierin liegt sicherlich einer der Gründe, warum das Finanzministerium mit einem Federstrich Strafanzeige gegen mich erstattet hatte. Das war seine Art, mit Gegnern umzugehen. Die Herren aus dem Finanzministerium besaßen bei dieser Art der Auseinandersetzungen offensichtlich eine größere Erfahrung. Sie arbeiteten mit System.

Vor der betrieblichen Einigungsstelle behandelten uns die Vertreter der Spielbanken fortan wie Kriminelle. Dabei sollte man es dort eigentlich besser wissen. Gefördert hat dies die Verhandlungen über einen Sozialplan sicherlich nicht.

Die Einigungsstelle kam zum Stillstand. Aufgrund der erfolgten Durchsuchung waren wir noch weniger bereit, konstruktiv zur Sache zu verhandeln. Warum sollten wir über eine Schließung des klassischen Spiels sprechen, wenn der Freistaat längst Alternativkonzepte besaß?

Die sächsischen Spielbanken ruderten in der Folgezeit gewaltig zurück und distanzierten sich von ihren Geheimplanungen. Das seien reine Gedankenspiele. Nur dass diese – wie die Gesprächsprotokolle und die Ausführungspläne der Architekten bewiesen – sehr weit gediehen waren. Sie standen unmittelbar vor der Umsetzung. Und wahrscheinlich hatten diese Gedankenspiele bereits viel Geld verschlungen. Nun waren sie plötzlich eine reine Fiktion.

Dienstag, 16. November 1999

Für mich besaßen die staatsanwaltschaftlichen Ermittlungen noch weitergehende Konsequenzen. Damals arbeitete ich mit zwei Insolvenzverwaltern in einem Büro zusammen. Diese sahen die Entwicklung mit großer Sorge.

Insolvenzverwalter erhalten ihre Aufträge vom örtlichen Insolvenzgericht. Sie benötigen einen einwandfreien Leumund, der keine Zweifel an ihrer beruflichen Integrität zulässt. Die Zusammenarbeit mit einem Rechtsanwalt, gegen den als Kopf einer kriminellen Vereinbarung ermittelt wird, ließ sich mit diesen Anforderungen nicht vereinbaren. Daher forderten meine Kollegen mich auf, die gemeinsame Kanzlei zu verlassen. In den Wochen zuvor hatte die Durchsuchung bereits zu gewaltigen Spannungen geführt.

Mit derart massiven Auswirkungen hatte ich nicht im Entferntesten gerechnet. Für meine anwaltliche Tätigkeit bedeutete die Trennung von meinen Kollegen allerdings, dass ich künftig von deren Aufträgen abgeschnitten war. Mit neuen Mandaten konnte ich nun nicht mehr rechnen. Damit ging mir ein erheblicher Teil meiner Einnahmen verloren. Dem Freistaat kann dies nur recht gewesen sein.

Montag, 11. Dezember 1999

Innerlich brannte es in mir. Ich dachte nicht daran, gegenüber dem sächsischen Finanzministerium sowie der Staatsanwaltschaft Dresden einzulenken. Mein Glaube an die Geltung des Grundgesetzes war noch nicht gebrochen. Also klagte ich beim sächsischen Verfassungsgerichtshof gegen den vom Amtsgericht Leipzig erlassenen Durchsuchungsbeschluss.

Ich forderte, diesen wegen der massiven Eingriffe in meine Persönlichkeitssphäre sowie die Freiheit der Berufsausübung für verfassungswidrig zu erklären. Das höchste sächsische Gericht musste sich nun also sich mit der Vorgehensweise meiner Gegner befassen. Ich verband dies mit der Hoffnung, dass künftig verfassungsrechtliche Grenzen von Teilen der sächsischen Staatsregierung respektiert würden.

Freitag, 17. Dezember 1999

Die Ermittlungen des sächsischen Landeskriminalamts gingen unterdessen mit aller Intensität weiter. Man drehte jeden Stein zweimal um, um darunter etwas Belastbares zu finden. Dabei spielte meinen Gegnern der tragische Tod des ehemaligen Geschäftsführers der Spielbanken, Michael Fendel, in die Karten. Zum Sterben war dieser mit seinen knapp 44 Jahren noch viel zu jung.

Ich sehe noch heute, wie Fendel mehrere Monate zuvor von seiner Ehefrau auf den Parkplatz am Verwaltungssitz der Spielbanken gefahren wurde. Sie streichelte ihm liebevoll über den Hinterkopf und machte ihm für die Verhandlungen, die ihn bislang sicherlich viel Kraft gekostet hatten, Mut. Es war eine schöne Geste. Immerhin musste dieser Mann so Einiges einstecken. Die Abschiedsszene mit seiner Frau ist mir in Erinnerung geblieben. Drei Wochen später verstarb Fendel unerwartet.

Die Staatsanwaltschaft prüfte nun, ob ich in seinen Tod verwickelt war. Jedenfalls weitete sie ihre Ermittlungen aus. Entsprechende Hinweise finden sich in den Ermittlungsakten.

Ich war einmal mehr schockiert. Meine Gegner waren bereit,

das Undenkbare zu denken bzw. danach zu handeln. Was würden sie noch alles unternehmen, um mich zur Strecke zu bringen? War ich für sie nun sogar zum Mörder mutiert?

Allerdings gab es in den Krebsbefund bei Fendel nichts hineinzuinterpretieren, was eine Beteiligung meinerseits definitiv ausschloss. Fendel stammte aus einer medizinisch vorbelasteten Familie. Das war tragisch, ermittlungstaktisch jedoch hinzunehmen.

Für die Sozialplanverhandlungen stellte sein Tod einen Wendepunkt dar. Mit Wolfgang Bildstein trat nun ein neuer, unbelasteter Geschäftsführer auf, der zuvor schon bei der Leipziger Messegesellschaft positiv auf sich aufmerksam gemacht hatte.

Bildstein war ein vernünftiger Mann. Er dachte nicht daran, die Fehler seines Vorgängers zu wiederholen. Er beobachtete lange und bildete sich seine eigene Meinung. Es gelang Bildstein in vielen Einzelgesprächen, langsam Vertrauen aufzubauen und die Kommunikation wieder in Gang zu setzen. Dass die Spannungen später nachließen war vor allem sein Verdienst.

Sonntag, 16. Januar 2000

Die Zusage der Spielbanken, mindestens 3 Millionen DM für den Sozialplan bereitzustellen, bildete einen Meilenstein. Aber wer sagte, dass nicht noch ein besseres Ergebnis möglich war? Da viele Spielbanker nach Schließung des klassischen Spiels in Sachsen nicht mehr in einer Spielbank arbeiten konnten, forderten wir vor der Einigungsstelle höhere Entschädigungsleistungen, die auch Umzüge, notfalls ins Ausland, abdeckten. Das war völlig legitim.

An diesem Tag wollten die Verhandlungen wieder einmal nicht enden. Noch spät in der Nacht saßen wir in unserem Verhandlungsraum. Der Vorsitzende unserer Einigungsstelle, Prof. Dr. Däubler, hatte mit Pendeldiplomatie versucht, die Verhandlungen voranzutreiben. Gerade bei der Arbeitgeberseite musste er viel Überzeugungsarbeit leisten.

Am heutigen Tag konnten unsere Gegner auf hochkarätige Unterstützung zurückgreifen. Mit dem Staatssekretär aus dem Finanzministerium Dr. Carl und dem Abteilungsdirektor Spielbanken Muster waren gleich zwei hohe Ministerialbeamte zugegen, um sich einen persönlichen Eindruck über den Stand der Verhandlungen zu verschaffen.

Zu später Stunde platzte Dr. Carl der Kragen. Er erschien wutschnaubend in unserem Beratungszimmer und kanzelte uns ab. Dabei ließ er sich zu massiven Drohgebärden hinreißen. Wir hätten die Mitarbeiter der Spielbanken und die Sache der Betriebsräte verraten. Man könne von nun an *»für unsere körperliche Unversehrtheit nicht mehr garantieren, wenn wir nicht umgehend einlenken«*, so Dr. Carl.

Wenn man das nicht selbst erlebt hat, kann man es nicht glauben. Es war schockierend und absolut unfassbar: Dr. Carl bedrohte uns tatsächlich mit der Ausübung massiver körperlicher Gewalt, im schlimmsten Fall möglicherweise sogar mit dem Tod. Und was noch unfassbarer war: Er besaß überhaupt keine Probleme damit, dies vor 25 Betriebsräten sowie dem Vorsitzenden der Einigungsstelle zu äußern. Er meinte es offensichtlich ernst.

Prof. Dr. Däubler erklärte später, so etwas habe er in seiner ganzen Laufbahn noch nicht erlebt. Aber in Sachsen gingen die Uhren nun einmal anders.

Jedenfalls spricht die Äußerung Carls Bände über das Staatsverständnis im sächsischen Finanzministerium sowie die Art und Wiese, wie der Freistaat seine Verhandlungen führt. Es geht ihm ausschließlich darum, seine ehrgeizigen Verhandlungsziele zu erreichen, auch wenn die rechtlichen Rahmenbedingungen dabei auf der Strecke bleiben. Wir besaßen keine Zweifel daran, dass unsere Gegner es ernst meinten.

Schon länger rechneten wir aufgrund unserer Verhandlungstaktik mit einer weiteren empfindlichen Reaktion des Freistaats. Immer wieder hörten wir von vermeintlich guten Beziehungen zwischen Spielbanken und dem kriminellen Milieu.

Die Gründe hierfür sind einfach: Staatliche Spielbanken befriedigen eines der wichtigsten Bedürfnisse der organisierten Kriminalität, nämlich die Geldwäsche. In öffentlichen Spielbanken verläuft der Rückfluss von Schwarzgeld in den ordentlichen Wirtschaftskreislauf weitestgehend verlustfrei. Der Staat schaut nicht nur dabei zu, er profitiert sogar von dieser Art der Zusammenarbeit.

Vor allem das französische bzw. das amerikanische Roulette bilden exzellente Möglichkeiten, um Schwarzgeld reinzuwaschen. Bedeckt man sämtliche Zahlenfelder mit einem Jeton, wird eins der Felder gewinnen. In diesem Fall erhält der Spieler das 36fache seines Einsatzes. Fällt die Kugel dagegen auf die Null, hat er Pech. Dann wandern diese Einsätze in die Kassen der Spielbanken. Statistisch in einem von 37 Fällen wird ein Spieler den Spieltisch als Verlierer verlassen. Das entspricht einem Verlustrisiko von weniger als 3 %.

Nur erhält der Spieler beim Rücktausch seiner Jetons an der Kasse weiß gewaschenes Geld. Es gibt nur wenige Möglichkeiten, Schwarzgeld verlustfreier zu waschen. Aus diesem Grunde tummelten sich in den sächsischen Spielbanken oft Spieler von zweifelhafter Herkunft. Dem Freistaat konnte dies egal sein, da er dabei kräftig verdiente. So entwickelten sich oft belastbare Geschäftsverbindungen zur Unterwelt. Und derartige Kundenbeziehungen wollten gepflegt werden. Man schätzte seine Gäste.

Ob diese Verbindungen auch bei den sächsischen Spielbanken bestanden bzw. wie belastbar diese waren, wussten wir natürlich nicht. Das latente Drohpotenzial lastete dennoch gewaltig auf uns.

Die Gerüchteküche trug ihren Teil zur wachsenden Panik auf unserer Seite bei. Man hörte aus anderen Spielbanken, dass Kriminelle auch mal »*Gefälligkeiten*« ausführten. Wir mussten daher mit allem rechnen. Den Vertretern der Spielbanken trauten wir ebenso wenig über den Weg wie dem sächsischen Finanzministerium.

Mit der Zeit steigerte sich unsere Angst dramatisch. Diese vergrößerte sich noch einmal beträchtlich, nachdem Dr. Carl unsere körperliche Unversehrtheit in Frage gestellt hatte.

Sonntag, 19. März 2000

Die Drohungen von Dr. Carl führten zu einer erneuten deutlichen Verschärfung der Verhandlungen vor der betrieblichen Einigungsstelle. Wir waren nicht bereit, mit Leuten über einen Sozialplan zu diskutierten, die uns massiv bedrohten.

Ich war über die Vorgehensweise des Finanzministeriums verärgert wie noch nie. Mein Traum vom Rechtsstaat wies immer neue, tiefere Risse auf, die langsam in Abgründe übergingen. Für mich ging es längst nicht mehr darum, ob der Freistaat Sachsen seine Drohungen umsetzt, sondern nur noch, wie er dies tun würde.

Vor der Einigungsstelle setzte ich mich auch weiterhin für eine hohe Abfindung der Spielbankmitarbeiter ein. Die Geheimplanungsunterlagen wollten wir ausgiebig nutzen, zumal das Finanzministerium auf Weisung von Prof. Dr. Milbradt in den vergangenen Monaten auch weiterhin alles unternommen hatte, um uns in der Öffentlichkeit zu diffamieren. BILD und Morgenpost berichteten immer noch über unseren zweifelhaften Leumund, welcher den Einsatz des LKA's nötig gemachte hatte. Andere Zeitungen, wie die Leipziger Volkszeitung und die Sächsische Zeitung berichteten dagegen objektiv und ließen sich nicht so leicht beeinflussen.

Auch den Anwälten der Spielbanken kamen erhebliche Zweifel, ob sie die Kündigungsschutzprozesse der Beschäftigten gewinnen konnten. Jedenfalls sprachen die Geheimplanungsunterlagen eine klare Sprache. Wer ein noch viel größeres klassisches Spiel im Cosel-Palais in Dresden plant, kann nicht im Ernst das klassische Spiel stilllegen wollen.

Je größer das rechtliche Risiko für die Arbeitgeberseite war, desto höher musste die Sozialplanabfindung ausfallen. Sollten die Mitarbeiter ihre Kündigungsschutzprozesse gewinnen, würden hohe Gehaltsnachforderungen fällig. Zudem könnten sie ihren Beschäftigungsanspruch durchsetzen und damit die Fortsetzung des Spielbetriebs erzwingen. Diese Drohkulisse sorgte für gewaltigen Druck.

Gleichzeitig traten wir in den Sozialplanverhandlungen angriffslustiger denn je auf. Die bisherigen Angebote der Spielbanken für einen Sozialplan waren für uns jetzt erst recht nicht mehr diskussionswürdig. Einem Arbeitgeber, der durch die Schließung des klassischen Spiels auf Einnahmen in achtstelliger Höhe verzichtet, konnte es nicht schlecht gehen. Wir forderten die Zahlung von 6,5 Millionen Deutsche Mark im Gegenzug für einen zeitnahen Verhandlungsabschluss.

An diesem Tag dauerten die von Prof. Dr. Däubler geführten Verhandlungen wieder einmal lange. Wie so oft in den Monaten zuvor bekamen wir die Vertreter der Arbeitgeberseite nicht zu Gesicht. Prof. Dr. Däubler pendelte zwischen uns und unseren Gegnern hin und her, um wenigstens kleinste Fortschritte zu erzielen. Wir blieben jedoch in der Sache hart. Auch das geringste Entgegenkommen lehnten wir entschieden ab.

Gegen 0:30 Uhr war es dann so weit. Es erschien ein wutschnaubender Staatssekretär Dr. Carl in Begleitung des Geschäftsführers Bildstein in unserem Verhandlungszimmer und schrie uns mehr als drei Minuten lang an. Wieder einmal hätten wir alle verraten, so sein wenig nachvollziehbarer Vorwurf. Da verlor der kampferprobte Staatssekretär Dr. Carl doch erneut die Nerven. Aufgrund seiner heftigen Angriffe stieg die Spannung bis zum Siedepunkt. Wir fragten uns, welche Vorstellung dieser Herr von unseren Interessen besaß.

Als unsere »*Verhandlungspartner*« den Raum verließen und Ruhe einkehrte wussten wir, dass wir gewonnen hatten. An diesem Abend einigten wir uns auf einen Sozialplan mit einem Volumen in Höhe von insgesamt 6,5 Millionen Deutsche Mark. Darin waren die bis zum Scheitern der Verhandlungen über einen Interessenausgleich sowie bis zum Ablauf der jeweiligen Kündigungsfristen der Mitarbeiter zu zahlenden Gehälter nicht einmal enthalten.

Das war viel Geld für die Beschäftigten des klassischen Spiels, die nur eine Betriebszugehörigkeit von 3–4 Jahren vorweisen konnten. Die sächsischen Spielbanken mussten zur Finanzierung des Sozialplans ihr Stammkapital um 4 Millionen DM herabsetzen. Offensichtlich hatte sich Prof. Dr. Milbradt geweigert, das Geld aus der Tasche seines Ministeriums zu zahlen. Es war einfacher, die Spielbanken für das Versagen des Finanzministers bluten zu lassen.

Uns interessierte das nicht weiter; wir waren nach langem, intensivem Kampf erfolgreich. Der Preis, den wir für dieses Ergebnis zahlen mussten war jedoch zu hoch. Verhandlungen, in denen sich unsere Gegner an rechtsstaatliche Bindungen gehalten hätten wären sicherlich anders verlaufen. Desillusioniert war uns längst klargeworden, dass das sächsische Finanzministerium eher von einem hybriden Rechtsstaat ausging. Ihre rechtsstaatliche Bindung war unseren Gegnern völlig egal.

Montag, 20. März 2000

Es war gegen 1:30 Uhr morgens, als im Verwaltungsgebäude der sächsischen Spielbanken in der Oststraße in Leipzig die Lichter ausgingen und ich mich auf den Heimweg machte. Ich war gezeichnet von den zurückliegenden Verhandlungen und emotional stark mitgenommen. Mit dem erzielten Ergebnis löste sich langsam das über Monate angestaute Adrenalin in meinem Körper auf. Ich wollte nur noch nach Hause und ausschlafen.

Müde stieg ich in mein Auto, einen Audi S8. Die Stadt war ruhig um diese Uhrzeit. Es gab zu dieser frühen Morgenstunde keinen Verkehr. Dass ich um diese Zeit noch unterwegs war, wusste außer den Teilnehmern der Einigungsstelle niemand.

Noch auf dem Parkplatz der Spielbank befiel mich panische Angst, die ich mir nicht erklären konnte. Ich erinnerte mich an die massiven Drohungen des Staatssekretärs, der unsere körperliche Unversehrtheit in Frage gestellt hatte. Aber das war nun eigentlich Geschichte. Was sollte nun noch passieren? Es gab doch keinen Grund mehr. Wir hatten die Sozialplanverhandlungen soeben abgeschlossen, versuchte ich mich zu beruhigen. Mein Auftrag war erledigt. Meine stärker werdende Angst konnte ich jedoch nicht besänftigen.

Nur selten in meinem Leben habe ich Dinge vorhergesehen. Aber manchmal geschah das eben doch. Genau darin lag der Grund für meine nun einsetzende Panik. Ich fürchtete um mein Leben. Also überlegte ich mir, ob ich für die Heimfahrt nicht eine andere Route wählen sollte. Ich war mir unschlüssig, ob ich wie bisher nach rechts in die Oststraße abbiegen und den direkten Weg nach Hause nehmen oder zuerst nach links fahren und einen Umweg in Kauf nehmen sollte.

Ich entschied mich wie immer für den direkten Weg und versuchte mich zu beschwichtigen. Dies ging allerdings schief. Vor meinem inneren Auge sah ich, wie aus einer der nächsten beiden Querstraßen von links ein Auto herausschießt, um mich mit Vollgas in die Fahrerseite zu rammen.

Ich versuchte dies als Panikattacke abzutun. Die Zeiten, in denen sich die führende politische Kaste der DDR missliebiger Gegner durch einen Autounfall entledigte, gehörten lange der Vergangenheit an. Meine Nerven waren jedoch gegen derartige Beruhigungsversuche immun.

Alles lief vor meinen Augen wie in Zeitlupe ab. Ich spürte

förmlich den bevorstehenden Angriff, wusste nur noch nicht, wo meine Gegner steckten.

In meiner Angst reduzierte ich die Geschwindigkeit meines Audis auf etwa 35 Stundenkilometer und schaltete in den zweiten Gang zurück. Der Audi S8 war ein schnelles Auto. Es verfügte mit seinem großen Motor über ein gewaltiges Beschleunigungsvermögen. Falls etwas geschehen sollte, wollte ich ausweichen und mit durchgetretenem Gaspedal das Weite suchen.

Es blieb jedoch ruhig auf der Straße. Ich tauchte langsam in die erste Kreuzung ein und blickte vorsichtig nach links. Nichts. Keinerlei Verkehr, was mich etwas beruhigte. Also fuhr ich mit reduzierter Geschwindigkeit weiter. Meine Panik schoss jedoch in die Höhe als meine innere Stimme ankündigte, der Angriff werde an der nächsten Kreuzung erfolgen. Hier war ich nun angekommen.

Und dann geschah es: Eine schwere, dunkle Limousine raste mit hoher Geschwindigkeit auf mich zu und versuchte, mich auf der Fahrerseite zu erwischen. Sofort verspürte ich nackte Todesangst. Mein Adrenalin schoss zurück in meine Adern und mein Pulsschlag schnellte nach oben.

Das konnte kein Zufall sein, ging es mir schlagartig durch den Kopf. Nicht um diese Uhrzeit und nicht in dieser Gegend. Und erst recht nicht nach einer so kurzen Wegstrecke, nachdem ich den Verwaltungssitz der Spielbanken verlassen hatte. Wer sollte denn wissen, wo ich mich gerade befand, blitzte es in meinem Kopf auf.

Das auf mich zurasende Fahrzeug machte nicht einmal den Versuch zu bremsen. Damit war das, was schemenhaft vor meinen Augen ablief, kein Zufall. Ich handelte instinktiv und trotzdem mechanisch.

Mit aller Gewalt trat ich das Gaspedal meines Audis durch und spornte ihn zu Höchstleistungen an. Ich verließ die Straße, die für beide Fahrzeuge zu eng geworden war, wich einem Kollisionskurs aus und steuerte mein Auto über den Bürgersteig, um dem Angriff zu entgehen.

Mit viel Glück konnte ich den sicheren Crash vermeiden. Ohne meine Vorahnung hätte man mir eine kräftige Breitseite verpasst. In diesem Augenblick war ich davon überzeugt, dass man mich töten wollte. Bei Rammversuchen auf der Fahrerseite muss das Opfer mit dem Schlimmsten rechnen.

Mit überhöhter Geschwindigkeit brauste ich davon. Ich wollte mich möglichst schnell von der Kreuzung entfernen, Distanz zwischen mich und meine vermeintlichen Angreifer bringen. Mein angstvoller Blick in den Rückspiegel überzeugte mich davon, dass mir niemand folgte. Die Angst blieb noch lange Zeit in meinen Knochen stecken. Dass es sich um einen Zufall handelte schließe ich auch heute noch aus.

Ich bin mir sicher, dass der Fahrer der Limousine über meine Abfahrt informiert worden war. Das Ende der Verhandlungen unserer Einigungsstelle, der Zeitpunkt meiner Abfahrt und auch die bekannte Strecke für meinen Rückweg sprachen gegen einen Zufall. Gleiches gilt für die mich erwartende Limousine und die hohe Geschwindigkeit, mit der sie auf mich zuraste.

Natürlich überlegte ich damals, ob ich wegen dieser Vorkommnisse zur Polizei gehen sollte. Dort hätte man mich wahrscheinlich ausgelacht. Die linientreue sächsische Polizei war nicht gerade mein Verbündeter. Ich konnte nichts beweisen, insbesondere nicht, dass es sich um einen Einschüchterungsversuch meiner Gegner handelte. Ein Einschüchterungsversuch machte nach Abschluss der Verhandlungen über einen Sozialplan auch keinen Sinn mehr – ein Denkzettel dagegen schon.

Dienstag, 22. August 2000

Der Kampf um das Recht war damit noch nicht vorbei, denn die strafrechtlichen Ermittlungen gegen mich liefen weiter.

In den vergangenen Monaten ruderte die Staatsanwaltschaft Dresden immer mehr zurück. Zu abenteuerlich waren die erhobenen Vorwürfe. Das Landeskriminalamt gelangte zu der Überzeugung, dass der Brief des Betriebsratsmitglieds, der mich angeblich so stark belastete, mit hoher Wahrscheinlichkeit aus der Feder des ehemaligen Geschäftsführers Fendel stammte. Wieso sonst sollte man eine Kopie gerade in seinen Unterlagen finden? Es bestand kein Zweifel mehr an einer Fälschung. Man hatte von Anfang an ein falsches Spiel mit uns gespielt und dieses auf die Spitze getrieben.

Für mich stellte sich die Frage, warum die Staatsanwaltschaft Dresden nicht bereits früher den Zweifeln des Landeskriminalamtes an der Echtheit des Briefes nachgegangen war. Zeit zur eingehenden Prüfung bestand zu Genüge.

Immerhin – so hatte ich dies dunkel in Erinnerung – oblag der Staatsanwaltschaft als Organ der Rechtspflege die Aufgabe, auch entlastenden Gesichtspunkten nachzugehen. Vielleicht war aber auch dies nur ein Teil meines nostalgischen Traums vom Rechtsstaat. In Sachsen sucht die Staatsanwaltschaft nur nach belastenden Fakten. Gibt es diese nicht, werden sie erfunden[3].

Jedenfalls verspürte die Staatsanwaltschaft Dresden von Anfang an nicht die geringste Neigung, objektiv zu recherchieren. In diesem Fall hätte sich der Vorwurf, Kopf einer kriminellen Vereinigung zu sein, niemals begründen lassen. Und Anlass, die Vorwürfe in der Öffentlichkeit zu streuen hätte ebenfalls nicht bestanden. Unsere Gegner interessierten sich nun einmal nicht für rechtliche Bindungen. Sie wollten ihre Ziele erreichen. Dazu mussten Vorwürfe notfalls konstruiert werden.

Dies dürfte der Staatsanwaltschaft Dresden auch von Anfang an klar gewesen sein. Damit war der Erlass eines Durchsu-

---

3 Siehe das Beispiel des Jenaer Jugendpfarrers König: *www.lvz.de/Mitteldeutschland/News/ Neue-Videos-im-Prozess-um-Pfarrer-Koenig-in-Dresden-Verfahren-wird-fuer-Monateausgesetzt; www.spiegel.de/panorama/justiz/prozess-gegen-lothar-koenig-videos-entlastenjenaer-pfarrer-a-902785.html; www.sz-online.de/sachsen/prozess-gegen-pfarrer-lotharkoenig-geplatzt-2608224.html; ferner www.n-tv.de/politik/Dresdner-Justiz-will-Strafe-fuerH-erzwingen-article19743296.html*

chungsbeschlusses nach den vorliegenden Erkenntnissen eigentlich ausgeschlossen. Das wussten natürlich meine Kontrahenten. Dennoch halfen sie nach. Ihnen war es wichtig, die Vorwürfe möglichst hoch aufzuhängen. Es ist nun einmal einfacher, mit dem Vorwurf, Kopf einer kriminellen Vereinigung zu sein, einen Durchsuchungsbeschluss zu erhalten, als im Fall eines Bagatelldelikts.

Egal welche Staatsanwaltschaft in den vergangenen fast 20 Jahren gegen mich ermittelte. Dass sie entlastenden Punkten nachging, habe ich nie erlebt. Für mich stellt die Staatsanwaltschaft eine reine Anklagebehörde dar, die eigene, oft politische Ziele verfolgt und dabei – wie im Freistaat Sachsen – von der Regierung gesteuert wird. Entscheidend für die Einleitung von Ermittlungen war offenbar, welche taktische und strategische Wirkung man erzielen wollte. Oft genug geht es dabei um eine Einschüchterung und spätere Verunglimpfung des Gegners.

Aus diesem Grund deckt sich die Vorgehensweise der sächsischen Staatsanwaltschaften nicht mit meiner Vision des Rechtsstaates. Daher tat ich mich schwer, deren Aktivitäten vorauszusehen. Die Angriffe kamen von einer Seite, mit der ich nicht rechnete.

Damals wunderte ich mich noch darüber, wie es möglich ist, dass sich Staatsdiener über rechtsstaatliche Rahmenbedingungen mit einem Handstrich hinwegsetzen. Sie verfolgten eben nicht nur ermittlungstaktische Ziele. Im Gegensatz zu mir war ihnen bewusst, wie Ermittlungsbehörden, Gerichte und die Öffentlichkeit auf die erhobenen Vorwürfe reagieren. All dies spielte bei der Wahl ihrer Mittel eine wichtige Rolle.

Es kam nicht einmal darauf an, ob an den Vorwürfen etwas dran ist, selbst dann, wenn man einen unbescholtenen Bürger öffentlich brandmarkt. Sie spielten ihr »Spiel« nach eigenen Regeln. Gerade die enge Verzahnung zwischen den Ermittlungsbehörden und der Ministerialbürokratie bereitet mir große Sorgen.

Die in Sachsen gelebte Version des Rechtsstaats war ein Wintermärchen, bei dem die regierende Kaste ihr eigenes Lied sang. Heinrich Heine lässt grüßen. Inzwischen begreife ich diese Sichtweise. Meine Gegner dachten nicht in Kategorien von Gerechtigkeit, sondern von Interessen und Machtoptionen. Nach außen hält man die Fassade aufrecht, um das Gebäude von innen umso mehr auszuhöhlen. Das Volk dagegen wird mit Plattitüden über den Rechtsstaat, Gerechtigkeit oder die Unschuldsvermutung vertröstet. Das sind leere Versprechen, die von Politikern und Juristen nicht eingelöst werden.

Mittwoch, 18. Oktober 2001

Einen wichtigen Erfolg im Kampf um den Rechtsstaat konnte ich dann doch noch erzielen. Zwischenzeitlich befasste sich der sächsische Verfassungsgerichtshof mit dem Durchsuchungsbeschluss des Amtsgerichts in der vom Landgericht Leipzig bestätigten Fassung. Meine Verfassungsbeschwerde hatte ich im heftigen Getümmel der Auseinandersetzungen völlig aus den Augen verloren.

Der Verfassungsgerichtshof gab mir in seiner Entscheidung einstimmig recht und hob den Durchsuchungsbeschluss als offensichtlich verfassungswidrig auf.

Im Gegensatz zum Amts- und Landgericht Leipzig waren die Verfassungsrichter der Auffassung, dass der Durchsuchungsbeschluss bereits aufgrund der internen Erkenntnisse des Landeskriminalamtes über die fehlende Authentizität des mich belastenden Briefes nie erlassen werden durfte. Nach Auffassung der Richter war an den Vorwürfen nicht das Geringste dran.

Wow, ich hatte gewonnen! Kaum zu glauben. Und das in Sachsen.

Wenig später stellte die Staatsanwaltschaft Dresden mein Ermittlungsverfahren nach § 170 Abs. 2 der Strafprozessordnung ein. Es lagen plötzlich keinerlei Hinweise mehr auf irgendwie gelagerte Straftaten vor. Wen wundert es. Der Kampf um die Spielbanken war beendet.

Ganz so schlimm konnte es also um unseren Rechtsstaat doch nicht bestellt sein. Nur der Weg dahin war zu lang. Man brauchte einen kräftigen Atem und gute juristische Kenntnisse. Aber wer hat den schon.

Es sollte allerdings einer der wenigen Siege bleiben, den ich gegen das hybride System in der sächsischen Justiz erringen konnte.

Und eines unterschätzte ich gewaltig: Meine Gegner an den juristischen und politischen Schalthebeln der Macht warteten nur auf eine passende Gelegenheit, um alte Rechnungen zu begleichen. Sie hatten zwar eine Schlacht verloren, aber sie dachten nicht daran, aufzugeben.

Mut zu einer Auseinandersetzung mit der herrschenden Kaste in Sachsen machen diese Erlebnisse sicherlich nicht. Wer hat schon die Nerven und das Geld, einen Durchsuchungsbeschluss bis zum Ende zu bekämpfen? Für den normalen Bürger ist dieses System zu kompliziert, zu komplex und zu teuer.

Was nützt der schönste Rechtsstaat, wenn sich der Bürger am Ende des Tages die Durchsetzung seiner Rechte nicht leisten kann oder vor Enttäuschung nicht mehr leisten will? Kein Wunder, dass viele Menschen nicht bereit sind, mit dem Staat die Klingen zu kreuzen. Schließlich gestaltet dieser seine Spielregeln selbst.

Freitag, 16. August 2002

Für mich war die Angelegenheit nach diesem Teilerfolg noch nicht abgeschlossen. Mit der Entscheidung des sächsischen Verfassungsgerichtshofs hielt ich eine wichtige Trumpfkarte in den

Händen. Ich hatte vor, den Freistaat Sachsen im Rahmen eines Amtshaftungsprozesses zu verklagen.

Was viele Bürger nicht wissen ist die Tatsache, dass man den Staat gerichtlich zur Rechenschaft ziehen kann. Dieser ist für das Fehlverhalten seiner Bediensteten verantwortlich und muss die daraus resultierenden Schäden ersetzen. Das galt natürlich auch für den Freistaat Sachsen.

Vor Erhebung meiner Klage forderte ich den Freistaat außergerichtlich zur Wiedergutmachung auf. Hierzu schrieb ich den damaligen sächsischen Ministerpräsidenten Prof. Dr. Biedenkopf persönlich an. Dieser entschuldigte sich anschließend schriftlich für das mir gegenüber begangene Unrecht, was ich ihm hoch anrechne. Hinsichtlich meiner Schadensersatzforderung reichte er meinen Brief zuständigkeitshalber an das Finanzministerium von Prof. Dr. Milbradt zur Beantwortung weiter. Na ja, dort war er ja bestens aufgehoben.

Die Antwort, die ich am 28. Dezember 2001 aus dem sächsischen Finanzministerium erhielt, überraschte mich nicht. Natürlich sah Prof. Dr. Milbradt kein Fehlverhalten seines Hauses oder von Mitarbeitern der sächsischen Justiz. Schon gar nicht sei man verpflichtet, Schäden zu begleichen. Auch eine Entschuldigung kam dem streitigen Minister nicht über die Lippen.

Das passte so richtig in mein neues Realitätsbewusstsein. Politik war ein rechtsfreier Raum in dem sich machtbewusste Personen nach Gutdünken austoben, ohne zur Rechenschaft gezogen zu werden. Selbst Entscheidungen des Verfassungsgerichtshofs änderten daran nichts.

Was taugt also das ganze Gerede über unseren schönen Rechtsstaat? Was nützen all unsere Verfassungsgrundsätze, wenn sich Staatsbedienstete, ja sogar Minister darüber hinwegsetzen?

Nein, dies konnte ich nicht akzeptieren. Der Freistaat verdiente nach dieser Antwort eine weitere Lektion.

Mit meiner Klage gegen den Freistaat zog ich einen Schluss-strich. Ich verlangte Schadensersatz und Schmerzensgeld, da der Durchsuchungsbeschluss einen besonders schwerwiegen-den Eingriff in meine körperliche Unversehrtheit darstellte. Aus meiner Sicht lag eine klare Pflichtverletzung sowohl der Staats-anwaltschaft Dresden, als auch der mit dem Vorgang befassten Richter am Amtsgericht und Landgericht Leipzig vor.

Natürlich wies der Freistaat Sachsen in dem Rechtsstreit jegli-che Verantwortung von sich. Warum auch sollte er sich mit dem Begehren eines Bürgers, der von ihm massiv geschädigt worden war, ernsthaft auseinandersetzen? Der Freistaat vertrat die Auf-fassung, die gegen mich bestehenden Verdachtsmomente recht-fertigten in jedem Fall den Erlass des Durchsuchungsbeschlus-ses. Welche Verdachtsmomente? Habe ich das wirklich richtig gelesen? Ohnehin waren diese von meinen Gegnern frei erfun-den worden. So ließ sich sicherlich alles rechtfertigen.

Damit stellte das sächsische Finanzministerium die Gege-benheiten auf den Kopf. Objektiv betrachtet war etwas Anderes jedoch nicht zu erwarten. Also musste das Landgericht Leipzig über meine Klage entscheiden.

Der Tag der Urteilsverkündung war gekommen. Die 13. Zivil-kammer des Landgerichts sprach Recht. Und ihre Entscheidung hatte es in sich. Das Landgericht gab meiner Klage gegen den Freistaat in vollem Umfang statt.

Die Begründung des Urteils bot wahren Sprengstoff: Nach Auffassung des Landgerichts hatte die Dresdener Staatsanwalt-schaft bei ihrem Antrag auf Erlass eines Durchsuchungsbe-schlusses eine Amtspflicht verletzt. Aufgrund der zuvor durchgeführten Ermittlungen bestand kein ernst zu nehmender Tatverdacht. Ein Beweiswert des vom sächsischen Staatsministerium der Finanzen belastend angeführten Briefes bestehe nicht, da es sich hierbei nach Einschätzung des sächsischen Landeskriminalamtes um eine Fälschung handelte. Hiervon musste auch die Staatsanwaltschaft Dresden ausgehen.

Bei dieser Sachlage – so das Landgericht weiter – erscheint der mit der beabsichtigten Durchsuchung und Beschlagnahme unvermeidliche Eingriff in die Grundrechte des Rechtsanwalts Dr. Keßler und seiner völlig unbeteiligten Mandanten nicht verständlich. Ferner hieß es:

»Das Ergebnis der Untersuchungen des LKA war in keiner Weise geeignet, einen derart gewichtigen Eingriff – zumal gegenüber einem Rechtsanwalt – zu rechtfertigen. Dies musste einem verständigen Amtsträger unmittelbar einleuchten. Dass Staatsanwalt Klein dennoch den Durchsuchungsbeschluss beantragte, erscheint nach dem Ergebnis der Ermittlungen unverständlich.«

Das war bei aller richterlichen Zurückhaltung mehr als deutlich. Das Landgericht verpasste meinen Gegnern eine schallende Ohrfeige und gab ihnen eine Lehrstunde in Sachen Rechtsstaatlichkeit.

Am Ende war dies für mich nicht mehr als ein Pyrrhussieg. Wahrscheinlich stellte dieser sogar den Auslöser für einen sich nun immer stärker abzeichnenden Vernichtungsfeldzug des Freistaates dar, der meine schlimmsten Befürchtungen weit übertreffen würde.

Samstag, 18. Oktober 2003

Nun trat eine Zäsur ein. Langsam beruhigte ich mich wieder. Das Märchen lebte weiter. Am Ende hatte der Rechtsstaat gesiegt.

Mit den Geheimplanungen beschäftigte sich dagegen niemand mehr. Die Staatsanwaltschaft Dresden sah in diesem Fall merkwürdigerweise keinen Anfangsverdacht für staatsanwaltschaftliche Ermittlungen.

Die fehlende Ermittlungsbereitschaft der Staatsanwaltschaft Dresden führte am Ende zu einem Zweiklassenstrafrecht. Während man gegen mich mit aller Härte vorgegangen war, blieb die Staatsanwaltschaft gegenüber den sächsischen Spielbanken und dem Finanzministerium von Prof. Dr. Milbradt untätig. Sie ermittelte weder wegen des versuchten vielfachen Prozessbetruges, noch wegen einer falschen Verdächtigung oder gar Anstiftung zur Verleumdung.

Immerhin war es Prof. Dr. Milbradt, der ausdrücklich die Verwendung der gegen mich erhobenen Vorwürfe in der Öffentlichkeit angeordnet hatte.

Damals hoffte ich, der Freistaat würde seine Niederlage sportlich nehmen. Ich hatte nur meinen Job erledigt und die Mitarbeiter der Spielbanken sowie die Betriebsräte nach besten Kräften vertreten. Rückblickend betrachtet war die Ruhe trügerisch. Auf die Gnade des Vergessens konnte ich beim Freistaat Sachsen nicht hoffen.

Nun begann eine zweite, viel intensivere Phase, in der mich der Freistaat immer wieder seinen langen Atem spüren ließ. Der Kampf um das Rechtsstaatsprinzip war noch lange nicht vorbei. Er stand erst in den Startlöchern.

Teile der sächsischen Justiz erfüllen keine rechtsstaatlichen Mindeststandards. Die Liste der Betroffenen, die mit ihr in Konflikt gerieten, ist lang[4]. Mal sind es Abgeordnete des sächsischen Landtags, die mit den Möglichkeiten der Ermittlungsbehörden mundtot gemacht werden. Oft sind es Menschen, die sich gegen den in Sachsen stark vertretenen Rechtsradikalis-

---

[4] www.lvz.de/Mitteldeutschland/News/Neue-Videos-im-Prozess-um-Pfarrer-Koenig-in-Dresden-Verfahren-wird-fuer-Monate-ausgesetzt; www.spiegel.de/panorama/justiz/prozess-gegen-lothar-koenig-videos-entlasten-jenaer-pfarrer-a-902785.html; www.sz-online.de/sachsen/prozess-gegen-pfarrer-lothar-koenig-geplatzt-2608224.html; ferner www.n-tv.de/politik/Dresdner-Justiz-will-Strafe-fuer-H-erzwingen-article19743296.html

mus engagierten, wie der Jenaer Jugendpfarrer König[5]. Oder es gab Pressevertreter, die über die Politik des Freistaates Sachsen kritisch berichteten[6]. In all diesen Fällen schritt der Obrigkeitsstaat ein. Und die Justiz segnete ab[7]. Darauf wenigstens war in Sachsen Verlass.

Ich war also kein Einzelfall.

Es gibt vielfältige Möglichkeiten, rechtsstaatliche Regelungen zu brechen, ohne dass die Allgemeinheit etwas davon bemerkt. Die sächsische Justiz geht mit ihrer Version des hybriden Rechtsstaats routiniert um. Ihre Vorgehensweise zeigt jahrzehntelange Erfahrung. Wie der Freistaat tritt nur jemand auf, der sich seiner Sache sicher ist, der weiß, dass er von seinen Gegnern nicht zur Rechenschaft gezogen werden kann. Er nutzt sein Gewaltmonopol – und der gutgläubige Bürger leidet darunter.

Im Verlauf der letzten 20 Jahre hat es die sächsische Justiz nicht an Erfindungsreichtum fehlen lassen. Die Art und Weise, wie man sich über rechtliche Regelungen hinwegsetzte, wurde immer feinsinniger.

Oft hatte ich an mehreren Fronten gleichzeitig zu kämpfen. Meinem Gesundheitszustand schadete dies massiv. Gesundheitlich gewachsen ist diesen Angriffen auf Dauer niemand. Und natürlich war dies meinen Gegnern von Anfang an klar.

5 *www.lvz.de/Mitteldeutschland/News/Neue-Videos-im-Prozess-um-Pfarrer-Koenig-in-Dresden-Verfahren-wird-fuer-Monate-ausgesetzt*; *www.spiegel.de/panorama/justiz/prozess-gegen-lothar-koenig-videos-entlasten-jenaer-pfarrer-a-902785.html*; *www.sz-online.de/sachsen/prozess-gegen-pfarrer-lothar-koenig-geplatzt-2608224.html*; ferner *www.n-tv.de/politik/Dresdner-Justiz-will-Strafe-fuer-H-erzwingen-article19743296.html*

6 *www.berliner-zeitung.de/in-dresden-stehen-zwei-journalisten-in-der-affaere-um-den--sachsen-sumpf-vor-gericht-ermittlung-nach-wunsch-14604754*; *www.zeit.de/gesellschaft/zeitgeschehen/2010-08/sachsensumpf-urteil*; *www.tagesspiegel.de/politik/korruptionsaffaere-in-sachsen-die-dunkle-seite-der-macht/980400.html*

7 *www.n-tv.de/politik/Tausende-Handydaten-ausgespaeht-article3614656.html*; *http://winfuture.de/news,64071.html*; ferner *www.n-tv.de/politik/Dresdner-Justiz-will-Strafe-fuer-H-erzwingen-article19743296.html*

TEIL II

**Das exzellente Gedächtnis
des Freistaates Sachsen**

Kapitel 1:

Eine Kandidatur mit Folgen

Donnerstag, 21. November 2002

Man kann das Rad nicht einfach zurückdrehen, so sehr man sich das auch wünscht. Oft frage ich mich, was in den vergangenen 20 Jahren so richtig falsch gelaufen ist. Es wäre zu einfach, die Ereignisse allein mit meinem Weg nach Leipzig und dem Wunsch, als Aufbauhelfer zu arbeiten, zu erklären.

Sicherlich hätten viele Dinge anders laufen können. Worin also lag der Fehler? War es die Art und Weise, wie ich mein Anwaltsgeschäft betrieb? War es mein Temperament, das ich als Anwalt immer wieder auslebte? Das war sicherlich ein Faktor. Es gibt jedoch noch weitere Dinge, die ich rückblickend betrachtet für ausschlaggebend halte. Eine wichtige Rolle spielte mein durch die Spielbankenprozesse gewonnener Bekanntheitsgrad. Auch mein parteipolitisches Engagement brachte mich stärker in den öffentlichen Fokus. Nicht überall wurde dies gern gesehen. Vor allem bei meinen Anwaltskollegen führte dies zu Gegenreaktionen.

Seit Anfang der 80er Jahre hatte ich mich für politische Themen begeistert. Von allen Parteien stand mir lange die FDP am nächsten. Deren Politik sah ich allerdings auch kritisch, weshalb ich mir öfter Denkpausen verordnete und zweimal aus der Partei ausgetreten war.

Nun entschied ich mich für einen erneuten Parteieintritt. Ich wollte nicht länger von meinem Wohnzimmer aus die aktuelle Politik kritisieren, ohne bereit zu sein, Verantwortung zu übernehmen.

Ganz wohl fühlte ich mich dabei nicht. Ich konnte nicht abschätzen, ob die Schnittstellen zwischen meiner Partei und mir groß genug waren, um ein Engagement auf Dauer zu rechtfertigen. Zudem bereiteten mir der generelle Zustand der Leipziger FDP und die Machtambitionen jüngerer Parteikader einiges Kopfzerbrechen. Ausschlaggebend war am Ende sicherlich auch, dass ich mir Synergieeffekte für meine Anwaltstätigkeit erhoffte.

Samstag, 15. November 2003

Man musste mich jedoch zum Jagen tragen. Anfangs besuchte ich eher unwichtige Parteiveranstaltungen. Die Situation änderte sich schlagartig, nachdem im November 2003 der damalige Kreisvorsitzende Dr. Müller sein Amt niederlegte – ihn zog es beruflich ins schöne Italien. Damals habe ich ihn beneidet. Mehrere Mitglieder des Kreisvorstandes fragten mich nun, ob ich bereit wäre, sein Nachfolger zu werden.

Ich bat um Bedenkzeit, denn zu einem größeren Engagement war ich innerlich nicht bereit. Meine früheren politischen Erfahrungen steckten mir noch in den Knochen. Die besten politischen Absichten nutzen wenig, wenn man am Ende nur in Grabenkämpfe verwickelt ist und gegen Intrigen von Parteikollegen ankämpft. Richtig einschätzen konnte ich die Lage im Leipziger Kreisvorstand zu diesem Zeitpunkt ohnehin nicht. Eine Übernahme des Kreisvorsitzes hatte etwas von einer Reise ins Ungewisse.

Etwa einen Monat vor dem Kreisparteitag erklärte ich mich schließlich zur Kandidatur bereit, sofern kein anderer Kandidat gefunden wird. Ich hielt das ein oder andere Parteimitglied für geeigneter und hätte diesem gerne den Vorzug gelassen. So richtig wohl fühlte ich mich in meiner Rolle nicht.

Wenig später wählte mich der Kreisverband zum neuen Vorsitzenden. Nun gab es keinen Weg mehr zurück.

Ich war erst wenige Monate im Amt. Das reichte aus, um in den Genuss einiger Besonderheiten in meinem Kreisvorstand zu kommen.

Dessen aus einer baden-württembergischen Politikerfamilie stammende Mitglied Sven Morlok, späterer Wirtschaftsminister des Freistaates Sachsen, bat um ein gemeinsames Abendessen. Er wolle wichtige Dinge mit mir besprechen. Ich dachte zunächst daran, Morlok benötige einen Rechtsanwalt. Immerhin war er Geschäftsführer eines großen Leipziger Anlagenbauers. Vielleicht wartete ja bereits die erste Mandatsakquisition auf mich.

Wir trafen uns bei einem Italiener im Musikerviertel in Leipzig. Meine Stimmung war gespannt und erwartungsvoll. Das Gespräch bot mir zudem die Gelegenheit, Morlok besser kennen zu lernen.

Meine gute Laune verflog jedoch schnell. Nach kurzer Einleitung forderte mich Morlok auf, vom Kreisvorsitz zurückzutreten. Mache ich das nicht freiwillig, werde er mich stürzen. Ich war wie vor den Kopf geschlagen. Das war offene Rebellion. Mich überraschte vor allem die Dreistigkeit, mit der er dies ankündigte. Er schien sich seiner Sache sicher zu sein.

Es dauerte einige Sekunden bis ich mich von diesem Schock erholt hatte. Auf der politischen Bühne war ich zwar Einiges gewohnt, ein derartiges Gespräch stellte jedoch auch für mich ein Novum dar. Ich fragte Morlok, wieso er nicht wenige Monate zuvor bei der Wahl zum Kreisvorsitzenden angetreten sei. Dann hätte ich mir meine Kandidatur erspart. Morlok antwortete hierauf nur, damals wäre ihm die Unterstützung der Mehrheit im Kreisverband nicht sicher gewesen. Inzwischen habe sich die Situation jedoch geändert. Das klang so als hatte er kräftig hinter meinem Rücken gearbeitet.

Ich erklärte ihm, mir einen Rücktritt durchaus vorstellen zu können. Schließlich hatte ich mich nicht um dieses Amt gerissen. Dennoch bat ich mir Bedenkzeit aus, um in Ruhe über seinen Vorschlag nachzudenken. Seine Attacke nagte tief in mir.

Ich trat nicht zurück. Es war nicht meine Art, einfach hinzuschmeißen und davon zu laufen. Ich reagierte wie so oft in meinem Leben: Ich nahm den Fehdehandschuh auf und überlegte, wie ich den Wettkampf gewinnen konnte. Oft entschied ich mich so für die schlechtere Alternative.

Wenig später fand ich die Lösung. Die Leipziger FDP brauchte einen Kandidaten für die Oberbürgermeisterwahl 2005. Und es lag nahe, wer den Kreisverband hierbei vertreten sollte.

Samstag, 8. Januar 2005

Großes Manko in der Leipziger FDP war die Vielzahl von Einzelspielern mit hoher Selbsteinschätzung und eben solchem politischen Nimbus. Oft waren diese überwiegend jungen Leute bereits in ihrer Ausbildung gescheitert. Trotzdem hielten sie sich für kompetent genug, über wichtige Fragen der Zeit fachlich zu entscheiden.

Die Zahl dieser selbsternannten Experten war groß. Sie verdarb einem schnell die Lust auf jegliche politische Betätigung. Ihr bevorzugtes Mittel der Auseinandersetzung war der Ellbogenkampf mit harten Bandagen.

Seit Mitte 2004 diskutierte der Kreisvorstand kontrovers über die Frage, ob man sich überhaupt an der Oberbürgermeisterwahl beteiligen sollte. Während einige Parteifreunde dringend von einer Teilnahme abrieten, schlug Morlok vor, den Kandidaten der CDU zu unterstützen. Dieser war jedoch absolut farblos. Für mich lag es näher, die Oberbürgermeisterwahl zu nutzen, um auf liberale Themen aufmerksam zu machen und Werbung für die eigene Partei zu betreiben. Echte Siegchancen besaßen wir glücklicherweise nicht.

Wir diskutierten lange über einen Kandidaten. Bei dieser Diskussion konnte ich abwarten, denn die Zeit spielte mir in die Hände. Sollten sich meine jungen Kollegen doch ihre Köpfe zerbrechen, wer von ihnen am geeignetsten ist.

Schließlich häuften sich die Stimmen im Kreisvorstand, die den Kreisvorsitzenden ins Rennen schicken wollten. Mangels Alternativen fiel die Wahl schließlich auf mich.

Eine Kandidatur reizte mich, auch wenn ich dabei kein gutes Gefühl hatte. Mir war nicht klar, worauf ich mich einlassen würde. Immerhin verlangte ein Wahlkampf viel Zeit. Außerdem kannte ich mich mit kommunalrechtlichen Themen kaum aus.

Am Ende würde ich jedoch mit meiner Kandidatur gegen den beliebten Amtsinhaber Wolfgang Tiefensee von der SPD viele Erfahrungen sammeln. Ich konnte nur dazulernen. Tiefensee war in jeder Hinsicht ein starker, überzeugender Gegner. Ich besaß großen Respekt vor ihm.

Mit meiner Bereitschaft, bei der Oberbürgermeisterwahl anzutreten, nahmen parteiinterne Intrigen schlagartig ein Ende. Dem eigenen Kandidaten durfte man nicht in den Rücken fallen. Mit der Kandidatur hatte ich Zeit gewonnen und Morlok erst einmal ausmanövriert.

Sonntag, 10. April 2005

In den vergangenen Wochen plagten mich heftige Albträume, was denn im (völlig unwahrscheinlichen) Fall meiner Wahl zum Oberbürgermeister geschehen würde. Einen Job in der undurchsichtigen Leipziger Stadtverwaltung strebte ich nie an. Meine Anwaltstätigkeit wollte ich keinesfalls aufgeben.

Diese Angst war nun vorbei. Oberbürgermeister Tiefensee räumte richtig ab. 67,1 % der Wähler schenkten ihm seine Stimme. Der Kandidat der CDU Clemen kam gerade einmal auf 9,8 %. Seine Unterstützung wäre für uns zum Desaster geworden, denn so weit lagen wir nicht hinter ihm.

Gelernt habe ich durch diesen Wahlkampf Einiges: Viel Positives von Wolfgang Tiefensee, was seine Fähigkeiten zur Selbstdarstellung und Kommunikation mit den Leipziger Bürgern anging. Er war seinen Mitstreitern um Lichtjahre voraus. Im Gegensatz zu uns wusste er, wie man am besten Wähler gewinnt. Er besaß Charisma und die Menschen folgten ihm gerne.

Allerdings besaß die Wahl viele unangenehme Nebeneffekte. Genau betrachtet legte ich damit den Grundstein für meinen späteren Absturz. Ich avancierte endgültig zur Person des öffentlichen Lebens.

Einen Schutz für mich gab es fortan nicht mehr. Meiner Kandidatur folgten blanker Hass und Neid vieler aus der Deckung schießender Heckenschützen. Vor allem meine streitbaren Anwaltskollegen hatten mir nicht verziehen, dass ich sie während des Wahlkampfes von über 3000 Wahlplakaten aus angrinste. So manchem Berufskollegen versagte an dieser Stelle der Humor. Einige unter ihnen beteiligten sich an der beginnenden Hetzjagd.

Das Ergebnis spürte ich nun am eigenen Leib. Im ersten Jahr nach der Kandidatur reichten »besorgte Bürger« zahlreiche Strafanzeigen gegen mich ein, fast alle anonym. Die Staatsanwaltschaft Leipzig weigerte sich glücklicherweise in diesen Fällen, überhaupt Ermittlungen aufzunehmen. Meine exponierte Stellung weckte dennoch die Begehrlichkeiten des ein oder anderen Staatsanwalts.

Mittwoch, 16. November 2005

Bereits kurz nach der OB-Wahl geriet ich parteiintern wieder unter Druck. Erneut waren sie da, die Stuhlsäger und Frankotiradeure. Da ich keine Lust auf Intrigenspiele besaß, stellte ich mein Amt als Kreisvorsitzender zur Verfügung. Ich war des von Seiten meiner Mitstreiter geführten Intrigenspiels längst überdrüssig. Ich empfahl Morlok als meinen Nachfolger.

Sechs Monate später verordnete ich mir eine weitere Denkpause und trat aus der FDP aus. Eineinhalb Jahre blieb ich der Partei fern, bis ich erneut Lust auf Politik bekam und im August 2008 einen Aufnahmeantrag bei der FDP Leipzig stellte. Mein Antrag wurde zu meiner Überraschung vom Kreisvorstand unter Federführung von Morlok abgelehnt. Fast der gesamte Kreisvorstand stimmte gegen meinen erneuten Parteieintritt. Da konnten so Einige ihr Ego ausleben.

Dieselbe Entscheidung erhielt ich sechs Wochen später vom Landesvorstand, dem die Angelegenheit zwischenzeitlich vorgelegt worden war. Da spielte es auch keine Rolle, dass ich mich in mehreren Wahlkämpfen für die Partei engagiert und erhebliche finanzielle Mittel aufgebracht hatte. Dankbarkeit kannte man in dieser Partei offensichtlich nicht.

Damit fand das Kapitel FDP sein Ende. Unsere Wege hatten sich endgültig getrennt.

Kapitel 2:

Die Jagd geht weiter – Zur Unabhängigkeit einer Anklagebehörde

Mein höherer Bekanntheitsgrad in Leipzig brachte mich beruflich sicherlich ein Stück nach vorne. Die größere Popularität ging jedoch auch mit gravierenden Nachteile einher. Nun geriet ich erneut ins Fadenkreuz der Staatsanwaltschaft.

Bis heute verstehe ich Staatsanwälte nicht. Ihre Denkgewohnheiten sind mir fremd. Sie scheinen unter Paranoia zu leiden. Staatsanwälte sehen überall Straftaten und handeln danach, leider oft genug gerade dort, wo überhaupt keine vorliegen. Ihr Auftreten verträgt sich nur selten mit meiner Vorstellung vom rechtsstaatlich verankerten Juristen. Zu oft haben Staatsanwälte – gerade in Sachsen – in der Vergangenheit den rechtlich zulässigen Rahmen überschritten.

Leider lernte ich die Staatsanwaltschaft nie als unabhängige Anklagebehörde kennen. In den nun folgenden, gegen mich gerichteten Ermittlungsverfahren nahm sie nie ihre Aufgabe wahr, entlastend, also zugunsten des Betroffenen zu ermitteln. Staatsanwälte gehen zur Jagd und verwenden dabei gerne ein großes Kaliber. Bezahlt werden sie von den Bürgern, denn immerhin arbeitet die Staatsanwaltschaft mit Steuergeldern. Was hilft es, wenn eine einseitige Anklageschrift den Anforderungen an ein Strafverfahren nicht standhält? Ein Staatsanwalt muss leider nicht persönlich für die Kosten eines gescheiterten Strafverfahrens aufkommen.

Der Staatsanwaltschaft Leipzig ging es leider nicht ausschließlich um eine Verfolgung von Straftaten. Sie beabsichtigte außerdem nicht, mich fair zu behandeln. Natürlich will jeder gewinnen. Nur besitzt die Staatsanwaltschaft über die Art und

Weise, wie dies geschehen soll, ganz eigene Vorstellungen. Oft endet dies mit der persönlichen Vernichtung des Gegners.

Staatsanwälte kennen natürlich die Möglichkeiten unseres Rechtsstaates. Vor allem aber wissen sie um die Grauzonen. Sie entscheiden sich bewusst für den von ihnen entwickelten Weg.

Ihre Machtbefugnisse erlauben den Sieg über jeden Gegner. Selbst der stärkste Gegner gibt irgendwann desillusioniert auf, wenn er nur lange genug verfolgt wird und räumt unter dem Verfolgungsdruck sogar Straftaten ein, die er nie begangen hat. Hauptsache der hohe psychische Druck hört auf. Damit kommt es am Ende nicht mehr darauf an, ob ein Staatsanwalt Recht hat. Entscheidend ist vielmehr, mit welcher Hartnäckigkeit und Konsequenz er selbst nicht berechtigte Vorwürfe verfolgt.

Oft vertraut er auf die Nebenwirkungen der strafrechtlichen Verfolgung. Diese sind für die Betroffenen regelmäßig mit einer schweren Beeinträchtigung ihrer Gesundheit verbunden. Hinzu kommt ein hoher finanzieller Aufwand, den man betreiben muss, um derartige Angriffe abzuwenden. Gute Strafverteidiger sind teuer. Und schlechte Anwälte darf man sich bei dieser schwierigen Auseinandersetzung nicht leisten. Leider bleibt man, wenn die Anklage vor der Hauptverhandlung scheitert, auf den Kosten der Strafverteidigung sitzen. So wird Recht haben schnell zu einem finanziellen Desaster. Man muss sich dieses auch leisten können.

Schließlich bindet man durch Strafverfahren die zeitlichen Kapazitäten seines Gegners. Das Lesen von Ermittlungsakten und Besprechungen mit Strafverteidigern ist aufwändig. Die Zeit steht nicht mehr für die normale Berufsausübung zur Verfügung. Damit reduzieren sich natürlich auch die Einnahmen und folglich die Grundlage für den Lebensunterhalt.

Staatsanwälte verstehen es meisterhaft, die rechtlichen Rahmenbedingungen für ihre Zwecke zu instrumentalisieren. Regelmäßig nutzen sie für ihre strafrechtlichen Ermittlungen fulminante Auftritte in der Boulevardpresse. Unter Berufung auf das

Informationsbedürfnis der Öffentlichkeit werden die Vorwürfe breit gestreut. Sensationswütige Zeitschriften wie die BILD profitieren hiervon nachhaltig.

Durch das Breittreten sensibler Informationen in der Presse erreicht die Staatsanwaltschaft zwar keinen juristischen Sieg. Die Betroffenen werden jedoch öffentlich gebrandmarkt bzw. hingerichtet. Dies gilt insbesondere, wenn ein Rechtsanwalt Gegenstand derartiger Attacken ist.

Einen Anwalt, der in der Öffentlichkeit mehrfach als Straftäter stigmatisiert wurde, suchen Mandanten nur ungern auf. Die Verurteilung in der Boulevardpresse und die folgende publikumswirksame Diskussion über die Vorwürfe schneiden ihm die Grundlage für seinen Beruf ab.

Der wirtschaftliche Tod des Gegners wird im schlimmsten Fall von der Staatsanwaltschaft als Sekundärziel nicht nur in Kauf genommen, er ist oft sogar gewollt. Dann hat der Betroffene halt Pech gehabt. Eine Entschuldigung kommt diesen Tätern mit weißen Kragen dabei nie über die Lippen. Längst haben sie sich einem neuen Opfer zugewandt.

Das Ergebnis ist absehbar. Recht haben oder Recht bekommen spielt am Ende des Tages keine Rolle mehr. Und dies sollte ich nun wieder am eigenen Leibe erfahren.

Oft dachte ich, dass Staatsanwälte zu viele Filme gesehen haben. Sie sonnen sich im Rampenlicht und jagen Unschuldige mit der Fackel der Inquisition aus der Stadt. Gegen seine öffentliche Hinrichtung kann sich kein Betroffener wehren.

Diese Rahmenbedingungen sind es, die den Rechtsstaat in seinen Grundstrukturen erschüttern. Der Persönlichkeitsschutz des Betroffenen – immerhin in Art. 2 Abs. 1 des Grundgesetzes (GG) verankert – bleibt auf der Strecke. Er verliert sich für die Akteure in schwarzen Roben in der Bedeutungslosigkeit.

Meine seit etwa 20 Jahren andauernde systematische Verfolgung durch die Staatsanwaltschaft hinterließ tiefe Wunden. Sie bewies mir mit grausamer Härte, dass die rechtlichen Rahmenbedingungen für eine erfolgreiche Anwaltstätigkeit in Leipzig nicht vorliegen und wahrscheinlich auch nie vorgelegen haben.

Dienstag, 26. April 2005

Unmittelbar nach der Oberbürgermeisterwahl ging die Jagd wieder los. Von der Staatsanwaltschaft Leipzig bekam ich eine Ladung zur erkennungsdienstlichen Behandlung. Man wollte ein paar nette Lichtbilder von mir schießen und mir meine Fingerabdrücke abnehmen. Damit würde ich endlich einmal dorthin wandern, wo ich nach Auffassung der Staatsanwaltschaft schon lange hingehörte: In ihre ganz persönliche Verbrecherdatei. Ein Eintrag dort brandmarkt den Betroffenen ausweglos für die Zukunft.

Mein junger Anwaltskollege Dr. U. hatte mich angezeigt. Ich kannte ihn, weil ich für die Ausbildung der Rechtsreferendare im Arbeitsrecht am Landgericht Leipzig zuständig war. Dort hatte er meine Übungen besucht.

Der von Dr. U. erhobene Vorwurf war absurd: Ich sollte ein Din-à-4-Blatt auf einer Baustelle entwendet haben. Darauf waren Büros seiner Mandanten, ihrerseits Führungskräfte in einem Callcenter, das von meiner Mandantin, einem börsennotierten Unternehmen betrieben wurde, aufgezeichnet. Dieses Blatt dokumentierte allerdings, dass diese Herren fremdgehen und ein eigenes Callcenter gründen wollten. Die Zeichnung betraf ihr neues Büro. Auf ihr waren sogar die Namen der abwanderungswilligen Mitarbeiter festgehalten. Damit konnte ich den Nachweis einer unerlaubten Konkurrenztätigkeit führen. Für uns war die Zeichnung Gold wert, denn wir hatten ansonsten nur wenig in der Hand.

Gegen die Aktivitäten der Abwanderungswilligen reichte ich beim Landgericht Leipzig einen Antrag auf Erlass einer einstweiligen Verfügung ein und legte den Bauplan als Beweismit-

107

tel vor. Das passte Dr. U. natürlich überhaupt nicht, denn seine Mandantin geriet nun gehörig unter Druck.

Was mich verwunderte war, dass er seine Rechtsposition wohl als schlecht einschätzte und nicht allein auf eine zivilrechtliche Auseinandersetzung vertraute. Auch sah er seinen Gegner eher in mir als in meiner Mandantin. Fortan führte er die Auseinandersetzungen sehr persönlich.

Mein Strafverteidiger Curt-Mathias Engel riet mir zur Gelassenheit. Wenn die Staatsanwaltschaft von mir Fotos und Fingerabdrücke haben will, sollte ich ihnen doch eins meiner Wahlplakate von der Oberbürgermeisterwahl übermitteln.

Das war zwar lustig, weh getan haben die gegen mich erhobenen Vorwürfe sowie die Ladung zur erkennungsdienstlichen Behandlung aber trotzdem. Ich hätte zumindest ein gewisses Maß an Fairness von meinem jungen Berufskollegen Dr. U. erwartet. Aber Rechtsanwälte besitzen leider oft eine sehr eigenwillige Berufsauffassung. Und bei der Wahl ihrer Mittel zeichnen sie sich nur selten durch ein Mindestmaß an sozialer Intelligenz aus.

Aufgrund der Intervention meines Rechtsanwalts Curt-Mathias Engel kam es nicht mehr zur erkennungsdienstlichen Behandlung. Der Eintrag in die Verbrecherdatei blieb mir also erspart. Ein Jahr später stellte die Staatsanwaltschaft Leipzig das gegen mich gerichtete Strafverfahren ein, da kein hinreichender Tatverdacht bestand. Der wahre Täter hatte sich der Staatsanwaltschaft zu erkennen gegeben. Es handelte sich dabei um den Geschäftsführer meiner Mandantin.

Donnerstag, 10. August 2006

Es war ein Schicksalstag, denn nun lernte ich meine »*persönliche Staatsanwältin*« kennen. Diese karrierebewusste Dame hört auf den Namen Birgit Eßer-Schneider. Unter Strafrechtlern ist die streitbare Juristin keine Unbekannte. Unsere Wege kreuzten sich erstmals, nachdem sie gegen einen Freund von mir, den damaligen Leiter des Ordnungsamtes der Stadt Leipzig, Dr. B., Anklage erhoben hatte.

Die Vorwürfe, mit denen sie Dr. B. zur Strecke bringen wollte, waren abstrus. Dr. B. hatte während der Leipziger Lachmesse eine Politesse angewiesen, einen Künstler nicht wegen Falschparkens zu verwarnen. Hierüber beschwerte sich diese massiv. Es folgten eine Strafanzeige gegen Dr. B. wegen Strafvereitelung und Nötigung.

Diese Reaktion bestätigte merkwürdige Gepflogenheiten innerhalb der Stadt Leipzig. Der Fall ging monatelang durch die Gazetten. Es war sicherlich nicht mein Freund Dr. B., der die BILD mit entsprechenden Informationen gefüttert hatte. Das von der Staatsanwaltschaft bemühte Informationsbedürfnis der Öffentlichkeit schien jedenfalls wieder einmal grenzenlos.

Die Behandlung von Dr. B. durch die Stadt und die Staatsanwaltschaft Leipzig stellt ein Paradebeispiel für einen denkwürdigen Umgangsstil dar. Staatsanwältin Eßer-Schneider sowie die Stadt Leipzig bewiesen meinem Freund Dr. B. jedenfalls, dass Leipzig ihm keine beruflichen Perspektiven mehr bieten konnte. Er gab schließlich auf und zog nach Berlin, wo er seitdem ungestört seinem Beruf nachgehen kann. An seine Erfahrungen in Leipzig erinnert er sich heute nur noch ungern.

Staatsanwältin Eßer-Schneider sollte jedoch nicht beschäftigungslos werden. Nun stand sie in meiner Kanzlei vor mir und legte mir einen Durchsuchungsbeschluss des Amtsgerichts Leipzig vor. Darin äußerte sie den Vorwurf, ich habe bei einer Mandantin ein zu hohes Honorar abgerechnet. Vorausgegangen war eine Strafanzeige eines Anwaltskollegen.

Meiner Meinung nach durfte Staatsanwältin Eßer-Schneider nie gegen mich ermitteln. Ihre Tätigkeit belegt exemplarisch, wie wenig rechtsstaatliche Bindungen in Sachsen gelten. Eßer-Schneider war mit einem Rechtsanwalt aus der Leipziger Niederlassung der überörtlichen Anwaltskanzlei CMS verheiratet. Hierbei handelt es sich um einen Arbeitsrechtler, also um jemanden, der mit mir um dieselben Mandate in der Stadt konkurrierte. Damit war sie von Anfang an befangen, was sie jedoch nicht weiter zu stören schien.

Die Staatsanwaltschaft muss rechtlich unabhängig sein, damit sie ihren Auftrag objektiv erfüllen kann. Bei Eßer-Schneider war dies anders. Aufgrund ihrer Ehe mit meinem Konkurrenten konnte nicht ausgeschlossen werden, dass sie sich von sachfremden Erwägungen leiten ließ, etwa dem Wunsch, Marktbereinigung zu betreiben.

Eigentlich genügt für die Annahme der Befangenheit bereits der *»böse Schein«*, wie es Juristen formulieren. Demzufolge dürfen die Vorteile aus meiner Verfolgung nicht mittelbar ihrem Ehemann zugutekommen. Sonst wäre Eßer-Schneider von jeglichen Ermittlungen gegen mich auszuschließen.

Und genau für diesen bösen Schein gab es in der Folgezeit triftige Anhaltspunkte.

Das Ganze besaß zudem eine besondere Brisanz, weil ich meinem Kollegen zuvor ein wichtiges Mandat vor der Nase weggeschnappt hatte. Dabei handelte es sich um die arbeitsrechtliche Abwicklung der Fusion der Sparkasse Leipzig mit der Kreissparkasse Torgau-Oschatz.

Normalerweise wäre dieses Mandat bei der Kanzlei CMS gelandet. Die Sparkasse Leipzig hatte sich jedoch für mich entschieden. Berücksichtigt man das hohe Honorarvolumen, mit dem die Sparkasse meine Tätigkeit vergütete, so war die Entscheidung gegen CMS für diese Kanzlei ein herber Schlag. Ob sich Rechtsanwalt Schneider hierüber bei seiner Ehefrau beschwerte, weiß ich natürlich nicht. Jedenfalls war die Mandatserteilung an mich lange das beherrschende Thema unter den Arbeitsrechtlern der Stadt.

Nun beschlagnahmte meine persönliche Staatsanwältin diejenigen Anwaltsakten, die meine Beratungstätigkeit dokumentierten. Sie versuchte außerdem, Akten mitzunehmen, welche

Kündigungsschutzprozesse von Mitarbeitern der Sparkasse betrafen, die jedoch mit dem mir gemachten Vorwurf nicht das Geringste zu tun hatten.

Damit ging ihre eigentliche Intention weit über dieses Strafverfahren hinaus. Sie wollte mich in den Augen der Sparkasse Leipzig unmöglich machen. Dort bat sie ebenfalls um die Vorlage der Akten zu den von mir betreuten Arbeitsgerichtsverfahren, allerdings ergebnislos. Dass sie die Verantwortlichen der Sparkasse über die gegen mich gerichteten Vorwürfe informierte, liegt jedenfalls nahe.

Sichtlich mitgenommen ließ ich Staatsanwältin Eßer-Schneider gewähren und machte mich wieder einmal auf den Weg zu meinem Strafverteidiger Curt-Mathias Engel. Was sollte ich auch gegen sie und die anwesenden Polizeibeamten tun? Meine Sorge galt längst anderen Dingen: Ich hoffte inständig, dass die gegen mich erhobenen Vorwürfe nicht nach außen getragen würden. Aber der Orkan sollte schon wenige Tage später losbrechen.

Donnerstag, 17. August 2006

Was nicht geschehen durfte war eingetreten. Die Leipziger Redakteurin der BILD-Zeitung Martina Kurtz, sozusagen meine persönliche BILD-Redakteurin, berichtete auf Seite 3 dieses Schmähblattes umfangreich über die Durchsuchung der Staatsanwaltschaft. In großen Lettern war zu lesen: »*Razzia beim ehemaligen OB-Kandidaten. Ermittlungen wegen versuchten Betruges gegen Dr. Ulrich Keßler*«. Der Artikel beinhaltete eine einzige Abrechnung. Er belegt, dass die BILD-Redakteurin zuvor umfassend informiert worden war.

Natürlich verwies Martina Kurtz auch auf das frühere, gegen mich gerichtete Strafverfahren, in welchem mich das sächsische Finanzministerium unter Federführung des späteren

Ministerpräsidenten Prof. Dr. Milbradt schonungslos in den Stand des Kopfs einer kriminellen Vereinigung erhoben hatte. Damit besaß ich in der Öffentlichkeit eine kriminelle Vorgeschichte. Martina Kurtz wusste auch, dass ich mich vor dem Arbeitsgericht mit drei Rechtsanwälten stritt, denen ich zuvor fristlos gekündigt hatte. Offensichtlich schwärzten mich diese bei der BILD an.

Die Denunziation zählte zu den Dingen, die in Leipzig wirklich blühten. Vor allem Anwälte schienen von dieser Droge abhängig zu sein.

Für mich stellte sich damals die Frage, wieso die BILD über die gegen mich erhobenen Vorwürfe berichten konnte. Natürlich war die Staatsanwaltschaft verpflichtet, interne Vorgänge nicht an die große Glocke zu hängen. Lange grübelte ich über diese Frage. Am Ende war ich mir sicher, dass sich Staatsanwältin Eßer-Schneider oder andere Personen aus der Leipziger Justiz persönlich mit der BILD-Redakteurin in Verbindung gesetzt hatten. Eindeutig kamen ihre Insiderinformationen aus erster Hand.

Besonders schwer verdaulich war die Tatsache, dass eine Staatsanwältin, die mit einem direkten Konkurrenten von mir verheiratet war, den Weg zur Boulevardpresse gesucht hatte. Das sah nun mehr als deutlich nach einer gezielten Marktbereinigung aus. Die Vorwürfe erweckten den Eindruck, als würde ich generell ein zu hohes Honorar abrechnen. So schnell mutierte man von einem versierten Arbeitsrechtler zu einem staatsanwaltschaftlich anerkannten Betrüger. Das musste meine Mandanten gehörig abschrecken.

Der zuständige Oberstaatsanwalt sah in dieser Vorgehensweise zu meiner Verwunderung nichts Ehrrühriges. Daher schritt niemand gegen diese Praxis ein, auch nicht nach einer Rüge meines Strafverteidigers Engel.

Die Leipziger Gerüchteküche brodelte. Viele meiner Anwaltskollegen legten ihren Finger in meine offene Wunde. Jedenfalls besaßen sie nun ein geeignetes Gesprächsthema, das sich quer durch Leipzig tragen ließ. Ich bemerkte mal wieder, wie wenig Unterstützung ich in dieser Stadt besaß.

Bevor die Hetzjagd losging, betreute ich verschiedene öffentlich-rechtliche Körperschaften bzw. Anstalten mit einem Honorarvolumen von etwa 600 T € jährlich. Dies war mehr als so mancher Anwalt in mehreren Jahren erzielte. Mir ging es wirtschaftlich gut.

Es befanden sich darunter einige Mandate, auf die andere Anwälte scharf waren. Zu ihnen zählten neben der Sparkasse Leipzig die Industrie- und Handelskammer oder der Landkreis Leipzig, alles Mandanten, die keinerlei öffentliche Aufregung vertragen. Diese konnten es sich nicht leisten, von einem Rechtsanwalt vertreten zu werden, gegen den die Staatsanwaltschaft ermittelte.

Nun teilten mir meine wichtigsten Mandanten mit, dass sie sich künftig nicht mehr von mir vertreten lassen. Es hagelte Mandatskündigungen. Nahezu 90 % meines Jahresumsatzes ging in kürzester Zeit verloren.

Die Sparkasse Leipzig fand schnell neue Anwälte: Sie wechselte zu CMS in Leipzig und damit zu der Kanzlei, in der der Ehemann von Staatsanwältin Eßer-Schneider beschäftigt war.

Die Indiskretion der Staatsanwaltschaft löste auf meiner Seite innerhalb kürzester Zeit einen heftigen Überlebenskampf aus, denn von nun an betrieb ich meine Kanzlei mit Verlusten. Staatsanwältin Eßer-Schneider musste dies klar gewesen sein. Hierbei handelte es sich um eine logische Folge ihrer Vorgehensweise. Ein Sekundärziel, welches ihre Angriffe noch lohnenswerter machte.

Die gegen mich erhobenen Vorwürfe besaßen zudem Langzeitwirkung: Seitdem wusste jeder Mandant, der nicht bereit war, mich für meine Tätigkeit zu vergüten, wie er eine Zahlung meiner Honorare verhindern konnte. Er musste nur damit drohen, zur BILD oder zur Staatsanwaltschaft Leipzig zu gehen. Seit diesem Zeitpunkt war es überhaupt nicht mehr möglich, meine Kanzleieinnahmen verlässlich zu planen und meinen Beruf normal auszuüben.

Die Folgen waren auch an anderer Stelle katastrophal: Damals befasste ich mich mit einem Geschäftspartner mit der Errichtung von Biogasanlagen. Wir hatten etwa sechs Monate zuvor bei der Landesbank Sachsen (SachsenLB) eine Finanzierungsanfrage eingereicht. Wie aus Kreisen der SachsenLB bislang zu vernehmen war, stand man diesem Projekt sehr positiv gegenüber.

An dem Tag, an dem BILD groß über die gegen mich erhobenen Vorwürfe berichtete, verweigerte die SachsenLB plötzlich die Finanzierung. Man wolle keinen Kunden, der so in der Öffentlichkeit steht wie ich – so die Bank in einer inoffiziellen Verlautbarung.

Es handelte sich um eine persönliche, keine wirtschaftliche Entscheidung. Und diese hing allein mit den Aktivitäten der Staatsanwaltschaft Leipzig zusammen. Damit erhielt ich einen weiteren Tiefschlag, denn das würde die Durchführung des Biogasprojekts deutlich verzögern.

Meine Auseinandersetzungen mit der Staatsanwaltschaft kosteten viel Zeit, die ich nicht mehr meinem Anwaltsberuf widmen konnte. Gerade zu einem Zeitpunkt, in dem ich viele Mandate verloren hatte, traf mich das schwer.

Noch schwerer wiegen allerdings die gesundheitlichen Konsequenzen, die mit meiner Verfolgung verbunden waren. Besonders belastete mich zudem, dass sich die Staatsanwaltschaft meiner Meinung nach längst nicht mehr auf rechtsstaatlichem Boden bewegte. Wenn diese Vorgehensweise zulässig war, musste ich auch in Zukunft mit dem Schlimmsten rechnen.

Schwere Depressionen waren von nun an meine ständigen Begleiter. Ich begab mich in Behandlung des Neurologen Meridonov, der mir starke Psychopharmaka verschrieb. Meinen zunehmenden psychischen Verfall konnte er in der Folgezeit dennoch nicht aufhalten, sondern allenfalls verzögern.

Meridonov diagnostizierte schwere posttraumatische Belastungsstörungen mit langanhaltenden depressiven Episoden, die meine anwaltliche Tätigkeit immer weiter einschränkten. Die Heilungschancen waren aufgrund der Schwere der Erkrankung wahrlich nicht gut. In jedem Fall bedurfte es einer langjährigen Therapie in einem stressfreien Umfeld. Das vertrug sich so gar nicht mit einer anwaltlichen Tätigkeit.

Was nutzen am Ende die beste Berufsausbildung und eine Doktorarbeit, wenn einem die Früchte dieser Arbeit von den Vertretern der Justiz mit einem Fingerschnipsen genommen werden?

Freitag, 6. Juli 2007

Lange wartete ich, wie sich das von Staatsanwältin Eßer-Schneider eingeleitete Strafverfahren weiterentwickelt. Seit mehreren Monaten hatte ich nichts mehr von ihr gehört. Vielleicht erledigt sich ja alles von selbst, hoffte ich. Denn in der Sache machte ich mir keine Vorwürfe.

Mit meiner Hoffnung war ich jedoch allein, denn in der heutigen Post befand sich ein Strafbefehl des Amtsgerichts Leipzig, der auf Antrag von Staatsanwältin Eßer-Schneider erlassen worden war. Das Amtsgericht verurteilte mich zu einer Geldstrafe in Höhe von 90 Tagessätzen zu je 150 €. Insgesamt sollte ich 14.500 € zahlen sowie die Verfahrenskosten tragen und das, obwohl meine Mandantin mir mein Honorar in Höhe von 10.000 € schuldig geblieben war. Der Strafbefehl führte zwar nicht zu einer Vorstrafe, akzeptieren wollte ich diesen dennoch nicht.

Meiner Meinung nach dachte Staatsanwältin Eßer-Schneider weniger an eine saubere Anklage als an meine öffentliche Brandmarkung, die mit einer Gerichtsverhandlung verbunden war. Der Strafbefehl enthielt daher zugleich eine Drohung. Würde ich hiergegen Einspruch einlegen, wäre mir eine breite Diskussion über die erhobenen Vorwürfe garantiert. Das kam einem wirtschaftlichen Todesurteil gleich. Ich konnte also selbst über meinen Untergang entscheiden.

Auch die Gründe, weshalb ich mich strafbar gemacht haben soll, sprachen ihre eigene Sprache. Wenn man noch ein Fünkchen Humor besitzt, könnte man darüber lachen. Das war wirklich haarsträubend.

Staatsanwältin Eßer-Schneider warf mir vor, ich hätte in einem Kündigungsschutzverfahren meiner Mandantin juristische Definitionen und damit Textbausteine verwendet. Weil ich Textbausteine verwendete, müsse ich Zeit gespart haben. Und wenn ich Zeit gespart hätte, dürfe ich nicht so hoch abrechnen.

Das war nicht nur rechtlich, sondern auch logisch absoluter Nonsens. Zudem waren meine Kosten für die von meiner Mandantin geplante Restrukturierungsmaßnahme nicht einmal überteuert. Hier hätte sich Eßer-Schneider besser mal bei ihrem Ehemann, dem Arbeitsrechtler, erkundigt. Aber irgendwie musste sie ihre Vorwürfe ja zu Papier bringen.

Nun lernt man den Einsatz von Textbausteinen, von Juristen »Subsumtionstechnik« genannt, bereits im ersten Semester des Rechtswissenschaftsstudiums. Diese Technik lebt davon, dass man bestimmte Begriffe definiert und anschließend überlegt, ob diese Definition mit dem Sachverhalt, den man gerade bewerten muss, übereinstimmt. Es handelt sich dabei um die absolute Grundlage der juristischen Arbeit, die jeder rechtlich geschulte Mensch, sei er nun Anwalt, Richter, Staatsanwalt oder Hochschulprofessor, anwendet. Ohne diese Technik ist eine saubere juristische Arbeitsweise undenkbar.

Staatsanwältin Eßer-Schneider warf mir vor, ich habe mich

durch den Einsatz der Subsumtionstechnik strafbar gemacht. Dann wäre jeder, der rechtliche Sachverhalte bearbeitet, ohne Weiteres schuldig. Vor allem Anwälte könnten so ihrer Strafverfolgung nicht mehr entgehen. Sicherlich eine Wunschvorstellung für jeden Staatsanwalt. Eßer-Schneider schoss damit weit über das Ziel hinaus.

Bezeichnenderweise setzte Eßer-Schneider in ihrem Antrag auf Erlass eines Strafbefehls ebenfalls Textbausteine ein, natürlich ohne sich strafbar zu machen. Davon, dass sie sich nicht selbst angeklagt hat, gehe ich jedenfalls aus.

Wieso der Einsatz von Textbausteinen zu einer Zeiteinsparung führen sollte, begründete die angriffslustige Staatsanwältin dagegen nicht. Textbausteine sagen wenig über den Umfang und die Schwierigkeit eines Falles aus.

Der Kern meiner Arbeit lag im Entwurf einer unternehmerischen Entscheidung, um einem bestimmten Mitarbeiter betriebsbedingt kündigen zu können. Hierzu musste ich mich mit der höchstrichterlichen Rechtsprechung und der einschlägigen Literatur intensiv auseinandersetzen. Umstrukturierungen sind zeitaufwändig. Dies wird Staatsanwältin Eßer-Schneider sicherlich von ihrem Ehemann erfahren haben. Angeklagt hat sie diesen wegen der Verwendung derselben Arbeitsmethode wahrscheinlich ebenfalls nicht.

Eßer-Schneider glaubte zudem als Strafrechtlerin, die Schwierigkeit eines arbeitsrechtlichen Sachverhalts beurteilen und mir vorschreiben zu können, wieviel Zeit ich welchem Mandat zu widmen habe. Das war ungeheuerlich.

Natürlich muss es mir als Arbeitsrechtler überlassen bleiben einzuschätzen, welchen Aufwand ich aufgrund meiner Ausbildung und meiner Erfahrung der Bearbeitung komplizierter Fälle widme. Gerade dies macht einen wichtigen Kern meiner Berufsausübung aus. Hierzu gibt es genug Rechtsprechung, welche diese sog. Einschätzungsprärogative immer wieder untermauert.

Die Staatsanwaltschaft Leipzig wünschte jedoch eine inhaltliche Kontrolle meiner Arbeit. Das war ein schwerer Eingriff in mein Recht auf freie Berufsausübung (Art. 12 GG). Würde diese Rechtsauffassung Schule machen, wären sämtliche Rechtsanwälte der willkürlichen Verfolgung ausgeliefert.

Rechtsanwalt Curt-Mathias Engel legte gegen den Strafbefehl Einspruch ein, wodurch das Verfahren erst in Gang kam. Gemeinsam überlegten wir lange, wie wir weiter vorgehen sollten. Es bestand die Gefahr, dass Eßer-Schneider die Vorwürfe erneut in der BILD breittritt. Schließlich hatte sie sich bereits im Strafverfahren gegen meinen Freund Dr. B. durch eine zukunftsweisende Öffentlichkeitsarbeit ausgezeichnet.

Nun drohte die Gefahr, dass es der Staatsanwaltschaft Leipzig gelingt, meine Existenzgrundlage endgültig zu zerstören. Immerhin musste ich für eine Ehefrau und zwei bezaubernde Kinder aufkommen. Ich stand vor einem schwierigen Neuanfang, der viel Kraft kosten würde. Und hier bestand nur eine Überlebenschance, wenn dieser geräuschlos gelingt.

Am Ende verständigte sich mein Strafverteidiger Engel mit der Staatsanwaltschaft darauf, das Verfahren ohne Anerkennung einer Schuld gegen eine Zahlung in Höhe von 10.000 € für gemeinnützige Zwecke einzustellen. Ob dieser Forderung war ich fassungslos, Eßer-Schneider zeigte sich jedoch unnachgiebig. Die Höhe der Forderung war absurd, denn ich hatte nichts getan, was eine derartige Zahlung rechtfertigen würde.

Mir war jedoch auch klar, dass Staatsanwältin Eßer-Schneider im Fall einer Eröffnung der Hauptverhandlung die BILD eingehend informieren würde. Ich wollte nicht wochenlang im Fokus stehen. Denn dann wäre der Schaden irreparabel gewesen.

Die Zahlung war aus meiner Sicht nur zu rechtfertigen, wenn damit endgültig Ruhe einkehrt. Bereits nach meiner Kandidatur zur Oberbürgermeisterwahl hatte es viele anonyme Strafanzeigen gegeben. Hier wollte ich kein weiteres Risiko eingehen.

Ob die Staatsanwaltschaft gegen mich noch etwas im Schilde führte, wusste ich natürlich nicht. Daher bat ich meinen Strafverteidiger Engel bei Staatsanwältin Eßer-Schneider nachzufragen, ob weitere Strafverfahren gegen mich anhängig waren. Dies wurde von Eßer-Schneider eindeutig verneint.

Widerwillig akzeptierte ich den Einigungsvorschlag meines Strafverteidigers und zahlte 10.000 € für gemeinnützige Zwecke. Am Ende fühlte ich mich erpresst. Bis heute belastet mich, wie die Staatsanwaltschaft Leipzig vorgeht. Man konstruiert Tatvorwürfe, tritt diese in der Öffentlichkeit breit und zwingt den Betroffenen so zu einer Zahlung. In Anbetracht befürchteter Indiskretionen der Staatsanwaltschaft blieb mir aber keine andere Wahl.

Die Einstellung des Strafverfahrens konnte Staatsanwältin Eßer-Schneider nicht verhindern. Das musste sie aber auch nicht. Wie ich wenig später erfahren sollte, hatte sie bereits kräftig nachgeladen.

Donnerstag, 22. Mai 2008

Staatsanwältin Eßer-Schneider dachte gar nicht daran, einen Rückzieher zu machen. Wie im Fall des bekannten Slogans von Konrad Adenauer interessierte sie sich nicht für ihre Zusagen vom Vortag. Esser-Schneider brachte nun sogar ein deutlich größeres Kaliber in Stellung.

Sie profitierte von der hohen Denunziationsbereitschaft so manches Zeitgenossen in Leipzig. Wieder einmal war eine Strafanzeige eines Anwaltskollegen der Auslöser. Diese datierte auf den 21. Februar 2006 und hatte – was für eine Überraschung – direkt den Weg auf den Schreibtisch von Staatsanwältin Eßer-Schneider gefunden. Eben diejenige Staatsanwältin, die zuvor versichert hatte, dass gegen mich keine weiteren Strafverfahren anhängig sind. Das war also die glatte Unwahrheit einer Vertreterin der sächsischen Justiz und alles andere als eine Banalität. Wo kommen wir hin, wenn Vertreter dieses Rechtsstaates Verfolgte, ohne eine Sanktion befürchten zu müssen, hemmungslos anlügen dürfen?

Erneut erschien Staatsanwältin Eßer-Schneider in Gegenwart mehrerer Polizeibeamter in meiner Kanzlei und legte mir einen neuen Durchsuchungsbeschluss vor. Sie verdächtigte mich darin des Betruges. Ich soll Scheinrechnungen erstellt und so eine Mandantin in Höhe von etwa 450.000 € geschädigt haben.

Derartige Vorwürfe hatte meine Mandantin dagegen nie gegen mich erhoben. Diese war mit meiner umfangreichen Arbeit stets zufrieden. Es handelte sich wieder einmal um einen Alleingang von Staatsanwältin Eßer-Schneider, der ganz zu ihrer gegen mich gerichteten Hetzjagd passte.

Wieder einmal war dies Humbug, nur auf deutlich höherem Niveau als zuvor. In der Strafanzeige ging es um die Isotech Bau GmbH Ost mit Sitz in Sankt Gangloff. Sie war eine Tochtergesellschaft der Isotech GmbH aus Karlsruhe. Beide Unternehmen vertrat ich seit mehreren Jahren.

St. Gangloff und Karlsruhe liegen, wie man leicht feststellen kann, nicht in Sachsen. Damit war die Staatsanwaltschaft Leipzig nicht zuständig. Für Staatsanwältin Eßer-Schneider spielte dies jedoch keine Rolle. Die Anzeige des Anwaltskollegen, der mit der Angelegenheit nie befasst war, bot ihr die Möglichkeit für einen erneuten Angriff. Wieder einmal heiligte der Zweck die Wahl der Mittel.

Die Isotech Bau GmbH Ost arbeitete erfolgreich im Klinik-, Hotel, und Straßenbau. Der Beratungsbedarf war hoch, ebenso die Streitwerte, die für die Berechnung meiner Tätigkeit nach dem Rechtsanwaltsvergütungsgesetz maßgeblich waren.

Meine Rechnungen hatte der Geschäftsführer meiner Mandantin immer als sachlich und rechnerisch richtig abgezeichnet. Das wusste natürlich auch Staatsanwältin Eßer-Schneider. Denn ihr lagen die entsprechenden Unterlagen mit den Prüfvermerken vor.

Die Ermittlungsbehörden begannen ihre Arbeit, nachdem

sowohl die Isotech GmbH aus Karlsruhe, als auch ihr Tochterunternehmen, die Isotech Bau GmbH Ost, aufgrund von Zahlungsausfällen in die Insolvenz gerieten. Automatisch schaltete sich die Staatsanwaltschaft Karlsruhe ein und prüfte, inwieweit sich ein Beteiligter oder Berater des Unternehmens anlässlich der Insolvenz beider Unternehmen strafbar gemacht hatte. Dies entspricht einer üblichen Vorgehensweise in derartigen Fällen.

Zum Ermittlungsumfang zählte auch eine Überprüfung meiner Tätigkeit. Die Staatsanwaltschaft Karlsruhe kam jedoch zu dem Ergebnis, dass keinerlei Anhaltspunkte für eine Straftat vorliegen und leitete keine Ermittlungen ein. Damit sollte die Angelegenheit eigentlich abgeschlossen sein.

Staatsanwältin Eßer-Schneider passte dieses Ergebnis jedoch überhaupt nicht. Und so kam ihr die Anzeige meines Anwaltskollegen wie gerufen. Sie behauptete, ich hätte zwar hohe Honorarrechnungen ausgestellt, hierfür jedoch keinerlei Beratungsleistungen erbracht. Also beschlagnahmte sie sämtliche Anwaltsakten, die sich mit der Isotech GmbH sowie der Isotech Bau GmbH Ost befassten. Sie vertraute darauf, dass sich diesen Akten weitere Hinweise für eine strafrechtliche Verfolgung entnehmen ließen und damit das Strafverfahren richtig in Gang käme. Insgesamt handelte es sich um einen Aktenumfang mit einer Länge von etwa zehn Metern. Es gab also viel zu lesen für die streitbare Staatsanwältin – sofern man hierzu bereit war.

Während der Durchsuchung platzte mir der Kragen. Vor allem nachdem Staatsanwältin Eßer-Schneider mir gegenüber erklärte, sie suche auch nach Entlastungsvorbringen. Das klang nun wirklich nach einer unglaublichen Worthülse. Ich fauchte sie an, dass ich ihr dies nicht abnehme, verließ wütend das Büro und begab mich wieder einmal zu meinem Strafverteidiger Curt-Mathias Engel.

Anschließend machte ich mich auf den Weg zu meinem Neurologen Meridonov und ließ mir von ihm noch stärkere Antidepressiva verschreiben. Schwere Depressionen machten sich wieder bemerkbar und lähmten mich vollständig. Es war zum Verzweifeln. Gerechtigkeit gab es offensichtlich nicht.

Donnerstag, 16. Oktober 2008

Der Tag hätte beschissener nicht laufen können. Am späten Abend erhielt ich einen Anruf von meinem Strafverteidiger Engel. Dieser informierte mich darüber, bei der 6. Strafkammer des Landgerichts Leipzig sei eine Anklageschrift von Staatsanwältin Eßer-Schneider eingegangen. Es ging um den Strafvorwurf des schweren Betrugs. Weitere Informationen besaß mein Strafverteidiger noch nicht. Er sei vorab telefonisch vom Vorsitzenden des Gerichts informiert worden und wollte mich vorwarnen.

Demnach hatte mich Eßer-Schneider vor der Großen Strafkammer angeklagt. Rechtsanwalt Engel rechnete mit einem Revanchefoul meiner persönlichen Staatsanwältin, die sich in dem vorangegangenen Strafverfahren nicht durchsetzen konnte. Wahrscheinlich habe Eßer-Schneider auch dieses Mal völlig überzogen, sagte er. Nur halfen mir seine tröstenden Worte nicht weiter. Vor mir öffnete sich ein tiefer Abgrund, der alles zu verschlingen drohte. Ab diesem Zeitpunkt war meine Gesundheit endgültig Geschichte.

Denn es kam noch dicker. Vor der Großen Strafkammer werden nur Fälle verhandelt, in denen eine Freiheitsstrafe von mindestens 4 Jahren droht. Eine Aussetzung auf Bewährung ist bei diesem Strafmaß nicht möglich. Die Angelegenheit war daher mehr als ernst.

In der Nacht machte ich kein Auge zu. Ich wälzte mich im Bett hin und her, war in jeder Hinsicht verzweifelt. Was war nun schon wieder geschehen? Die gesundheitlichen Folgen lähmten meine Glieder. Meine Depressionen schlugen erbarmungslos zu und forderten eine sofortige Behandlung. Ich schrie und heulte vor Verzweiflung, aber es hatte keinen Zweck. Was mir Eßer-Schneider zur Last legte, würde ich erst nach Zugang der Anklageschrift erfahren.

Freitag, 24. Oktober 2008

Nun lag mir die Anklageschrift vor. Staatsanwältin Eßer-Schneider hatte ihre Anklage mit einem Antrag verbunden, mir sofort die Anwaltszulassung zu entziehen. Ein Berufsverbot also, meine totale Vernichtung war ihr Ziel. Mir sollte jegliche Möglichkeit genommen werden, meinen Lebensunterhalt zu finanzieren und meine Kinder zu versorgen. Und dies auch noch in einem beschleunigten juristischen Verfahren. Längst stand nun das Überleben meiner Familie im Vordergrund. Das ging weit über alles bisher Erlebte hinaus.

Mühsam las ich weiter. Meine Konzentration litt stark unter der kräftigen Dosis Psychopharmaka, die ich seit dem Telefonanruf meines Strafverteidigers und dem Besuch bei Igor Meridonov am Morgen danach zu mir nahm. Eigentlich war ich des Lesens nicht mehr in der Lage. Alles lief nur noch mechanisch mit völlig tauben Gefühlen ab.

Natürlich suchte ich in der Anklageschrift nach einer tragfähigen Begründung für die von meiner geschätzten Staatsanwältin formulierten Vorwürfe. Ebenso wollte ich wissen, ob Eßer-Schneider entlastenden Tatsachen nachgegangen war. Ich wusste aber, dass ich diese nicht finden würde.

Meine persönliche Staatsanwältin betrachtete sich als Chefanklägerin. Ihr ging es wieder einmal nicht um die Suche nach der Wahrheit. Dreist behauptete die Staatsanwältin, ich habe zwar hohe Honorarzahlungen vereinnahmt, »*nachweislich*« jedoch keinerlei Beratungsleistungen erbracht.

Offensichtlich lebte meine Gegnerin in einem Paralleluniversum, in dem ihre eigenen Gesetze galten. Gegenüber ihrer mentalen Akrobatik war ich einfach nicht wettbewerbsfähig. Eßer-Schneider hätte nur die beschlagnahmten Aktenstapel lesen müssen. Dort war alles genau dokumentiert.

Diesen beschwerlichen Weg wollte sie jedoch nicht gehen. Denn das hätte zu einem frühzeitigen Scheitern ihrer Anklage geführt. Welcher Staatsanwalt liest schon gerne derart umfangreiche Akten, dachte ich mir. Lieber stellte Esser-Schneider die unfassbare Behauptung auf, ich habe meine Mandantin brutal abgezockt.

Ihre Anklageschrift stellte die objektiven Ermittlungsergebnisse auf den Kopf. Eingehend hatte ich mich während des Ermittlungsverfahrens über meinen Strafverteidiger Curt-Mathias Engel zum Umfang meiner Tätigkeit geäußert. All dies spielte jedoch keine Rolle. Um die Wahrheit ging es Eßer-Schneider wieder einmal nicht.

Meine persönliche Staatsanwältin wandte sich außerdem an die Generalstaatsanwaltschaft Dresden. Diese sollte ein berufsrechtliches Ermittlungsverfahren gegen mich einleiten, um mir die Anwaltslizenz zu entziehen. Als Folge kämpfte ich an einer weiteren Front. Da holte jemand wirklich zu einem gewaltigen Rundumschlag aus.

Mit einer rechtsstaatskonformen Vorgehensweise hatte dies aus meiner Sicht nicht das Geringste zu tun. Wie konnte es sein, dass derart mutwillig angeklagt wurde? Sollte eine Anklageschrift nicht wenigstens einen Funken Wahrheit beinhalten?

Hier ging es um rücksichtslose Profilierungsansprüche einer Staatsanwältin, sowie die Verfolgung unliebsamer Personen mit der Keule staatlicher Machtbefugnisse. Insbesondere die geforderte Verhängung eines sofortigen Berufsverbots zeigte, wie entfesselt Eßer-Schneider inzwischen vorging.

Wenn die Staatsanwaltschaft zu derartigen Mitteln greift, bin ich jeglicher Form staatlicher Verfolgung schutzlos ausliefert. Eines Urteils oder einer vorherigen Beweisaufnahme bedurfte es in diesem Fall nicht mehr, erst recht nicht eines mehrinstanzlichen Verfahrens. Es reicht, den Gegner schwerwiegender Straftaten zu bezichtigen. Genau dies hatte Esser-Schneider getan.

Die Staatsanwaltschaft mutierte zur Anklage- und Vollzugsbehörde. Wer sollte diesem Machthunger noch Einhalt gebieten?

Die Anklage versetzte mir gesundheitlich den absoluten k.o., von dem ich mich nie wieder erholen sollte. Die früher nur alle 2–3 Monate auftretenden Depressionen wurden von nun an meine täglichen Begleiter. Meine Stimmung wollte sich nicht mehr aufhellen. Düster absolvierte ich meinen Tagesablauf. Alle Bemühungen meines Neurologen, die vielen schweren Antidepressiva, führten zu keiner Stabilisierung meines Gesundheitszustandes. Psychisch verfiel ich immer weiter.

Die meiste Zeit war ich nicht mehr in der Lage, mich auf meine Arbeit zu konzentrieren. Ich verbrachte meinen Alltag wie in Trance. Meine Gedanken wichen ständig ab und kreisten um die Aktivitäten der Staatsanwaltschaft. Überall sah ich Polizisten, die mich verfolgten. Bei jedem Klingeln an der Tür erwartete ich ein von der Staatsanwaltschaft bestelltes Durchsuchungskommando. Langsam wurde ich paranoid.

Ein normales Arbeiten war nicht mehr möglich. Ich unterstelle Staatsanwältin Eßer-Schneider, dass ihr dies egal war. Ihr Handeln zielte darauf ab, einen bekannten Rechtsanwalt aus dem Weg zu räumen. Notfalls eben auf die harte Tour.

Immer wieder zweifelte ich an der Unabhängigkeit der Staatsanwaltschaft Leipzig. Sie unterstand zwar dem Justizministerium, wo sie sich rechtfertigen musste. Nur schritt dort niemand gegen ihre Aktivitäten ein. Für mich war dieses Handeln eines Rechtsstaates unwürdig.

Psychisch war ich an der Diskrepanz zwischen meinen rechtsstaatlichen Träumen und den realen Gegebenheiten in Sachsen gescheitert. Von nun an äußerten sich meine komplexen posttraumatischen Belastungsstörungen bei allem, was mit der sächsischen Justiz im Zusammenhang stand. Mein Körper reagierte mit ständigen Abwehrhaltungen und hoher Fluchtbereitschaft auf alle denkbaren Belastungen.

Auslöser für meine Depressionen waren nicht nur jeglicher Schriftverkehr mit sächsischen Gerichten, sondern sogar die Post meines Anwalts oder Besprechungen mit ihm, die mich sofort blockierten. Oft nahm ich diese nicht einmal mehr wahr. Selbst einfachen Gesprächen konnte ich kaum mehr folgen.

Meine psychische Erkrankung erinnerte mich daran, dass ich dem erbarmungslosen Zugriff meiner Gegner nicht entgehen konnte. Ich fühlte mich als Aussätziger, als politisch Verfolgter, mit dem meine Gegner nach Belieben verfahren konnten. Emotional war ich im mittelalterlichen Nirwana angekommen.

Realistisch betrachtet war ich ab diesem Zeitpunkt nicht mehr in der Lage, meiner Anwaltstätigkeit nachzugehen. Damit hatte Eßer-Schneider ein wichtiges Ziel erreicht.

Donnerstag, 18. Dezember 2008

Als die Große Strafkammer etwa zwei Monate nach Eingang der Anklageschrift den Antrag auf sofortige Verhängung eines Berufsverbots zurückwies, war es für meine Gesundheit zu spät. Es nutzte auch nichts, dass die Richter klarstellten, für den Antrag der Staatsanwaltshaft gäbe es nicht einmal eine Rechtsgrundlage.

Dies machte die Sache nicht wirklich besser. Es bewies nur, dass sich Staatsanwältin Eßer-Schneider über jegliche rechtlichen Gepflogenheiten hinwegsetzte. Gerade wenn sie die fehlende rechtliche Basis für ihren Antrag kennt, geht es ihr in der Sache nicht um Rechtsprechung, sondern darum, den Gegner möglichst stark unter Druck zu setzen und daraus Vorteile zu ziehen. Vielleicht glaubte sie aber auch, sie könne einen derartigen Antrag mit Erfolg stellen. Jemanden in dieser Situation mit der Vernichtung seiner beruflichen Existenz zu bedrohen sehe ich als rechtsstaatlich absolut indiskutabel an.

Die gesundheitlichen Wunden waren zu diesem Zeitpunkt längst geschlagen. An meinen Depressionen änderte die Ablehnung eines Berufsverbots nichts mehr. Für mich war klar: Diese Anklagebehörde durfte alles. Sie zeigt mit dem Finger auf dich, wodurch du zum Verbrecher mutierst. Sie bestimmt, wer kriminell ist. Die Geschichte kennt genügend derartiger Fälle. Entfesselter konnte man schwerlich auftreten.

Mittwoch 14. Januar 2009

Staatsanwältin Eßer-Schneider wollte sich mit der Ablehnung ihres Antrags auf sofortige Verhängung eines Berufsverbots nicht abfinden. Erneut legte sie nach. Nun erhielt ich eine weitere Anklageschrift, wieder einmal beim Landgericht Leipzig. Getreu ihrer bisherigen Linie hatte meine persönliche Staatsanwältin diese Anklageschrift erstellt. Eßer-Schneider behauptete, ich habe zu Lasten einer Mandantin eine Untreue begangen. Vorausgegangen war, wen wird das noch verwundern, die Strafanzeige eines Anwaltskollegen.

Ich las Eßer-Schneiders Anklageschrift nicht einmal mehr durch. Angewidert bat ich meine Mitarbeiterin, diese sofort zu meinem Strafverteidiger Curt-Mathias Engel zu schicken.

Staatsanwältin Eßer-Schneider setzte alles auf eine Karte. Mein Strafverteidiger sprach davon, sie wolle mich richtig fertigmachen. Natürlich war ihm die deutliche Verschlechterung meines Gesundheitszustandes nicht entgangen. Die Attacken der Staatsanwaltschaft zeigten ihre zerstörerische Wirkung stets aufs Neue.

Eine ordentliche Strafverteidigung war aufgrund meiner psychischen Verfassung nicht mehr zu gewährleisten. Meinen Strafverteidiger Engel, der mich immer gut vertreten hat, traf hieran keine Schuld. Er schützte mich so gut, wie das Gesetz dies erlaubte. Allerdings konnte er die Gepflogenheiten der Staatsanwaltschaft Leipzig auch nicht ändern.

Ausnahmsweise gab es erfreuliche Nachrichten von Seiten des Landgerichts Leipzig. Die Große Strafkammer lehnte die Eröffnung der Hauptverhandlung ab, weil selbst nach dem Sachvortrag der Staatsanwaltschaft keine von mir begangene strafbare Handlung vorlag. Der Antrag auf Verhängung eines sofortigen Berufsverbots gegen mich löste sich damit endgültig in Luft auf. Die Staatskasse, also die Bürger, wurde verurteilt, die Kosten des Strafverfahrens zu tragen.

Die Staatsanwaltschaft Leipzig und Eßer-Schneider handelten sich also eine schallende Ohrfeige ein. Damit war klar, dass man mich angeklagt hatte, ohne dass hierfür eine tragfähige Grundlage bestand.

Dies verschaffte mir allerdings nur vorübergehend Luft. Staatsanwältin Eßer-Schneider war nicht bereit, die Entscheidung des Landgerichts Leipzig hinzunehmen und legte Beschwerde zum Oberlandesgericht in Dresden ein.

Dies war in Anbetracht der klaren Begründung der Großen Strafkammer eine mutige Entscheidung. Aber an Mut hatte es meine persönliche Staatsanwältin schon in der Vergangenheit nicht fehlen lassen.

Die Staatsanwaltschaft dachte jedoch auch jetzt nicht daran, von ihrem Drehbuch abzuweichen. Wenn man schon bei der juristischen Verfolgung nicht obsiegt, so blieb immer noch die Möglichkeit der Verfolgung missliebiger Personen in der Öffentlichkeit, sozusagen dem *»öffentlichen Informationsbedürfnis«* geschuldet.

Samstag, 25. Juli 2009

Nach dem aus Sicht der Staatsanwaltschaft Leipzig ungünstigen Verlauf des Strafverfahrens war es ein Wunder, dass die Vorwürfe trotzdem in der BILD landeten. Wieder einmal bestätigten sich die enge Verzahnung zwischen der Leipziger Justiz und der Boulevardpresse. Auf Seite 6 der heutigen BILD-Ausgabe erschien ein Bericht mit der Schlagzeile »*Ex-OB Kandidat wegen Betrugs angeklagt!*« Verantwortlich war dieses Mal die BILD-Redakteurin Angela Wittig.

In dem Artikel gab der Sprecher des Landgerichts Hans Jagenlauf ohne vorherige Rücksprache mit mir oder meinem Strafverteidiger bereitwillig Auskunft über das Strafverfahren und trat die gegen mich erhobenen Vorwürfe in der Öffentlichkeit breit. Die BILD tat hierzu ein Übriges. Dass die Eröffnung der Hauptverhandlung zuvor vom Landgericht Leipzig abgelehnt worden war, fand keine Erwähnung.

Damit ging die Hetzjagd weiter. Natürlich wusste der Sprecher des Landgerichts Leipzig, welche Konsequenzen eine derartige Berichterstattung über mich besaß. Es scheint ihn nicht weiter interessiert zu haben. Dass er genau abwägen musste, ob überhaupt ein Informationsinteresse der Öffentlichkeit bestand, war eigentlich selbstverständlich. Die Auswirkungen dieser Berichterstattung auf mich interessierten ihn allerdings nicht.

Bei einer verfassungsgetreuen Prüfung hätte Jagenlauf bemerken müssen, dass mein allgemeines Persönlichkeitsrecht nach Art. 2 Abs. 1 GG die Veröffentlichung zwingend verbietet. Aufgrund der Historie war ohnehin klar, wie die BILD-Zeitung berichten würde. Dennoch entschied sich der Landgerichtssprecher für die öffentliche Schlagzeile.

Damit wurden meine Anstrengungen, nach der letzten BILD-Veröffentlichung wieder einen Mandantenstamm aufzubauen, empfindlich sabotiert. Ganz Leipzig sprach erneut von mir. Es war nun bereits das dritte Mal, dass die Boulevardpresse über die verschiedensten Strafvorwürfe, die gegen mich erhoben wurden, berichtete.

Alle rieben sich die Hände. Jeder hatte es gewusst. Ich war ein Schwerverbrecher. Dabei spielte es keine Rolle, dass ich aus den

Auseinandersetzungen mit der Staatsanwaltschaft bislang als Sieger hervorgegangen war. Kein Vertreter der Leipziger Justiz beschäftigte sich mit der Haltlosigkeit der gegen mich erhobenen Vorwürfe. Man machte nicht einmal den Versuch einer objektiven Berichterstattung.

Natürlich dachte ich über eine Gegendarstellung nach. Aber was hätte das am Ende gebracht? Die Vorwürfe wären in diesem Fall nur mehrfach breitgetreten worden. Der Schaden trat dagegen bereits mit dem BILD-Artikel ein. Für meine psychische Verfassung war dies ein weiterer Tiefschlag, der jede Erholung zunichtemachte. Wenn schon keine Verurteilung möglich war, sollte ich mit meiner Gesundheit für die Ambitionen der Leipziger Staatsanwaltschaft bezahlen, so jedenfalls dachte ich voller Bitterkeit.

Die Auswirkungen dieser Berichterstattung auf meine Mandate spürte ich sofort. Nicht das erste Mal stand ich – schwer angezählt – vor einem beruflichen Neuanfang. Oder war es der endgültige Niedergang? Hatte ich überhaupt noch die Kraft? Lohnte es sich noch, bei diesen Rahmenbedingungen als Rechtsanwalt in Leipzig weiterzumachen? Erst drei Monate später setzte ein neuer Mandant den Fuß in meine Kanzlei. Auch in Zukunft kam der Mandatszufluss fast zum Erliegen.

Mittwoch, 5. August 2009

Ich weiß nicht, ob sich die Vertreter der sächsischen Justiz klar darüber geworden sind, welchen gewaltigen wirtschaftlichen und gesundheitlichen Schaden sie anrichten. Wahrscheinlich haben sie sich hierüber keine weiteren Gedanken gemacht oder dies billigend in Kauf genommen. Aus ihrer Sicht erledigten sie einen gerechtfertigten Auftrag.

Auch an anderer Stelle bemerkte ich, wie weit die Arme der sächsischen Justiz reichen:

Nachdem meine Kinder an den Bodensee gezogen waren – Gott sei Dank erlebten sie den öffentlichen Rufmord gegen mich nicht mit – wollte ich eine Privatpilotenlizenz erwerben. Fliegen war zu einem Hobby geworden, wo ich Ruhe und Abstand finden konnte. Hoch über dem Boden sah die Welt noch friedlich aus. Mit dem Flugzeug wäre ich schneller an den Bodensee gelangt, um meine Kinder zu besuchen. Mit dem Auto brauchte ich meistens sieben Stunden. Da war das Fliegen geeigneter, zumal es einen Flugplatz in Konstanz gab.

Den theoretischen Unterricht hatte ich bereits erfolgreich abgeschlossen und etwa 25 Flugstunden geleistet. In wenigen Wochen wollte ich mich für die Pilotenprüfung anmelden.

Nun erhielt ich Post von der Landesdirektion Dresden, die den Erwerb meines Pilotenscheins als zuständige Behörde begleitete. Was ich dort nachlesen musste, schockierte mich, denn es zeigte, wie weit der Atem meiner Gegner reichte. Aus Sicht der Landesdirektion war ich aufgrund des laufenden Strafverfahrens »*luftverkehrsrechtlich unzuverlässig*« und damit nicht geeignet, die Privatpilotenlizenz zu erwerben. Zur Prüfung werde ich demzufolge auch nicht zugelassen. Zu diesem Zeitpunkt hatte ich bereits eine Menge Geld in meine Flugausbildung gesteckt. Meinen lupenreinen Bundeszentralregisterauszug wollte die Behörde dagegen nicht sehen.

Einmal mehr dachte ich daran, dass wir doch in einem Rechtsstaat leben, auch wenn die sächsische Ausprägung mehr als zu wünschen übrigließ. Wo war die Unschuldsvermutung, immerhin ein Kerngedanke des Rechtsstaatsprinzips? Aber das half mir wenig – an den Vorwürfen könnte ja trotzdem etwas dran sein, so die Landesdirektion. Mit dieser schnöden Bemerkung schuf man im Ergebnis die mich schützende Unschuldsvermutung ab.

Mein Strafverteidiger Engel empfahl mir, den Ausschluss hinzunehmen. Ohnehin gab es genügend andere Baustellen. Vielleicht hat er in einem Staat, der von der öffentlichen Denunziation missliebiger Personen lebt, auch recht. Ich konnte ja meinen Flugschein noch erwerben, wenn die Strafverfahren erfolgreich abgeschlossen waren.

Da die sächsische Justiz gerade in meinem Fall zur Akkumulation von Strafverfahren neigte, bedeutete dies, dass der Zeitpunkt, in dem ich als luftverkehrsrechtlich zuverlässig gelte, nie eintreten wird. Glücklicherweise gab es mehr als genug Leute, die immer für eine Strafanzeige gut waren. Und diese wussten auch, welche Staatsanwältin für gegen mich gerichtete Anschuldigungen mehr als dankbar war.

Dienstag, 29. September 2009

Jedenfalls das von Staatsanwältin Eßer-Schneider vor der Großen Strafkammer anhängig gemachte Strafverfahren ging seinem Ende entgegen. Das Oberlandesgericht Dresden wies die Beschwerde der Staatsanwaltschaft ab. Auch aus seiner Sicht lag keine strafbare Handlung vor.

Es wird sicherlich Niemanden überraschen, dass weder die Staatsanwaltschaft Leipzig, noch der Gerichtssprecher des Landgerichts Leipzig Jagenlauf, oder ein anderer Vertreter der sächsischen Justiz diese Entscheidung an die örtliche Presse weitergab und damit den Versuch unternahm, meinen Ruf wiederherzustellen. Wahrscheinlich reduzierte sich das öffentliche Informationsinteresse dort, wo ich aus einem Strafverfahren siegreich hervorging, auf null.

Selbstverständlich hätte die Leipziger Justiz die Verhältnisse problemlos geraderücken können. Hierzu war sie meiner Meinung nach bereits aus Gründen der Schadensbeseitigung verpflichtet. Die faire Behandlung eines Gegners stellt eine Ausprägung des Rechtsstaatsprinzips dar.

Die Leipziger Justiz tauchte nun allerdings ab. Die fehlende Bereitschaft zur Aufarbeitung eigener Fehler hat in der Vergangenheit sicherlich ihren Teil dazu beigetragen, dass Teile der sächsischen Justiz bundesweit Aufmerksamkeit erlangten.

Vielleicht spricht aus meinen Worten nur der Nostalgiker: Wieso sollte die Staatsanwaltschaft öffentlich bekennen, einen Fehler gemacht zu haben? Hatte ich nicht übersehen, dass das Recht nur im Verhältnis des Staates zu seinen Bürgern aber nie umgekehrt gilt? Da war es wieder, Heines Entsagungslied, »*das Eiapopeia vom Himmel, mit dem man einlullt, wenn es greint, das Volk, den großen Lümmel*«.

Am Ende war es egal, wie viel Unrecht meine Gegner begehen. Sie durften es, denn sie waren mit den entsprechenden Machtbefugnissen ausgestattet.

Freitag, 12. Februar 2010

Damit blieb nur noch die von Staatsanwältin Eßer-Schneider beim Landgericht Leipzig eingereichte Anklage wegen Untreue. Das sah zwar überschaubar aus, meinen Optimismus hatte ich jedoch schon lange verloren. Die Zeiten meines Arbeitsausfalls wegen schweren Depressionen summierten sich. Sie waren längst die Regel.

Auch dieses Verfahren wollten wir erledigen. Staatsanwältin Eßer-Schneider hatte wieder einmal nur einseitig ermittelt. Erneut interessierte sie sich nicht für das, was meine Mandantin und ich vereinbart hatten.

Eigentlich war es ganz einfach. Wenn ich schon bei Staatsanwältin Eßer-Schneider kein Gehör finde, könnte sie doch den Generalbevollmächtigten meiner Mandantin, Holger Mißbach, befragen. Dieser würde den Sachverhalt geraderücken. Aus Sicht von Eßer-Schneider lag es jedoch näher zu behaupten, dass mich entlastende Tatsachen nicht existieren. Sie blieb ihrer Linie treu.

Für mich war die Vernehmung des Generalbevollmächtigten Mißbach besonders wichtig, denn er würde mich entlasten. Die

Bedeutung einer zeitnahen Vernehmung erhöhte sich noch dadurch, dass Mißbach einige Monate zuvor mit seiner Lebensgefährtin einen Selbstmordversuch unternommen hatte, den nur er überlebte. Ich wusste daher um Mißbachs angeschlagenem Gesundheitszustand und flehte die Staatsanwaltschaft förmlich an, diesen als Zeugen zu befragen.

Meine persönliche Staatsanwältin lehnte es jedoch ab, mit meinem Kronzeugen zu sprechen. Ich könne den Beweis ja noch in der Hauptverhandlung führen, das jedenfalls ließ sie meinen Strafverteidiger Curt-Mathias Engel wissen.

Diese Vernehmung wird nicht mehr möglich sein, denn Mißbach starb etwa 18 Monate später an einem Herzinfarkt.

Einmal mehr verstieß die Staatsanwaltschaft Leipzig meiner Meinung nach in dramatischer Weise gegen rechtsstaatliche Mindeststandards. Natürlich war sie als vermeintlich unabhängige Anklagebehörde gezwungen, Entlastungsbeweisen frühzeitig nachzugehen, bevor sie Anklage erhebt. Es kommt öfter vor, dass wichtige Zeugen vor Beginn des Prozesses versterben. Daher war es umso wichtiger, die entlastenden Aussagen frühzeitig zu dokumentieren. Dies gilt umso mehr, als der schlechte Gesundheitszustand meines Zeugen der Staatsanwaltschaft hinlänglich bekannt war.

In meinem Fall hat die Staatsanwaltschaft diese vorausschauende Vernehmung unterlassen. Wahrscheinlich wird sie später sogar behaupten, es habe keinerlei Absprachen zwischen mir und Mißbach gegeben. Den Nachweis kann ich nun aufgrund seines Todes nicht mehr führen. Faktisch kommt es daher an dieser Stelle zu einer Beweislastumkehr.

Staatsanwältin Eßer-Schneider erhielt für ihre Verdienste um die Rechtsfindung Ende 2011 eine Beförderung: Künftig arbeitete sie als Pressesprecherin des Oberlandesgerichts Dresden, später als Pressesprecherin im Justizministerium. Heute ist sie Mitglied einer Strafkammer in Leipzig[8]. Ihr Einsatz hat sich für

---

8 *www.justiz.sachsen.de/smj/content/2701.php*

sie also gelohnt. Als verdiente Juristin war sie nun für höhere Aufgaben prädestiniert.

Ein Schelm, wer sich Böses dabei denkt.

Mittwoch, 12. Januar 2011

Es war der Zeitpunkt gekommen, Abschied zu nehmen. Dieser fiel mir leicht, er war längst überfällig. In Leipzig hielt mich nichts. Hier konnte ich nichts mehr bewirken. Meine Tätigkeit als sogenannter Aufbauhelfer war kläglich gescheitert.

Ich kehrte meiner Heimatstadt den Rücken und blickte nicht zurück. Längst war mir Leipzig fremdgeworden. Zu sehr hatte ich unter den andauernden Verfolgungen gelitten. Mein schlechter Gesundheitszustand zwang mich ohnehin zu einem Umzug. Ich denke nicht, dass ich in Leipzig aufgrund meiner schlechten psychischen Verfassung noch weitere 2 – 3 Wochen überlebt hätte.

Also ging ich nach Bayern, nach Ingolstadt und startete einen Neuanfang. Die sächsische Justiz hatte gewonnen. Ihr Vertriebsmodell – wie verjage ich einen missliebigen Anwalt – war am Ende wie im Fall meines Freundes Dr. B., dem ehemaligen Leiter des Ordnungsamts Leipzig, erfolgreich.

Die Staatsanwaltschaft Leipzig dachte jedoch nicht daran, ihren Kreuzzug zu beenden. Trotz meines Wegzugs legten vor allem Anwaltskollegen nach und beglichen alte Rechnungen, Rechnungen, die im Gerichtssaal unbeantwortet blieben. In Sachsen war es leider üblich, den Gegner mit Strafanzeigen zu zermürben. In meinem Berufsstand machten sich inzwischen längst amerikanische Verhältnisse breit.

Es würde zu weit gehen, hier jeden Einzelfall zu schildern. Auf meine Berufskollegen konnte ich mich jedenfalls nie verlassen. Egal wie schwer man unter Feuer lag und wie ungerecht die Vorwürfe erschienen, Unterstützung bekam ich nicht.

Ich war mittags aus Ingolstadt losgefahren, um meine Lebensgefährtin über das Wochenende zu besuchen. Wie wenig sich die Dinge nach meinem Wegzug geändert hatten, zeigte ein Blick in die Post. Darin befand sich eine neue Anklageschrift der Staatsanwaltschaft Leipzig. Ich sollte mich dieses Mal vor dem Amtsgericht, wieder einmal wegen Betrugs, verantworten. Es war so, als wollte mich die Staatsanwaltschaft anlässlich meiner Kurzvisite standesgemäß begrüßen.

Mir gelang es nicht einmal, die Anklageschrift zu lesen, obwohl sie kurz ausgefallen war. Meine posttraumatischen Belastungsstörungen und Depressionen meldeten sich sofort. Erst 14 Tage später war ich hierzu in der Lage.

Der gegen mich erhobene Vorwurf spricht einmal mehr Bände über die Gepflogenheiten der Staatsanwaltschaft Leipzig. Ich soll bei der Durchführung meines Bauvorhabens in der Robert-Koch-Straße 11–13 in Brandis den Dachdecker H. um etwa 2.200 € betrogen haben. Ich war ihm einen Teil seines Werklohns schuldig geblieben. Dies war aus Sicht der Staatsanwaltschaft strafbar.

H. lief damals gerne volltrunken auf der Baustelle mit der der BILD-Zeitung vom 25. Juli 2009 unter dem Arm herum, die gerade über mein Verfahren vor der Großen Strafkammer berichtete. Natürlich kommunizierte H. die Vorwürfe gegenüber anderen Handwerkern und brachte damit viel Unruhe auf die Baustelle. Er informierte sie über meine Vergangenheit als strafrechtlich wiederholt auffällige Person.

Viele der Handwerker waren wegen der Vorwürfe nicht länger bereit, für mich zu arbeiten, da sie um ihren Werklohn fürchteten. Das Informationsbedürfnis der Öffentlichkeit, von dem der Gerichtssprecher des Landgerichts Leipzig Jagenlauf gesprochen hatte, trug in meinem Fall reichliche Früchte.

Als Dachdecker war H. alles andere als erfolgreich. Er überzog die vertraglich vereinbarte Bauzeit um das Dreifache, ohne seine Arbeiten zu beenden. So behinderte er die nachfolgenden Gewerke und sorgte für gewaltige Baustellenvorhaltekosten, welche ich wiederum tragen musste.

Wegen Vertragsbruchs kündigte ich ihm fristlos und verpflichtete einen Nachfolger, der nur zu deutlich höheren Preisen bereit war, kurzfristig die liegen gebliebenen Arbeiten zu übernehmen.

H. ging jedenfalls zu einem Anwaltskollegen, der – wahrscheinlich ebenfalls ein geneigter BILD-Leser – gegen mich Anzeige erstattete. Eine weitere Anzeige richtete sich gegen meinen Nachbarn K. In beiden Fällen war der Sachverhalt absolut identisch. Auch K. hatte H. fristlos wegen Terminüberschreitung gekündigt und einen Teil des Werklohns nicht ausgezahlt.

Hierin erschöpften sich jedoch die Gemeinsamkeiten. Denn während Staatsanwalt Walburg im Fall meines Nachbarn das Ermittlungsverfahren einstellte, weil kein hinreichender Tatverdacht bestand, erhob er – bei absolut identischem Sachverhalt – gegen mich Anklage. Ich war längst zu einem Dauerbetrüger mutiert.

Dass ich diesem Handwerker fristlos kündigen musste, weil er Schäden im Gesamtumfang von etwa 25.000,00 € verursachte, interessierte die Staatsanwaltschaft Leipzig nicht. Warum sollte Staatsanwalt Walburg Entlastungsvorbringen recherchieren? Umso mehr, als er die Probleme mit Dachdecker H. aus den Schilderungen meines Nachbarn kannte? In dieser Frage entpuppte er sich als Meisterschüler seiner Vorgängerin Eßer-Schneider.

Staatsanwalt Walburg war der festen Überzeugung, ich hätte von Anfang an nicht über die notwendigen finanziellen Mittel für die Durchführung des Bauvorhabens verfügt. Auch hier hat er sich nie für die Einzelheiten interessiert. Denn das Bauvorhaben wurde durch eine umfassende Finanzierung der norddeutschen Landesbank (NordLB) abgesichert. Außerdem standen mir noch genügend Darlehensmittel zur Verfügung.

In der Anklageschrift stand ferner, ich hätte mich zu den Vorwürfen nicht geäußert. Allerdings ließ damals schon meine Bereitschaft, mich gegenüber der Staatsanwaltschaft einzulassen, dramatisch nach. Hierin sah ich einfach keinen Sinn mehr. Sollten sie mich doch anklagen.

Immerhin hatte Staatsanwalt Walburg bei Erstellung der Anklageschrift die Textbausteine seiner Kollegin Eßer-Schneider übernommen. Sowas nennt man dann wohl Kontinuität.

Dass die Staatsanwaltschaft Leipzig das Ermittlungsverfahren gegen meinen Nachbarn einstellte, mich dagegen vor dem Amtsgericht anklagte, belegt eindeutig meinen Sonderstatus, den ich mir bei der Staatsanwaltschaft in langen Jahren erarbeitet hatte.

In dem nun anhängigen Vorverfahren verteidigte ich mich gegen die Vorwürfe und stellte den Sachverhalt richtig. Insbesondere verwies ich auf das Parallelverfahren meines Nachbarn K., und die widersprüchliche Vorgehensweise der Staatsanwaltschaft, die mich weiterverfolgte. Ausführlich untermauerte ich die gegen H. bestehenden Schadensersatzansprüche. Nicht er hatte Geld von mir zu fordern, sondern ich von ihm. Und das in einem deutlich größeren Ausmaß.

Seitdem habe von dem Verfahren nichts mehr gehört. Weder die Staatsanwaltschaft noch das Amtsgericht Leipzig informierten mich über den Fortgang des Verfahrens. Eine Einstellungsverfügung sollte mir eigentlich zugehen. Vielleicht war Staatsanwalt Walburg die Angelegenheit dann doch zu peinlich.

Sichtlich verärgert erstattete ich gegen H. Strafanzeige wegen falscher Verdächtigung. Mehr als zwei Jahre später bestätigte mir die Staatsanwaltschaft Leipzig den Eingang der Anzeige. Vorher habe man meine Anzeige nicht entdeckt.

Mehr geschah in der Sache allerdings nicht. Strafanzeigen meinerseits scheiterten schon per se am Aufklärungswillen der Staatsanwaltschaft.

TEIL III

Finanzämter als Steigbügelhalter des Obrigkeitsstaates

Kapitel 1:

Vom Jäger zum Gejagten

In den ersten fünf Jahren meiner Anwaltstätigkeit war mein Verhältnis zu den sächsischen Finanzämtern unbelastet. Einer intensiveren Betreuung erfreute ich mich ab dem Zeitpunkt, als die Auseinandersetzungen um die sächsischen Spielbanken eskalierten und sich das sächsische Finanzministerium von Prof. Dr. Milbradt mit meiner Personalie befasste. Auch hier werden meine Gegner sicherlich jeden Zusammenhang verneinen.

Wir erinnern uns: der damalige sächsische Finanzminister und spätere Ministerpräsident Prof. Dr. Milbradt war persönlich für die Geschicke der Spielbanken zuständig. Ihm unterstanden jedoch auch die sächsischen Finanzämter. Meiner Meinung nach war es alles andere als ein Zufall, dass ich nun ins Visier der sächsischen Steuerbehörden geriet.

Von heute auf morgen geriet ich in den Fokus meines Heimatfinanzamtes, ohne dass mir die Zusammenhänge klar waren. Ich wurde mit neuen, für mich nicht nachvollziehbaren Steuerforderungen konfrontiert. Im Ergebnis handelte es sich nur um das Vorspiel für die weitere Entwicklung, deren Tempo immer schneller wurde und die zunehmend an Dramaturgie gewann.

Heute gehe ich von einer zentralen Steuerung durch meine Gegner im sächsischen Finanzministerium aus. Als Einzelfall sehe ich mich dabei nicht. Bereits vor und nach mir machten widerspenstige Personen Erfahrungen mit den sächsischen Finanzämtern, den fleißigen Helfern der politischen Kaste. Nicht nur in meinem Fall wurden die Finanzämter zur Ausschaltung von Gegnern instrumentalisiert[9].

9 *www.welt.de/print-welt/article535320/Sachsens-Kronprinz-unter-Druck.html*;
Jürgen Roth, Spinnennetz der Macht, 2013, S. 93 ff.

Dass die Finanzämter als verlängerter Arm des sächsischen Finanzministeriums handelten, steht für mich fest. Genauso überzeugt bin ich davon, dass sich die involvierten Finanzbehörden stets auf eine ordnungsgemäße Behandlung meiner Person berufen werden. Natürlich haben sie am Ende alles richtiggemacht. Aus ihrem Blickwinkel mag das sogar zutreffen.

Die Attacken der sächsischen Finanzämter wurden ein Teil meines Lebens bzw. des nun folgenden Kampfes ums Überleben. Dabei waren der Kreativität der Finanzämter keinerlei Grenzen gesetzt. Fortan machten sie die unterschiedlichsten Steuerforderungen geltend.

In meinem Fall ging es nicht nur darum, Steuern um jeden Preis festzusetzen, auch wenn man dabei das Huhn, das goldene Eier legt, schlachtet. Geradezu bezeichnend war die Art und Weise, wie Steuergesetze (nicht) angewendet wurden.

Oft genug haben Finanzämter Steuerzahler bis an die Grenzen ihrer Belastbarkeit und darüber hinaus geschröpft. Am Ende liegen die Steuerätze der Betroffenen deutlich über den gesetzlich maximal zulässigen Höchstgrenzen. Rechtsstaatlich ist diese Vorgehensweise sicherlich nicht.

Dienstag, 21. März 2000

Zeitgleich mit den Auseinandersetzungen um die sächsischen Spielbanken sandte mir das Finanzamt Leipzig einen geharnischten Steuerbescheid. Es forderte neben den normalen Steuern weitere 200.000 DM an Einkommenssteuern, ohne dass ich mehr Geld verdient hätte. Damit lagen meine Steuern auf derselben Höhe wie meine Einnahmen, was einem Steuersatz von 100 % entspricht. Gerecht ist dies sicherlich nicht. Ungewöhnlich trotz der vielfach gerühmten vermeintlichen Steuergerechtigkeit aber auch nicht.

Was war geschehen?

Der gegen mich gerichtete Vorwurf des sächsischen Finanzministeriums, wonach ich Kopf einer kriminellen Vereinigung war, führte zu einer Trennung von meinen damaligen Kollegen. Beide waren als Insolvenzverwalter tätig und abhängig von Aufträgen der sächsischen Justiz. Eine weitere Zusammenarbeit mit mir stellte aufgrund meines neu gewonnenen, zweifelhaften strafrechtlichen Nimbus keine wirkliche Option für sie dar.

Bis zu diesem Zeitpunkt hatte ich meine Steuern immer brav bezahlt. Dem Finanzamt Leipzig kam die Trennung von meinen Kollegen wie gerufen. Es vertrat die Auffassung, meine Kollegen hätten mir einen Teil der gemeinsamen Kanzlei verkauft. Und dabei sei ein zu versteuernder Veräußerungsgewinn entstanden.

Von einem Verkauf eines Teils der Kanzlei konnte überhaupt nicht gesprochen werden, zumal diese als reines Profit-Center organisiert war. Die einzelnen Dezernate der Kanzlei bildeten selbständige Einheiten. Es gab ein Insolvenzdezernat, ferner ein Wirtschaftsrechtdezernat. Jeder Kollege arbeitete und kaufte auf eigene Rechnung. Die Gewinne aus der Anwaltstätigkeit wurden demjenigen Anwalt zugeordnet, der sie erwirtschaftet hatte.

Ich verließ die Kanzlei nur mit dem, was mir gehörte und was ich vorher selbst bezahlt hatte. Mit einem Verkauf eines Teils der Kanzlei hatte dies nicht das Geringste zu tun. Schließlich gab es weder einen Kaufvertrag noch einen Kaufpreis, den ich anlässlich meines Ausscheidens zahlen musste. All das interessierte das Finanzamt Leipzig wenig.

Man muss es sich noch einmal auf der Zunge zergehen lassen. Meine Kollegen sollen den mir gehörenden Teil der Kanzlei an mich verkauft haben. Das war starker Tobak und bereits zivilrechtlich ausgeschlossen. Hierbei handelte es sich um eine außergewöhnlich gewagte Konstruktion des Finanzamtes.

Ich fragte mich damals oft, wie man auf eine derart abwegige Idee kommen konnte. Mit einer rechtsstaatskonformen Steuerfestsetzung hatte dies nichts zu tun.

Bei diesem vermeintlichen Verkauf verschrieb sich das Finanz amt dem Grundsatz, möglichst hohe Steuern zu erheben. Daher forderte es den exorbitant hohen Betrag.

Um diesen zu rechtfertigen musste der vermeintliche Veräußerungsgewinn bei etwa 500.000 DM liegen. Dieser Wert war völlig aus der Luft gegriffen. Es gab hierfür nicht die geringsten Anhaltspunkte. Wieso sollte ein Veräußerungsgewinn vorliegen, wenn ich gleichzeitig die Mandate meiner Kollegen verliere? Wäre dies nicht gegenzurechnen?

Der Steuerbescheid war natürlich sofort vollstreckbar. Dies führt vor allem bei Rechtsanwälten schnell zu einer Katastrophe, insbesondere bei hohen Steuerforderungen: Ist man nicht in der Lage, die Steuerforderung zu begleichen – auch wenn sie zu Unrecht besteht – gilt man für die Finanzämter als zahlungsunfähig. Unsolide Finanzen können bei Rechtsanwälten schnell zum Entzug ihrer Zulassung führen. Finanzämter verstehen leider keinen Spaß, selbst wenn es um die Eintreibung frei erfundener Steuern geht. Für sie mutiert man an dieser Stelle schnell zu einem Steuerbetrüger. Und das darf natürlich nicht ohne Konsequenzen bleiben.

Die sächsischen Finanzämter sind besonders geübt darin, einen Insolvenzantrag zu stellen und berufliche Existenzen zu vernichten. Die Zahlungsunfähigkeit und damit der wirtschaftliche Tod können daher bereits mit Zugang des Steuerbescheids eintreten. Ein Toter ist nicht mehr in der Lage, kritische Fragen zu stellen und beim Finanzgericht zu klagen. Das Finanzamt schafft so seine eigenen Fakten.

Selbstverständlich belastete mich diese Situation schwer. Zu meinen geänderten wirtschaftlichen Rahmenbedingungen kam nun auch noch eine hohe Steuerforderung hinzu. Das Finanzamt wusste genau, wo es seine Daumenschrauben ansetzt.

Natürlich legte ich gegen den Steuerbescheid Einspruch ein und beantragte die sofortige Aussetzung der Vollziehung.

Das Finanzamt Leipzig ließ sich von seiner Konstruktion in der Folgezeit nicht abbringen. Ich sollte für den (nicht) entstandenen Veräußerungsgewinn bluten. Nur bei seiner Berechnung gab es Bewegung. Es schien, als würden dem Finanzamt hier die Ideen ausgehen. Anscheinend hatte es zu hoch gepokert.

Nach zähem Kampf reduzierte das Finanzamt seine Forderung auf knapp 30.000 DM, die ich widerwillig zahlte. Die Konstruktion des steuerpflichtigen Veräußerungsgewinns empfand ich als Erpressung. Für mich handelte es sich um eine Sondersteuer, für die jede gesetzliche Grundlage fehlte. Damit erhöhte sich mein individueller Steuersatz deutlich. Rechtlich zulässig war dies aus meiner Sicht nicht.

Auch aus einem anderen Grund verstehe ich diese Vorgehensweise nicht: Warum hatte das Finanzamt seine Steuerforderung zunächst derart hochgeschraubt, wenn sich so wenig Substanz hinter seinen Berechnungen verbarg? Besaß man nicht einen Anspruch auf eine ordnungsgemäße, nachvollziehbare Steuerfestsetzung? Oder wollte das Finanzamt eine möglichst große Verhandlungsmasse für eine spätere Einigung mit dem Steuerpflichtigen generieren?

Die Vorgehensweise des Finanzamtes Leipzig erinnerte mich an die Staatsanwaltschaft, welche gerne anklagte, um anschließend für die Einstellung eines Strafverfahrens hohe Beträge einzufordern. Das besaß in Sachsen offensichtlich Methode. So wurde man gezwungen, dem Staat möglichst weit entgegen zu kommen und einen – wenn auch völlig überhöhten – Beitrag zur Sanierung der maroden Staatskassen zu leisten. Diese Praxis erschien mir mehr als fragwürdig.

Leider interessieren sich die sächsischen Finanzämter nicht für die Auswirkungen dieser Vorgehensweise auf die Betroffenen oder die wirtschaftlichen Auswirkungen auf den Standort Sachsen. Anlass, ihre Politik zu ändern, besteht für sie jedenfalls nicht.

Ich dachte, mit meiner Zahlung würde Ruhe einkehren. Es handelte sich jedoch um eine trügerische Hoffnung, denn das Finanzamt Leipzig hatte gerade erst begonnen, sich auf mich einzuschießen. Erneut unterschieden sich seine Strategien nicht von denen der Staatsanwaltschaft. An Zufälle glaube ich hier nicht. Schließlich entstanden meine Probleme mit der Staatsanwaltschaft und den Finanzämtern zum selben Zeitpunkt. Eine Verbindung kann ich natürlich nicht beweisen. Für mich liegt sie jedoch auf der Hand.

Montag, 13. Januar 2003

Auch in der Folgezeit machte das Finanzamt Leipzig durch eine hohe Kreativität bei der Erfindung neuer Steuern auf sich aufmerksam. Es beabsichtigte gar nicht erst, zu einer fairen Behandlung meiner Person zurückzukehren oder mich in Ruhe zu lassen.

Nach der Trennung von meinen Kollegen schloss ich mich mit meinem damaligen Steuerberater G. zu einer Rechtsanwalts- und Steuerkanzlei zusammen. Auch diese Kanzlei war als Profit-Center organisiert. Die Struktur hatte sich somit nicht geändert. Eine gemeinsame Kasse, in welche die Unternehmensergebnisse fließen sollten, gab es demzufolge nicht. Jeder war für sich selbst verantwortlich.

Was den Standort der neuen Kanzlei angeht hatten wir uns klar verbessert. Wir residierten nun zentral in der Innenstadt von Leipzig in der Petersstraße, oberhalb von Hugendubel im dritten Stock. Es waren schöne Räumlichkeiten, die ich damals gefunden hatte.

Nun läutete das Finanzamt eine neue Phase ein, die mich bis an die Grenzen meiner zeitlichen und finanziellen Belastbarkeit in Anspruch nahm. Heute halte ich einen unfassbaren Umsatzsteuerbescheid in den Händen. Danach – so der Vorwurf – waren mir für den Zeitraum 2000 bis 2002 Umsatzsteuern in Höhe von mehr als 600.000 DM zu Unrecht erstattet worden. Diesen Betrag forderte das Finanzamt Leipzig zurück und kündigte die sofortige Zwangsvollstreckung an.

Doch wie kam es dazu? Als Unternehmer war ich von der Zahlung der Umsatzsteuer befreit. Meine Vertragspartner, insbesondere meine Lieferanten, berechneten mir ihre Leistungen und addierten die Mehrwertsteuer auf. So wie dies bei jedem Unternehmer der Fall ist. Ich bezahlte den Betrag und forderte vom Finanzamt die Mehrwertsteuer zurück. Normalerweise verlief dieser Vorgang reibungslos. Dies war auch lange Jahre der Fall.

Nun änderte das Finanzamt seine Vorgehensweise. Was früher gängige Praxis war, wurde nicht länger akzeptiert. Nach Auffassung des Finanzamtes richteten sich die Rechnungen meiner Lieferanten und sonstigen Vertragspartner an meine Kanzlei, nicht jedoch an mich selbst. Demzufolge könne nur die Kanzlei die Umsatzsteuer zurückfordern, also mein Kollege G. und ich gemeinsam. Im vorliegenden Fall hatte jedoch nur ich allein die Erstattung der Mehrwertsteuer beantragt. Dies sei unzulässig. Folglich müsse ich die gesamte Umsatzsteuer der vergangenen drei Jahre zurückzahlen. Damit stellte das Finanzamt die bislang gebilligte Praxis auf den Kopf. Ich war fassungslos ob dieser Begründung.

Ich versuchte, das Finanzamt Leipzig zu einem Einlenken zu bewegen, denn unter dem Strich war nicht einmal ein Schaden entstanden. Ich hatte keinen Pfennig zuviel erhalten. Schon gar nicht 600.000,00 DM. Dass ich keine Umsatzsteuer schuldig geblieben war, wusste das Finanzamt natürlich. Was sollte das Ganze also? Mir war wirklich nicht klar, wieso das Finanzamt hier eine Baustelle eröffnete. Um eine ordnungsgemäße Steuerfestsetzung konnte es dabei unmöglich gehen.

Das Finanzamt war wieder nicht zu einem Einlenken bereit. Nicht einmal hinsichtlich der Höhe der Steuerforderung gab es

Bewegung. In seiner Unnachgiebigkeit lag sein Markenzeichen, ein sicherlich deutschlandweit festzustellendes Phänomen, das dunkel an den Obrigkeitsstaat erinnert.

Das Finanzamt ließ mich zudem ins Messer laufen. Natürlich hätte es gleich zu Beginn des Veranlagungszeitraums meine Umsatzsteuervoranmeldungen bzw. meine Umsatzsteuererklärungen beanstanden können. Ich gehe sogar davon aus, dass das Finanzamt zunächst die gelebte Praxis akzeptierte. Was dann genau zu einem Umdenken führte, kann ich nur vermuten.

Nun sollte ich 600.000 DM Umsatzsteuern zahlen, Geld, das ich natürlich nicht hatte. Die Politik des Finanzamtes beförderte mich innerhalb kürzester Zeit von einem normalen Steuerbürger zu einem Insolvenzkandidaten. Selbstverständlich legte ich gegen diesen exorbitant hohen Steuerbescheid Einspruch ein.

Es blieb mir nichts Anderes übrig als sämtliche Rechnungen meiner Vertragspartner aus den Jahren 2000 bis 2002 umschreiben zu lassen. Sie sollten nicht mehr auf den Kanzleinamen, sondern auf meinen eigenen Namen lauten. Meinen Kunden, die mit meiner Kanzlei Verträge eingegangen waren, war das natürlich nur schwer zu vermitteln.

Man kann sich leicht vorstellen, was für einen bürokratischen Aufwand das Finanzamt damit auslöste. Jede noch so kleine Rechnung, sei es über Toilettenpapier, Kopierpapier, Bleistifte bis hin zu Rechnungen über Leasingraten mussten umgeschrieben werden. Im Ergebnis handelte es sich um etwa 2.000 Exemplare.

Das Finanzamt wollte sogar neu ausgestellte Rechnungen meiner Vertragspartner sehen. Dass sich einige von ihnen bereits in Insolvenz befanden bzw. nicht mehr existierten, war dem Finanzamt nur recht. In diesem Fall würde es weiter auf der Rückzahlung der Umsatzsteuer bestehen.

Natürlich war ich nicht der Lage, einen derartigen Aufwand zeitlich neben meiner normalen Anwaltstätigkeit zu betreiben. Über einen Zeitraum von neun Monaten befassten sich zwei

Mitarbeiterinnen nur mit der Rechnungskorrektur. Allein die hierdurch ausgelösten Personalkosten waren immens. Sie lagen bei etwa 75.000 DM, die ich am Ende zusätzlich tragen musste.

Schließlich war uns die Sisyphusarbeit gelungen. Wir ließen alle Rechnungen korrigieren. Dort, wo ein Unternehmen nicht mehr existierte, nahmen wir selbst die notwendigen Korrekturen vor. Dem Finanzamt fiel dies nicht einmal auf. Wahrscheinlich verzichtete es auf eine Prüfung der korrigierten Rechnungen.

Am Ende muss man natürlich die Sinnfrage stellen. Was hatte dem Finanzamt Leipzig all seine Hartnäckigkeit gebracht? Gar nichts, lautet die ebenso knappe wie richtige Antwort. Nach Umschreiben der Rechnungen konnte ich die Umsatzsteuer geltend machen. Nicht einmal Zinsen durfte das Finanzamt für den Zeitraum bis zur Rechnungskorrektur einfordern. Denn dies war aufgrund eines ministeriellen Erlasses verboten.

Also wofür das alles? Um einem Unternehmer vor Augen zu halten, dass Leipzig eben doch keine verlässlichen Rahmenbedingungen bereitstellt, um wirtschaftlich erfolgreich arbeiten zu können? Dass jeder Unternehmer die Entstehung unvorhersehbarer Sekundärkosten befürchten muss? Damit ein Betroffener sieht, wie schnell er aufgrund von Steuerbescheiden vor der Insolvenz stehen kann? Um Verhandlungsmasse zu schaffen? Oder vielleicht doch nur als Schikane.

Die blühenden Landschaften bestanden anscheinend nur in den Räumlichkeiten der sächsischen Finanzämter bzw. in den Köpfen erfindungsreicher Finanzbeamter. Das einzige was hier blühte war ihre Fantasie.

Ein Unternehmen, welches sich nur noch mit der Abwehr unberechtigter Steuerforderungen befasst, kann unternehmerisch nicht erfolgreich tätig sein, also Gewinne erzielen. Und damit reduzieren sich künftig zu zahlende Steuern. Am Ende sprechen wir über ein klassisches Eigentor. Die Finanzbeamte betrieben aus meiner Sicht jedenfalls eine sehr eigenwillige Form der Beschäftigungstherapie. Am Ende ging dieser Angriff des Finanzamtes Leipzig ins Leere.

Die nächste Attacke des Finanzamtes ließ allerdings nicht lange auf sich warten. Dieser Angriff fiel noch heftiger aus. Er zeigt, wie ostdeutsche Finanzämter mit ihrer Kurzsichtigkeit wichtige Investitionen in einen dauerhaften wirtschaftlichen Aufschwung torpedieren. Im Ergebnis waren die gewaltigen Verzögerungen beim Aufbau Ost also hausgemacht.

Donnerstag, 15. Juli 2004

Der zurückliegende Ärger mit dem Finanzamt Leipzig war noch nicht vergessen. Zwischenzeitlich hatte ich mich beruflich wieder neu orientiert und mit dem Steuerberater und Wirtschaftsprüfer Prof. Dr. K. eine neue Kanzlei gegründet. Wir planten, unsere Beratungstätigkeit kräftig auszuweiten und hierfür neue Kanzleistandorte zu gründen. Der Schwerpunkt unserer Tätigkeit sollte allerdings in Sachsen bleiben. Bereits diese Entscheidung versprach Ärger.

Neben Leipzig wollten wir Chemnitz und Bautzen als Kanzleistandorte entwickeln, daneben Ostberlin und München. Die Expansion würde eine Menge Geld kosten. Vor allem das Mobiliar und die IT forderten den Einsatz erheblicher finanzieller Mittel.

Nun ging es darum, diese Expansion steuerrechtlich abzusichern. Die voraussichtlich anfallenden Investitionskosten sollten die Steuerforderungen des Finanzamtes reduzieren und zwar so, dass wir nicht gleichzeitig investieren und hohe Steuern zahlen mussten.

Für unsere Planungen stellt das Einkommenssteuergesetz ein passendes Instrument zur Verfügung, nämlich die sogenannte atypisch stille Beteiligung. Im Grunde handelt es sich dabei um einen Vertrag, welcher die zu erwartenden Investitionen regelt und die Zahlungspflichten des Investors festhält. Auf der Grundlage dieser Vereinbarung ist eine Verrechnung von Investitionen mit aktuellen Steuerzahlungen möglich. In den alten Bundesländern funktioniert dieses Modell seit Jahrzehnten weitgehend reibungslos.

Mit ihm ermuntert der Gesetzgeber Unternehmer, sich verstärkt zu engagieren. Dies ist politisch erwünscht, weil eine derartige Politik zur Stärkung der Wirtschaft beiträgt und neue Arbeitsplätze schafft.

Für die einzelnen Standorte verständigten wir uns auf einen genauen Investitionsplan und holten hierfür die notwendigen Kostenvoranschläge unserer Lieferanten ein. Die anteilig von mir zu tragenden Investitionskosten lagen bei etwa 600.000 €. Die für die steuerliche Veranlagung notwendigen Unterlagen reichte ich bei den jeweiligen Finanzämtern ein.

Donnerstag, 21. April 2005

Leider hatte ich die Rechnung wieder einmal ohne den Wirt gemacht. Die Finanzämter in Leipzig, Ostberlin, Chemnitz und Bautzen verweigerten mir die begehrte Steuerabschreibung. Sie waren ausschließlich darauf fixiert, den klammen neuen Bundesländern möglichst hohe Einnahmen zu sichern.

Damit verträgt sich eine Förderung von Investitionen sicherlich nicht. Das Einkommenssteuergesetz enthält zwar die Grundlage für die steuerliche Absetzbarkeit. Der erfindungsreiche Finanzbeamte in den neuen Bundesländern legt dieses jedoch nach eigenem Gutdünken aus.

Aber was genau war eigentlich geschehen? Die in den neuen Bundesländern gelegenen Finanzämter wandten die mich begünstigenden steuerrechtlichen Regelungen einfach nicht an. Darin lag ein klarer Verstoß gegen rechtsstaatliche Rahmenbedingungen.

Natürlich muss die steuerliche Veranlagung ordnungsgemäß erfolgen. Da es sich bei den Einkommenssteuern um Bundesgesetze handelt darf die steuerliche Veranlagung in den einzelnen Bundesländern auch nicht unterschiedlich sein. Hinsichtlich dieser Praxis besaßen die Finanzämter in Sachsen sowie in Ostberlin jedoch ganz eigene Vorstellungen.

Nur für unseren Standort in München bekamen wir vom dortigen Finanzamt grünes Licht. In Bayern sah man ein derartiges Engagement positiv und unterstützte die Unternehmer nach besten Kräften. Vielleicht war das Finanzamt München bei der Anwendung der einschlägigen steuerrechtlichen Regelungen auch nur objektiver und professioneller. Man dachte hier langfristig.

Die Politik der ostdeutschen Finanzämter stellte für uns keine Lappalie dar. Dass ein Finanzamt die Anwendung von Vorschriften, die den Steuerzahler entlasten, unterlässt, ist kein Bagatelldelikt. Was nützt es, wenn der Gesetzgeber die Förderung der Investitionstätigkeit steuerrechtlich absichert, diese Regelungen jedoch von den Finanzämtern in Sachsen und Ostberlin ignoriert werden?

Jedenfalls verstärkte sich mein Eindruck, dass einige Bundesländer in Wirklichkeit nicht an der Förderung ihrer Wirtschaft und der Schaffung von Arbeitsplätzen interessiert waren. Warum denn auch. Zwar führen weniger Unternehmensansiedlungen zu geringeren Steuereinnahmen. Ländern wie Sachsen und Berlin war dies egal. Am Ende erhielten sie über den Länderfinanzausgleich Transferzahlungen der reichen Bundesländer, vor allem aus Bayern. Sie mussten daher auch nicht wirtschaftsfreundlich agieren. Für sie war es wichtiger, Investoren die Abschreibungsmöglichkeiten zu verweigern und die Steuerzahler zur Ader zu lassen. Ein derartiges Verhalten kurzsichtig zu nennen ist stark untertrieben.

Es reicht nicht, ständig von blühenden Landschaften zu sprechen, man muss von staatlicher Seite auch die Voraussetzungen hierfür schaffen. Die Politik der Finanzämter in Sachsen und Ostberlin empfand ich als äußerst kurzsichtig.

Doch damit nicht genug. Den ostdeutschen Finanzämtern genügte es nicht, die Steuerabschreibung zu verweigern. Sie berechneten nun auch für die Folgejahre höhere Vorauszahlungen auf die künftig zu erwartende Einkommenssteuer, da die Investitionskosten unberücksichtigt blieben. Dies schränkte den Finanzrahmen für eine wirtschaftliche Betätigung weiter ein.

Damit multiplizierten sich die Steuerforderungen der Finanzämter schnell um das Drei- bis Vierfache. Dass ein Unternehmer nicht gleichzeitig investieren und hohe Steuern zahlen kann, stellt eine Binsenweisheit dar. Bei den Finanzämtern in Sachsen und Ostberlin stieß ich allerdings auf taube Ohren.

Die Folgen dieser Kurzsichtigkeit spürte ich schnell am eigenen Leibe. Das Finanzamt Leipzig schickte mir für das Jahr 2004 einen Steuerbescheid und verlangte die Zahlung von 300.000 € Einkommenssteuer innerhalb kürzester Zeit.

Einmal mehr befand ich mich in einem Kampf um mein wirtschaftliches Überleben. Zur Finanzierung unserer Expansion und die Gründung neuer Standorte fehlten nun die nötigen finanziellen Mittel. Ich nahm von diesem Projekt Abstand. Arbeitsplätze konnten daher auch keine mehr entstehen.

Eigentlich sollte mir das eine Lehre sein, auf Investitionen in Sachsen zu verzichten. Besser noch wäre es gewesen, dort jede unternehmerische Betätigung sofort einzustellen, es sei denn, man war stark suizidgefährdet.

Lange dachte ich damals über einen Wegzug aus Sachsen nach und begann, erste Gespräche mit der Unternehmensberatung BDO in Zürich zu führen. Ich überlegte, ob es nicht besser wäre, in die Schweiz zu wechseln, wo Finanzämter und Steuerzahler kooperativ zusammenarbeiten. Die steuerlichen Rahmenbedingungen in den neuen Bundesländern waren für jede solide unternehmerische Planung tödlich. Leider fehlte mir damals die notwendige Konsequenz.

Kapitel 2:

Umzug nach Großbothen

Dienstag, 14. März 2006

Für einen Wegzug aus Sachsen war ich noch nicht reif, auch wenn meine Erfahrungen mit dem Finanzamt Leipzig nicht schlimmer sein konnten. Die Hoffnung stirbt nun einmal zuletzt.

Ich entschied mich zu einer Änderung meines Wohnsitzes, um mich der Gier des Finanzamtes Leipzig zu entziehen. Schlechter als in Leipzig konnten die Dinge nicht mehr laufen, redete ich mir ein. Also meldete ich mich in Großbothen an. Damit war künftig das Finanzamt Grimma für mich zuständig.

Mein Steuerberater Wiesner hatte mich nachdrücklich vor diesem Umzug gewarnt. Er betonte, das Finanzamt Grimma sei noch investitionsfeindlicher als das Finanzamt Leipzig. Es sei zudem für eine Vielzahl von Insolvenzanträgen bekannt, die es jährlich gegen Unternehmen und Privatpersonen stellt, welche von ihm festgesetzte Steuerforderungen nicht befriedigen können, egal ob diese berechtigt waren oder nicht. Von diesem Finanzamt ginge eine reine Zerstörungswut aus, so mein Steuerberater.

Leider schenkte ich seinen Worten keinen Glauben. Ich konnte mir nicht vorstellen, dass ein anderes Finanzamt noch entschiedener gegen mich vorgeht. Am Ende setzte ich mich über seine Bedenken hinweg. Das war ein schwerer, nicht mehr gut zu machender Fehler.

Wenn man in Anbetracht meiner Erfahrungen mit dem Finanzamt Leipzig glaubt, es könne nicht mehr schlimmer kommen, irrt man sich gewaltig. Was ich im Fall des Finanzamtes

Grimma erleben musste, stellt alles in den Schatten. Bei ihm handelt es sich um eine besondere Erscheinungsform des spätmittelalterlichen Obrigkeits- und Steuererhebungsstaates. Das Finanzamt Grimma besaß hinsichtlich der Interpretation steuerlicher Regelungen ganz eigene Vorstellungen. Und diese zeigten sich vor allem darin, wie es mit den Steuerzahlern umging.

Freitag, 16. Juni 2006

Die ersten Monate nach meinem Umzug herrschte glücklicherweise Ruhe. Ich konnte erst einmal durchatmen.

In den vergangenen Jahren hatte ich mein unternehmerisches Engagement ausgeweitet. Aufgrund des von den sächsischen Staatsanwaltschaften gegen mich geführten Vernichtungsfeldzugs erschien es mir zu risikoreich, mich allein auf meine Anwaltstätigkeit zu beschränken. Ich wollte unabhängiger von meinem Beruf werden und mich breiter aufstellen. Dazu wollte ich neue Geschäftsfelder eröffnen.

Bekannte rieten zum Erwerb denkmalgeschützter Immobilien, die ich sanieren sollte. Wegen der steuerrechtlichen Abschreibungsmöglichkeiten handelt es sich hierbei um durchaus lohnenswerte Projekte. Die Immobilienpreise in Leipzig befanden sich zu diesem Zeitpunkt im Keller. Ein erstes Objekt in der Shakespearestraße 56 konnte ich preisgünstig erwerben. Dort wollte ich auf einer Gesamtfläche von 1.100 qm Wohnungen für Studenten errichten.

Investitionen in Denkmalschutzprojekte werden steuerlich auf zehn Jahre abgeschrieben. Hinzu kommen die gezahlten Darlehenszinsen, die ebenfalls berücksichtigt werden. Im Fall der Shakespearestraße 56 waren das allein Abschreibungen im Umfang von fast 100.000 € pro Jahr. Dementsprechend würde sich die von mir zu zahlende Einkommenssteuer deutlich reduzieren.

Neben der Shakespearestraße 56 erwarb ich noch das Nachbarhaus (Shakespearestraße 54) sowie das Eckhaus in der Shakespearestraße 26. Damit einher gingen Gesamtinvestitionen von etwa 2,5 Millionen €, also ein gewaltiges Abschreibungsvolumen. Normalerweise hätten diese Projekte allein dazu geführt, dass ich in den kommenden Jahren keine Steuern mehr zahlen musste. Auch Arbeitsplätze wurden so dauerhaft gesichert.

Ich beließ es jedoch nicht bei diesen Immobilienkäufen. Ein damals (noch) sehr guter Freund von mir, Lap K., fragte mich, ob ich nicht mit ihm Biogasanlagen bauen wolle. Diese wurden von staatlicher Seite massiv gefördert und ihre Einnahmen auf 20 Jahre garantiert. Die Investitionskosten lagen je nach Größe zwischen 1,5 und 3,5 Millionen € pro Anlage. Den ganz überwiegenden Teil der Finanzierung würden Spezialbanken übernehmen.

Wirtschaftlich versprachen mir meine Projekte Unabhängigkeit. Ich war damit in der Lage, meinen Lebensunterhalt auch ohne die Einnahmen aus meiner Anwaltskanzlei zu bewältigen. Damit wurde ich unabhängiger von Attacken der Staatsanwaltschaften und der Öffentlichkeitsarbeit der sächsischen Justiz in der Boulevardpresse.

Mein Investment in Biogasanlagen konnte ich über atypisch stille Beteiligungen abschreiben, also über diejenige steuerliche Konstruktion, auf die ich bereits bei der Ausweitung meiner anwaltlichen Tätigkeit zurückgegriffen hatte.

Vielleicht war es ein Fehler, in Sachsen ein zweites Mal auf diese steuerliche Konstruktion zu vertrauen, doch nun war für mich nicht mehr das Finanzamt Leipzig zuständig. Für die ersten vier Projekte schloss ich entsprechende Verträge ab und schuf damit die Voraussetzungen für ihre steuerliche Absetzbarkeit.

Damals glaubte ich fest daran, dass meine Investitionen vom Finanzamt Grimma berücksichtigt werden. Immerhin hatte ich bereits viel Geld in die einzelnen Biogasprojekte gesteckt. Meine

Zahlungen waren daher nachweisbar. Eine erste Anlage in Liptitz befand sich bereits im Bau. Eine weitere, in Malkwitz, sollte wenig später folgen. Das Finanzamt konnte die Existenz dieser Projekte daher unmöglich bestreiten.

So war es wenig überraschend, dass das Finanzamt Grimma meine atypisch stillen Beteiligungen bestätigte und meine Vorauszahlungen auf die Einkommenssteuer entsprechend reduzierte. Mein Steuerkonzept ging auf, meinem Vermögensaufbau und damit meiner neu gewonnenen Unabhängigkeit standen nichts mehr im Wege. Ich kam endlich einmal dazu, an der Steuerfront tief durchzuatmen.

Dienstag, 13. Mai 2008

Doch leider machte ich auch dieses Mal die Rechnung ohne den Wirt. Meine Projekte weckten die Begehrlichkeit des Finanzamtes Grimma und veranlassten dort ein Umdenken. Ich würde, so die Argumentation des Finanzamtes, nun deutlich höhere Erträge erzielen, was wegen der hohen Anlaufverluste nicht stimmte. Denn in der Errichtungsphase warfen meine Projekte noch keine Gewinne ab. Auch hätte ich – so das Finanzamt weiter – viel Geld in diese Projekte gesteckt. Wer derart vermögend sei müsse eben auch hohe Steuern zahlen.

Irgendetwas schien bei dieser Argumentation mit der Anwendung der einschlägigen steuerrechtlichen Vorschriften nicht zu stimmen. Mir ging es um eine ordnungsgemäße Anwendung der Steuergesetze und nicht darum, eine Neiddebatte mit dem Finanzamt zu führen. Dort entschieden allerdings rein subjektive Erwägungen über meine steuerliche Veranlagung. Ob ich überhaupt Gewinne erzielt hatte, war für die Steuerfestsetzung nicht mehr entscheidend. Ich sollte Steuern zahlen, weil mich das Finanzamt für leistungsfähig hielt. Mit einer rechtsstaatlichen Steuerfestsetzung hatte das nichts zu tun.

Allen steuerrechtlichen Regelungen zum Trotz suchte das Finanzamt Grimma nach Möglichkeiten, hohe Einkommensteuern gegen mich festzusetzen. Nachweislich hatte ich mehr als 1,3 Mio. € aus eigenen Mitteln in die Biogasprojekte gesteckt. Auch in meine Immobilienprojekte war viel Geld geflossen. Daran konnte unmöglich gezweifelt werden. Das waren Kosten, die steuerlich berücksichtigt werden mussten!

Aus der Sicht des Finanzamtes Grimma reichte jedoch mein Status als »*einkommensstarker Unternehmer*« aus, um mich zu hohen Steuerzahlungen zu zwingen, ja ich war sogar verpflichtet, diese zu leisten. Dass ich ein Vermögen im Vertrauen auf die Geltung steuerrechtlicher Regelungen und die Tragfähigkeit meines Steuerkonzepts investiert hatte, es damit auch nicht mehr für Steuerzahlungen zur Verfügung stand, spielte für das Finanzamt keine Rolle. Es glaubte fest daran, ich könne mein Geld gleich zweimal ausgeben. Das Finanzamt suchte fortan nach Möglichkeiten, mir die steuerliche Absetzbarkeit meiner Investitionen zu verweigern.

Schlagartig änderte das Finanzamt Grimma nun seine Politik. Obwohl es meine atypisch stillen Beteiligungen zunächst anerkannt hatte, versagte es mir nun rückwirkend sämtliche Steuervergünstigungen ab dem Jahr 2006. Und was noch schlimmer war: Es setzte ebenso rückwirkend hohe Vorauszahlungen auf die Einkommensteuer für die vergangenen Jahre fest. Damit multiplizierten sich die von mir zu zahlenden Steuern. Bei dieser Betrachtung lag mein individueller Steuersatz jenseits von 200 %.

Das Ergebnis dieser Borniertheit konnte ich in verschiedenen Steuerbescheiden nachlesen. Von heute auf morgen verlangte das Finanzamt Einkommensteuern in Höhe von etwa 550.000 €. Diese Summe lag weit jenseits meiner finanziellen Möglichkeiten. Was glaubte das Finanzamt Grimma eigentlich, wieviel Geld man in Sachsen verdienen konnte?

Es fiel mir damals schwer, die Zusammenhänge zu verstehen. Wieso kann ein Finanzamt rückwirkend Vorauszahlungen für die Einkommenssteuer verlangen, wo die jeweiligen Geschäftsjahre bereits abgeschlossen waren? Und wieso ging das Finanzamt dabei davon aus, dass sich mein Einkommen jährlich um mehr als 25 % erhöht? Was war mit meinen Investitionen, denn immerhin hatte ich meine Einnahmen für meine Projekte verwendet, so wie es das Einkommenssteuergesetz fordert? Ich befand mich jedoch fest in den Händen des steuerrechtlichen Obrigkeitsstaates.

Und hierin liegt die Crux der Geschichte. Es ging längst nicht mehr darum, ob die bestehenden Steuergesetze meine Investitionstätigkeit förderten. Es ging den Finanzämtern vielmehr darum, eine Begründung zu finden, welche deren steuerliche Abzugsfähigkeit unterband.

Bizarrerweise verlangte das Finanzamt mit der Neufestsetzung meiner Steuern auch noch Zinsen für die vergangenen Jahre, obwohl es bislang meine Steuermodelle anerkannt hatte. Das erschien mir mehr als fragwürdig zu sein.

Es war ein einziges Desaster. Wieder einmal stand ich mit dem Rücken zur Wand. Dieses Mal war nicht meine anwaltliche, sondern meine Investitionstätigkeit der Auslöser für das stürmische Fahrwasser, in das ich geraten war. Da half es auch nicht weiter, dass ich mit meiner Investitionstätigkeit zahlreiche Arbeitsplätze schuf. Den sächsischen Finanzämtern waren Arbeitsplätze egal.

Die Vorgehensweise meines Finanzamtes erinnerte mich stark an die Staatsanwaltschaft. Man baute möglichst hohe Verhandlungspositionen auf, um den Betroffenen dann zu einem Entgegenkommen zu erpressen. Ging man nicht auf diese Strategie ein, hatte man keine Überlebenschance.

Mein Steuerberater Wiesner konnte sich ebenfalls keinen Reim auf die Steuerfestsetzungen des Finanzamtes Grimma machen. Intensive Verhandlungen, führten nicht zu einer Änderung dieser Politik. Dann müsse ich halt Insolvenz anmelden, so die Sachbearbeiter im Finanzamt.

Wieder einmal blieb mir nur der Weg zum Finanzgericht.

Nach welchen Maßstäben die Steuerfestsetzung in Sachsen erfolgt, habe ich nie verstanden. Immer noch bin ich davon überzeugt, dass hierfür persönliche Motive bzw. der lange Arm meiner Gegner im sächsischen Finanzministerium eine nachhaltige Rolle spielten. Es ging meiner Meinung nach nicht mehr um Steuergerechtigkeit, sondern um Politik.

An der Steuerfront tobten sich gewaltige Unwetter aus. Die See wurde immer rauer. Es herrschte intensiver Schriftverkehr, vor dem Finanzgericht tobte zudem ein erbitterter Kampf. Mein Steuerberater erzielte schließlich einen Teilerfolg. Das Finanzamt Grimma reduzierte seine Steuerforderung auf etwa 320.000 €.

Die Hälfte dieses Betrags bestand aus Zinsen und Säumniszuschlägen, mit denen das Finanzamt die Steuerforderung künstlich aufgebläht hatte. Die sächsischen Finanzämter ließen wirklich nichts unversucht, um den Steuerzahler wie eine nasse Zitrone auszuquetschen. Dennoch war ich weder bereit noch in der Lage, diese Steuerforderung zu bezahlen.

Am Ende leistete ich eine Teilzahlung, womit sich die Steuerbelastung auf unter 200.000 € reduzierte. Über den verbliebenen Betrag wollte ich eine Entscheidung des Finanzgerichts erzwingen.

Montag, 8. Februar 2010

Inzwischen hatte das Finanzgericht Leipzig in einer Verfügung auf die Absetzbarkeit meiner Biogasinvestitionen hingewiesen. Das Finanzamt Grimma interessierte sich dafür jedoch wenig. Es ging auf seine Art mit dem Hinweis des Finanzgerichts um. Es forderte für die zurückliegenden Jahre ständig neue Nachweise, um auf diesem Wege meine Steuerabschreibungen zu torpedieren und die Trauben möglichst hoch zu hängen. Damit stellte es immer größere Hürden auf.

Hierin liegt eine beliebte Methode entfesselter, dem Obrigkeitsstaat verpflichteter Finanzämter. In Sachsen war diese besonders ausgefeilt.

Vorschriften über die steuerliche Absetzbarkeit von Investitionen lassen sich dadurch leicht aushebeln, dass man deren Anwendungsbereich immer mehr verkürzt, bis schließlich nichts mehr von ihr übrigbleibt. Gerade bei der rückwirkenden Forderung von Vorauszahlungen auf die Einkommenssteuer stellt diese Vorgehensweise ein probates Mittel dar. Besonders dann, wenn das Finanzamt für die Vergangenheit Unterlagen fordert, die es gar nicht geben kann, weil sie zur Absicherung der Investitionen nicht erforderlich waren.

Auf diese Weise konnte man den Anwendungsbereich steuerlich entlastender Regelungen nach Gutdünken manipulieren.

Im Fall meiner Biogasinvestitionen verlangte das Finanzamt Grimma, dass ich insgesamt vier unterzeichnete Werkverträge über die Errichtung der Biogasanlagen vorlege. Es wusste genau, dass nur zwei dieser Verträge existierten. Wir planten unsere Anlagen zeitlich nacheinander. Einige Kosten, insbesondere für die Planung und Genehmigung, musste ich jedoch vorfinanzieren.

Bei jedem Projekt suchten wir zunächst nach einer Finanzierung. Sobald diese stand, konnten wir die notwendigen Werkverträge abschließen. Alles andere wäre klarer Betrug gewesen. Ohne eine tragfähige Finanzierung waren wir nicht zahlungsfähig. Das wäre als Betrug strafbar gewesen. Zu eben diesem Betrug versuchte mich das Finanzamt Grimma zu zwingen.

Es stellte Hürden auf, die von keinem Investor erfüllt werden konnten. In diesem Fall ist es leicht, die steuerliche Absetzbarkeit rückwirkend zu versagen. Dem Investor wird so jede Verteidigungsmöglichkeit genommen.

Doch nicht nur das: Das Finanzamt Grimma setzte abermals einen drauf. Langsam wurde das Ziel seines Handelns immer deutlicher. Nachdem seine Veranlagungspolitik immer noch nicht ausgereicht hatte, mich zu einem Insolvenzantrag zu zwingen, verschärfte es noch einmal die Auseinandersetzungen. Es ging dazu über, neue Steuerforderungen zu erfinden.

Ab dem Jahr 2010 forderte das Finanzamt Grimma vierteljährliche Vorauszahlungen auf die Einkommenssteuer in Höhe von 80.000 €. Ich sollte also ein in der Zukunft liegendes, nicht nachgewiesenes Einkommen versteuern. Um Vorauszahlungen in dieser Höhe zu leisten musste mein Quartalsgewinn etwa 200.000 € erreichen. Das schaffte nicht einmal der Chef der Deutschen Bank in Leipzig.

Diese Vorauszahlungen waren ebenso absurd wie ausgeschlossen, insbesondere, weil das Finanzamt Grimma wusste, dass ich aufgrund meiner psychischen Erkrankung meiner Anwaltstätigkeit kaum noch nachging. Woher sollten also die Einnahmen kommen? Weder die Biogasanlagen, noch die Denkmalimmobilien erzielten zu diesem Zeitpunkt Gewinne.

Von welchen Größenordnungen ging das Finanzamt also aus? Ich lebte in Sachsen, nicht in Monaco!

Damit war endgültig klar, welches Ziel das Finanzamt Grimma wirklich verfolgte. Es wollte gar nicht erst, dass ich die festgesetzten Steuern bezahlen kann. Daher waren diese auch utopisch hoch. Über die festgesetzten Vorauszahlungen auf die Einkommensteuer in Höhe von 80.000 € pro Quartal sollte ich in die Insolvenz getrieben werden.

Dass hier jegliche Berechnungsgrundlage fehlte, interessierte das Finanzamt nicht. Es verlangte die Zahlung von Einkommensteuern in Höhe von 420.000 € und drohte die Zwangsvollstreckung an, sollte ich nicht innerhalb von 10 Tagen zahlen.

Wie sich dieser Betrag zusammensetzte, blieb mir verborgen, denn Bescheide, die eine derartige Steuerlast belegen, wurden mir nie übermittelt. Darin lag ein weiterer Versuch des Finanzamtes, nämlich den, mir jeglichen Rechtsschutz zu nehmen. Ohne einen Steuerbescheid gab es nichts, was ich finanzgerichtlich angreifen konnte.

Nach Aussage meines Steuerberaters durfte das Finanzamt

aufgrund meiner zahlreichen Abschreibungen allenfalls einen Betrag zwischen 5 und 10 T€ einfordern. Die Leiterin der Abteilung Zwangsvollstreckung im Finanzamt Grimma, die überaus rücksichtslose A., meinte jedoch zynisch, ich habe in der Vergangenheit gut verdient, denn sonst wäre ich gar nicht erst in der Lage gewesen, meine Investitionsprojekte durchzuführen. Aufgrund meines gewaltigen Vermögens müsse ich die geforderten Einkommenssteuern zu bezahlen. Das war ein klarer Rechtsbruch. Im Ergebnis handelte es sich in Wirklichkeit um eine verfassungswidrige Vermögenssteuer.

Für meine Investitionen wurde ich am Ende sogar bestraft.

Montag, 1. März 2010

Seinen Kurs, mich in die Insolvenz zu treiben, verfolgte das Finanzamt Grimma weiter. Nun erschienen zwei Finanzbeamte mit einem gerichtlichen Durchsuchungsbeschluss in meiner Kanzlei, um die Einrichtung zu pfänden. Das Finanzamt wollte mir die Grundlage für meine anwaltliche Tätigkeit entziehen. Ohne meine Möbel und die wertvolle Bibliothek war ein Weiterarbeiten sinnlos.

Womit die beiden Finanzbeamten nicht gerechnet hatten war meine geänderte Lebensplanung. Die Attacken der Staatsanwaltschaft und der Finanzämter hatten mich endgültig zermürbt. Eine solide Basis für meine berufliche Arbeit in Sachsen sah ich längst nicht mehr. Meine Planungen, in die Schweiz umzuziehen und dort einen neuen Lebensabschnitt zu beginnen, hatte ich unter dem starken Druck des Finanzamtes Grimma wiederaufgenommen. Meine Kanzlei wollte ich aufgeben. Mein ehemaliger Traumberuf war längst zu einem schlimmen Albtraum verkommen.

Mehrfach war ich durch ich die Hölle gegangen. Jede Nacht versuchte mein Unterbewusstsein, meine Erlebnisse aufzuarbeiten, was jedoch nicht gelang. Oft genug wurde ich schreiend wach. Selbst die schweren Psychopharmaka halfen nicht weiter.

Ein Jahr zuvor hatte ich den ersten wichtigen Schritt vollzogen und meine Kanzlei an meinen Anwaltskollegen N. verkauft. In der Anfangszeit wollte ich diesen noch begleiten, dann aber umziehen. Mein Leben in Leipzig war nicht mehr zu ertragen.

Die beiden Finanzbeamten, die nun vor mir standen, mussten unverrichteter Dinge mit verbissenen Minen wieder abziehen, nachdem ich ihnen den Kaufvertrag mit N. vorgelegt hatte. Ihre Pfändung war damit gescheitert.

Der Durchsuchungsbeschluss, den sie mir übergaben, war der vierte, der in wenigen Jahren gegen mich erlassen wurde. Für die sächsische Justiz war es längst zur Routine geworden, Durchsuchungsbeschlüsse gegen mich abzusegnen. Inzwischen ist deren Zahl auf neun angestiegen. Selbst Schwerstkriminelle hatten nicht mit einer derartigen Flut von Razzien zu kämpfen.

Die Orgie dieser Beschlüsse traf tief in die offenen Wunden meiner posttraumatischen Belastungsstörungen. Seit langem fühlte ich mich in meinen eigenen Räumen nicht mehr sicher. Sobald es an der Tür klingelte, rechnete ich mit dem Schlimmsten. Meistens blieb meine Tür daher verschlossen. Auch die Post las ich kaum mehr. Bis heute leide ich an den staatlichen Gewaltexzessen.

Donnerstag, 18. März 2010

Ich sah keine Möglichkeit mehr, das Finanzamt in Verhandlungen oder vor dem Finanzgericht zu einer ordnungsgemäßen Steuerfestsetzung zu bewegen. Die Zeit war mir davongelaufen. Also schrieb ich den sächsischen Staatsminister der Finanzen Umland an und bat diesen um die Niederschlagung meiner Steuerforderungen.

Seine Einschaltung war für mich auch aus einem anderen Grund wichtig. Ich wollte verhindern, dass das Finanzministerium später erklärt, es habe meinen Vorgang nicht gekannt.

Hilfe erhielt ich vom sächsischen Finanzminister natürlich

nicht. Vielmehr erklärte er wenige Wochen später, bei meiner steuerlichen Behandlung sei alles mit rechten Dingen zugegangen. Offensichtlich litt auch er unter einem steuerlichen Festsetzungswahn. Damit unterstützte er den Kurs des Finanzamtes Grimma, was dieses natürlich in seiner Vorgehensweise bestärkte. Vielleicht waren meine Hoffnungen auf eine Intervention zugunsten meiner Person auch zu hochgeschraubt.

Erneut feuerte ich meine Steuerberater an, mit Hochdruck an der Absenkung meiner Einkommenssteuern zu arbeiten. Nach wie vor hatte das Finanzamt Grimma bei seiner Steuerfestsetzung weder meine Biogasinvestitionen noch die aus den Immobilienprojekten resultierende Abschreibung berücksichtigt. Irgendwo hoffte ich immer noch auf einen Durchbruch. Ich wollte die Realität einfach nicht wahrhaben.

Das Finanzamt Grimma blieb allerdings bei seiner rein ergebnisorientieren Handlungsweise. Es setzte die Vorauszahlungen so hoch an, dass eine Zahlung ausgeschlossen war. Es verfolgte andere Ziele. Aus diesem Grund wurden meine Anträge auf Absenkung der Vorauszahlungen und Berücksichtigung meiner Abschreibungen gar nicht erst bearbeitet.

So wundert es nicht, dass das Finanzamt Grimma – um alle Eventualitäten auszuschließen – in der Folgezeit weitere Vorauszahlungen auf die Einkommensteuer geltend machte. Es hielt die Steuerforderungen bewusst hoch, um mir gar nicht erst die Möglichkeit zu geben, das sich immer stärker abzeichnende Drama abzuwenden.

Montag, 2. August 2010

Das Finanzamt Grimma lenkte auch in der Folgezeit nicht ein. Nun sah es den Zeitpunkt gekommen und stellte beim Amtsgericht Leipzig einen Insolvenzantrag über mein Vermögen. Es begründete diesen mit vermeintlichen Steuerforderungen in Höhe von 380.055,10 € und einer daraus resultierenden Zahlungsunfähigkeit.

Ein erheblicher Teil dieser Forderungen waren Zinsen. Allein die Verspätungszuschläge beliefen sich auf 57.216,00 €. Verspätungszuschläge dürfen normalerweise nur verlangt werden, um den Steuerpflichtigen zu Steuerzahlungen verleiten. Ist dieser jedoch zahlungsunfähig – wovon das Finanzamt Grimma in meinem Fall ausging – muss ihre Festsetzung unterbleiben.

Aber auch das störte das Finanzamt nicht weiter. Bis heute weigerte es sich, meine Abschreibungen zu bearbeiten.

Am Ende half aller Kampf nicht. Wirtschaftlich und psychisch war ich erledigt. Meine letzten Kräfte, soweit überhaupt noch vorhanden, lösten sich in Luft auf.

TEIL IV

Die Gepflogenheiten des sächsischen Insolvenzverfahrens

Kapitel 1:

Der Anfang vom Ende

In meiner Systemkritik darf ein Abschnitt über mein Insolvenzverfahren nicht fehlen. Auch dieses zeigt exemplarisch, wie wenig rechtsstaatliche Grundsätze in der sächsischen Justiz berücksichtigt werden.

Aus internen Quellen geht hervor, dass mein Insolvenzverfahren im sächsischen Finanzministerium genau beobachtet wurde. Daher verwundert es nicht, wenn die Vertreter der sächsischen Justiz in meinem Fall besonders konsequent vorgingen. Sie wollten sich keine Blöße geben. Eine zentrale Steuerung liegt auch in diesem Fall nahe.

Meine Kritiker mögen dies als Verschwörungstheorie abtun. Eine belastbare Erklärung für meine Behandlung haben aber auch sie nicht zu bieten. In Sachsen bescheinigt sich die herrschende politische und juristische Kaste ohnehin gerne ihre eigene Gesetzestreue. Nur scheinen sie darunter etwas völlig anderes zu verstehen als der gemeine Bürger. Die Frage war hier nur, wer in einer Parallelwelt lebte.

Für jedes Insolvenzverfahren bildet die Insolvenzordnung den rechtlichen Rahmen. Der Betroffene, Insolvenzschuldner genannt, wird zwar seiner finanziellen Handlungsmöglichkeiten weitestgehend beraubt, rechtlos ist er damit aber noch lange nicht. Die den Insolvenzschuldner schützenden Mindeststandards ergeben sich nicht zuletzt aus dem Grundgesetz. Nur dass die sächsische Justiz über dessen Anwendungsbereich ganz eigene Vorstellungen besitzt.

Wenn man glaubt, dass sich der gesetzliche Rahmen auch hier nicht ausdehnen lässt, irrt man sich gewaltig. Nichts von den mir zustehenden Rechten erwies sich als belastbar. Die sächsische Justiz ließ keine Gelegenheit aus, mir zu zeigen, wer der Chef im Ring ist.

Sowohl das Insolvenzgericht Leipzig als auch der von ihm bestimmte Insolvenzverwalter übertrafen sich in ihren Anstrengungen. Die Zahl der Rechtsbrüche nahm ständig zu. So verweigerte man mir gleich zu Beginn die Restschuldbefreiung, gab außerdem Informationen an die BILD weiter und sorgte so für eine bundesweite Stigmatisierung meiner Person, welche sich auf mein berufliches Fortkommen verheerend auswirkte. Dass man zudem nicht einmal bereit war, Pfändungsfreigrenzen zu respektieren und mir das verfassungsrechtliche Mindesteinkommen zu belassen, geriet eher zu einer Nebenerscheinung.

Samstag, 14. August 2010

Heute war Rückreisetag. Mit meinen Kindern Carmen und Daniela sowie meiner damaligen Lebensgefährtin hatte ich 14 erholsame Tage in der Toskana verbracht. Den Urlaub hatte ich dringend nötig. Wir schwelgten nicht im Luxus, sondern achteten genau auf die Kosten.

Im Mittelpunkt unseres Urlaubs stand die kulturelle Vielfalt Italiens, die wir in wunderschönen Städten wie Florenz, Volterra und Siena fanden. Die Toskana half mir, etwas abzuschalten, meinem Hobby zu frönen und mehr als 2.000 Fotos zu schießen. Daraus wollte ich später ein Fotobuch erstellen.

Trotz aller Bemühungen verließen mich meine Sorgen auch im Urlaub nicht. Ich musste mich über die Ereignisse in Deutschland auf dem Laufenden halten. Immerhin war der Streit mit meinem Geschäftspartner Lap K. eskaliert, nachdem mich dieser von den Einnahmen der Biogasanlagen abgeschnitten und die Rückzahlung meiner Darlehen verweigert hatte. Damit trug er seinen Teil zu meiner Insolvenz bei. Gegen ihn hatte ich mehrere Strafanzeigen erstattet und auf die Hilfe der Staatsanwaltschaft Leipzig gehofft.

Nun fuhren wir zurück nach Deutschland, in das Land, das ich schon lange nicht mehr als meine Heimat ansah. Innerlich hatte ich meine schlechten Erfahrungen in Sachsen auf den Rest der Republik übertragen.

Glücklicherweise war ich während meines Italienurlaubs von meinen Emails abgeschnitten. Dies versprach wenigstens etwas Ruhe. Auch gelang es meinen Kindern, mich aufzuheitern. Sie zählen zu den wenigen Personen, die mich zum Lachen bringen können. In meinem Urlaub wurde mir immer mehr bewusst, dass sie der einzige Grund waren, weshalb ich noch lebte. Ohne ihre Liebe, die ich jeden Tag spürte, hätte mich jeder Lebensmut längst verlassen.

Wir waren morgens in Italien gestartet und durchquerten die Schweiz. Als wir Zürich erreichten, war es längst dunkel geworden. Es war eine Dunkelheit, die sich düster auf meine Seele legte und umso stärker anwuchs, je näher wir der deutsch-schweizerischen Grenze in Konstanz/Kreuzlingen kamen. Mit jedem Kilometer verstärkten sich meine aufkommenden Depressionen.

Gegen 21:30 Uhr erreichten wir Allensbach. In trauriger Stimmung übergab ich meine Kinder ihrer Mutter und verabschiedete mich von ihnen. Ich nahm sie fest in die Arme, küsste sie und bedankte mich für die wunderschöne gemeinsame Zeit.

Von meinen Kindern aus ging es in unser Hotel, den Landgasthof Mindelsee. Wir waren zu müde, um sofort zurück nach Leipzig weiterzufahren. Mit Sorge schaute ich auf mein Handy und stellte den Eingang von mehr als 130 Emails fest. Mit wachsender Angst vor der Rückkehr in mein anwaltliches Leben blätterte ich diese durch. Hoffentlich gab es keine schlechten Nachrichten.

Ich hoffte vergeblich und spürte, wie sich die im Urlaub gewonnene Erholung schlagartig in Luft auflöste.

Auf meinem Handy erschien eine E-Mail von Rechtsanwalt

Rüdiger B. aus Leipzig. Er hatte ergebnislos versucht, mich in meinem Büro zu erreichen. B. teilte mir mit, er sei vom Insolvenzgericht Leipzig zu meinem vorläufigen Insolvenzverwalter bestimmt worden. Vorausgegangen war ein Insolvenzantrag des Finanzamtes Grimma.

Ich war völlig schockiert und zitterte am ganzen Leib wie Espenlaub. Zwar hatte ich schon Einiges erlebt, aber mich selten so schlecht gefühlt. Was war nun wieder geschehen? Stand gar die Vernichtung meiner Existenz bevor? War alles, wofür ich all die Jahre gekämpft hatte, nun etwa umsonst? Jetzt kam es wirklich knüppeldick.

Mit dem Insolvenzantrag des Finanzamtes Grimma rechnete ich damals nicht. Mein Rechtsanwalt und guter Freund, Frank V., der mich gegenüber dem Finanzamt vertrat, verwies mehrfach auf seine guten Beziehungen zum Amtsleiter des Finanzamtes Grimma und verneinte die Gefahr eines Insolvenzantrags. Schließlich sei man auf einem guten Weg. Dass er seine Einflussmöglichkeiten gründlich überschätzt hatte, stand nun schwarz auf weiß in der Email meines vorläufigen Insolvenzverwalters.

Die Nacht verbrachte ich weitestgehend schlaflos, grübelnd. In den wenigen Minuten, die ich Schlaf fand, suchten mich entsetzliche Albträume heim. In diesen wurde ich – wie so oft – brutal gejagt und am Ende vernichtet.

Ich war nicht in der Lage, meine Gedanken zu ordnen. Der Insolvenzantrag des Finanzamtes Grimma hätte mir doch zugestellt werden müssen, um meinen verfassungsrechtlichen Anspruch auf rechtliches Gehör zu wahren! So jedenfalls forderte es unser Rechtsstaatsprinzip. Wieso wusste ich nichts davon?

Es half alles nichts. Ich kam nicht weiter. Die ganze Nacht wälzte ich mich hin und her. Verzweiflung und Panik hatten von mir vollständig Besitz ergriffen.

Gleich morgens früh rief ich meine Sekretärin an und fragte sie, ob sie etwas von einem Insolvenzantrag des Finanzamtes Grimma gehört habe. Sie hielt während meines Urlaubs im

Büro die Stellung. Ein Insolvenzantrag war jedoch nicht eingegangen.

Bis heute hat mir das Insolvenzgericht Leipzig diesen Antrag nicht zugestellt. Offensichtlich wollte man gar nicht erst, dass ich mich hierzu äußere oder versuche, ihn mit einer einstweiligen Verfügung abzuwehren. Das war ein klarer Verstoß gegen elementarste rechtsstaatliche Prinzipien. Mal wieder.

Die Rückfahrt von Allensbach nach Leipzig lief wie in einem Film an mir vorbei, ein Film, in dem ich apathisch nicht einmal eine einzige Szene wahrnahm. Ich dämmerte nur vor mich hin. Wegen meiner schlechten psychischen Verfassung hatte meine Lebensgefährtin das Steuer meines Audis übernommen. Ohne einen Funken Hoffnung stand für mich fest, dass mein langer Kampf gegen die sächsische Justiz und das Finanzamt Grimma verloren war. Ich besaß einfach keine Kraft mehr.

Meine Gegner sollten am Ende gewinnen und das erreichen, was sie seit mehr als 10 Jahren versuchten. Gleichzeitig erhob ich massive Vorwürfe gegen mich selbst. Warum hatte ich Leipzig nicht schon früher verlassen und war ins Ausland gegangen? Ich kämpfte in Sachsen auf verlorenem Posten, ohne Verbündete und echte Freunde.

Je näher wir der sächsischen Grenze kamen, desto schlechter wurde meine Stimmung. Ansprechbar war ich schon lange nicht mehr. Meine Lebensgefährtin versuchte mich aufzuheitern. Wir würden das schon schaffen, sagte sie. Das Ganze sei ein Irrtum, denn sonst hätte ich längst etwas von diesem Insolvenzantrag gehört.

Nur gibt es diese Art von Irrtümern in Sachsen nicht.

Mittwoch, 25. August 2010

Lange hatte ich diesen Termin vor mir hergeschoben. Nun musste ich mich mit meinem vorläufigen Insolvenzverwalter

Rüdiger B. treffen. Nach wie vor wartete ich auf die Zustellung des Insolvenzantrags.

In der Besprechung war ich so gut wie nicht ansprechbar und damit auch nicht aussagefähig. Mich plagten schwerste Depressionen und verhinderten, dass ich auch nur einen klaren Gedanken fassen konnte. Aus diesem Grund begleitete mich mein langjähriger Freund Frank V.

Das Treffen verlief unspektakulär. Rüdiger B. übergab mir Unterlagen und forderte mich auf, mein Vermögen aufzulisten. Er müsse ein Gutachten für das Insolvenzgericht schreiben und darlegen, ob für eine Insolvenzeröffnung eine ausreichende Vermögensmasse vorhanden sei.

Ich stammelte etwas davon, dass die Steuerforderungen des Finanzamtes Grimma nicht bestehen. Das Finanzamt hatte schließlich keine meiner Steuerabschreibungen berücksichtigt. Warum auch, denn dann wäre ein Insolvenzantrag von Anfang an aussichtslos gewesen.

Rüdiger B. empfahl mir, dies auf dem kurzen Dienstweg mit dem Finanzamt zu klären. Mein Freund V. sagte zu, dieser Empfehlung nachzukommen. Daneben werde er auch mit meinem Geschäftspartner Lap K. verhandeln, der mir die Rückzahlung von Darlehen über 670.000 € schuldig geblieben war. Auch hier wäre eine Lösung möglich, so dass Forderungen des Finanzamtes notfalls sogar in voller Höhe ausgeglichen werden könnten. Jedenfalls wäre ich bereits mit einem Teil dieser Darlehen in der Lage gewesen, die Steuerforderungen des Finanzamtes Grimma zu tilgen. Das wusste auch Lap K. – und verweigerte die Rückzahlung.

Im Zeitpunkt größter Not ließ mich dann mein langjähriger Freund Frank V. von heute auf morgen hängen. Seit 15 Jahren kannte ich ihn. Durch mich hatte er seine Frau aus Ekuador kennengelernt, diese war Patin meiner ältesten Tochter Carmen.

Frank V. stellte seine Tätigkeit ohne vorherige Ankündigung ein. Er war von heute auf morgen nicht mehr für mich erreichbar. Mit dem Insolvenzantrag des Finanzamtes hatte ich für ihn jegliche Bedeutung verloren.

In den folgenden Wochen rief ich zwar ständig in seinem Büro an und schrieb zahllose Emails, in denen ich ihn bat, mich über den Stand seiner Verhandlungen mit dem Finanzamt sowie meinem ehemaligen Geschäftspartner Lap K. zu unterrichten. Wegen meiner schlechten gesundheitlichen Verfassung war ich auf jede Unterstützung angewiesen. Ich dachte, unsere langjährige Freundschaft sei wenigsten ein Rückruf wert. V. antwortete jedoch nicht. Seitdem sind wir uns nicht mehr begegnet.

Eines habe ich in dieser düsteren Phase meines Lebens gelernt: Ich besaß in Leipzig keine wirklichen Freunde. Und was noch viel schlimmer war: Diejenigen, die sich Jahre lang als meine Freunde ausgegeben hatten, traten nun, da ich krank am Boden lag, noch einmal richtig zu. Dies zählt allerdings wohl eher zu den normalen Begleiterscheinungen einer Insolvenz.

Einigen Freunden hatte ich damals Geld geliehen, als sie in Schwierigkeiten waren. Ich half immer gerne. Das war Teil meines antiquierten humanistischen Weltbildes, das den Praxistest nie bestanden hat. Keiner meiner Freunde zahlte jedoch seine Schulden zurück. Schon gar nicht, als ich das Geld am dringendsten brauchte. Fortan wandten sie mir den Rücken zu.

Freitag, 17. September 2010

Was ich längst vermutet hatte, wurde nun zur Gewissheit. Die Leipziger Volkszeitung bekam Wind vom Insolvenzantrag des Finanzamtes und berichtete groß auf Seite 1 ihres Regionalteils. Gottseidank blieb mir wenigsten ein Bericht in der BILD erspart.

Die Schlagzeile fiel moderat aus (*»Rechtsanwalt Ulrich Keßler in Nöten: Amt hat Insolvenzantrag gestellt«*)[10]. Nachdem ich den

---

10 Leipziger Volkszeitung vom 17. September 2010, Seite 17

Bericht nicht verhindern konnte, unterhielt ich mich lange mit der Redakteurin Sabine Kreuz. Über all die Jahre war mein Verhältnis zur Leipziger Volkszeitung ungetrübt.

Dennoch stellte sich die Frage, wie die Leipziger Volkszeitung Kenntnis von meinem vorläufigen Insolvenzverfahren erlangen konnte. Nur wenige Menschen wussten hierüber Bescheid. Damals vermutete ich, dass ein Angehöriger des Leipziger Insolvenzgerichts der Zeitung diese Informationen zukommen ließ.

Meine persönliche Lage und meine Gesundheit verschlechterten sich durch den Bericht natürlich weiter. Denn welcher Mandant ist bereit, sich von einem Rechtsanwalt vertreten zu lassen, gegen den ein Insolvenzverfahren anhängig ist?

Fortan machten sich auch meine Anwaltskollegen aus Leipzig über meine Lage verstärkt lustig, natürlich ohne die Hintergründe zu kennen. Teilweise verhöhnten sie mich sogar im Gerichtssaal. Ich bekam das, was ich aus ihrer Sicht seit langem verdiente.

Freitag, 12. November 2010

Früh am Morgen, kurz vor acht Uhr, klingelte es an der Haustür. Es war einer der Tage, an denen ich mich lange quälen musste, um überhaupt aufzustehen. Meistens dauerte dieser Prozess mehr als zwei Stunden. Von der Wirkung der Psychopharmaka völlig benebelt, versuchte ich, aus dem Bett zu kriechen. Es hatte alles keinen Sinn mehr. Wozu also das Bett verlassen?

Meine Lebensgefährtin öffnete die Wohnungstür. Sie sprach gedämpft, ich konnte vom Schlafzimmer aus nicht verstehen, worum es ging. Sofort dachte ich an eine von der Staatsanwaltschaft Leipzig veranlasste Hausdurchsuchung, nur, dass ich nicht wusste, was ich dieses Mal wieder verbrochen haben sollte. Jedenfalls stieg sofort Panik in mir hoch, es gab die üblichen Fluchtreflexe. Ich wollte schon im Schlafanzug aus dem Fenster springen. Aber wohin sollte ich fliehen?

Meine Lebensgefährtin kam ins Schlafzimmer und erklärte mir, vor der Haustür stehe der Obergerichtsvollzieher Lux und Frank Fester, seines Zeichens Verwerter des vorläufigen Insolvenzverwalters Rüdiger B. Sie hatten ihr einen Durchsuchungsbeschluss des Amtsgerichts Leipzig vom 12. November 2011 vorgelegt, worin die Durchsuchung meiner Wohnung und meiner Kanzlei angeordnet wurde.

Die Mühlen in der sächsischen Justiz liefen heiß, wenn es darum ging, Durchsuchungsbeschlüsse gegen mich auszufertigen. Mein vorläufiger Insolvenzverwalter begann also scharf zu schießen.

Obergerichtsvollzieher Lux hatte ich noch wenige Monate vorher unentgeltlich beraten, nachdem er selbst in die Fänge der sächsischen Justiz geraten war. Er sei gekommen, um sämtliche Vermögenswerte für den vorläufigen Insolvenzverwalter sicherzustellen, teilte er energisch mit.

Gegen den gerichtlichen Durchsuchungsbeschluss konnte ich nichts unternehmen. Im Fall meiner Weigerung wären die Herren mit der Polizei wiedergekommen.

Für mich war dieser unangekündigte Besuch ein weiterer Tiefschlag. Einmal mehr fühlte ich mich der Staatsgewalt hilflos ausgeliefert. Da wäre sicherlich auch eine andere Lösung möglich gewesen, dachte ich mir. Nur trat die sächsische Justiz mir gegenüber in der Vergangenheit nicht besonders zimperlich auf.

Obergerichtsvollzieher Lux legte besonderes Engagement an den Tag. Eigentlich hatte ich gehofft, dass er an die Sache einigermaßen objektiv herangehen würde. Schließlich kannten wir uns. Dennoch erteilte er mir eine bittere Lektion. Nun war der »Payday« für den Freistaat gekommen, der Tag, endlich einmal alte Rechnungen zu begleichen. Hier sahen meine Gegner offensichtlich noch Nachholbedarf.

Lux nahm mir u.a. meine Bankkarte sowie die Kreditkarte weg. Ich berief mich ihm gegenüber auf den mir zustehenden

Pfändungsfreibetrag, worauf er mich nur höhnisch angrinste. Es ging also bei der ganzen Aktion schon einmal nicht um die Einhaltung rechtsstaatlicher Mindeststandards.

Meine Fotoausrüstung interessierte Lux besonders. Er war von ihrem Fund so begeistert, dass er gleich auch noch die Kamera meiner damaligen Lebensgefährtin mitnahm. Diese brauchte sie zwar für ihre berufliche Tätigkeit als Maklerin. Für Lux spielte dies allerdings keine Rolle.

Eigentlich durfte Lux das Eigentum meiner Lebensgefährtin nicht anrühren. Das war ihm jedoch egal. Die Uhren gingen in Sachsen anders. Dort galt das Prinzip der Sippenhaft.

Mit rechtsstaatlichen Grundsätzen hatte dies nicht das Geringste zu tun. Lux musste eigentlich nachweisen, dass die Kamera in meinem Eigentum stand. Und hierfür gab es nicht das geringste Indiz, zumal sich auf dem Speicherchip der Kamera Bilder von verschiedenen Wohnungen, die meine damalige Lebensgefährtin vermietete, befanden. Dies belegte eigentlich, dass es sich um ihre Kamera handelte. Aber was zählt schon geltendes Recht?

Meine Drohung, mich beim Insolvenzgericht zu beschweren, sorgte nur für ein müdes Lächeln. Lux machte zielstrebig weiter. Als nächstes pfändete er den MacBook meiner Lebensgefährtin, den sie ebenfalls für ihre Arbeit benötigte. Auf diesem Laptop befanden Präsentationen der zu vermietenden Wohnungen. Auch das interessierte Lux nicht.

Mit seiner Vorgehensweise versuchte er, einen Keil zwischen mich und meine Lebensgefährtin zu treiben. Sie sollte den Preis für ihre Loyalität mir gegenüber zahlen. Wenn die sächsische Justiz tätig wird, setzt sie gerne an der Wurzel an.

Wie ich in den folgenden Stunden feststellen musste, ging es aber noch um mehr. Die Aktion diente auch dazu, meine Rechtsanwaltskanzlei zu zerschlagen und mir jede Chance auf eine weitere Berufsausübung zu nehmen. Und das obwohl das Insolvenzverfahren noch lange nicht eröffnet war.

Mein vorläufiger Insolvenzverwalter schuf unumkehrbare Fakten. Denn eins war der sächsischen Justiz klar: Ich hatte als Rechtsanwalt lange gut verdient. Es bestand daher für meine Gegner die Gefahr, dass mir dies in den kommenden Monaten durch die Akquisition eines Großprojekts erneut gelingen könnte. Mit diesen Einnahmen wäre ich in der Lage gewesen, den Insolvenzantrag des Finanzamtes Grimma abzuwenden. Darauf wollte man es gar nicht erst ankommen lassen.

Es blieb nicht bei der Pfändung meiner Wertgegenstände. Dr. Fester erklärte mir, er sei auch gekommen, um den von mir geleasten Audi sowie meinen Motorroller mitzunehmen. Auf mein Auto war ich dringend angewiesen. Immerhin musste ich regelmäßig zu den Arbeitsgerichten in Erfurt, Berlin, Rostock und Dresden fahren, um meine Mandanten zu vertreten.

Fester meinte jedoch, er könne in der Sache nichts machen. Er habe einen klaren Auftrag meines vorläufigen Insolvenzverwalters. Im Fall des Leasingfahrzeugs war dies reine Schikane, denn dieses gehörte nicht mir, sondern der Leasingbank. Damit durfte es mein vorläufiger Insolvenzverwalter auch nicht verwerten. Auch dies spielte jedoch keine Rolle.

Wie sollte ich unter diesen Rahmenbedingungen noch als Anwalt arbeiten? Zur Beruhigung griff ich zu einem großen Glas Wodka. Es war das erste Mal in meinem Leben, dass ich so früh Hochprozentiges zu mir nahm. Aber ohne Wodka war die Welt schon lange nicht mehr zu ertragen.

Nachdem die Herren Lux und Fester mir erfolgreich den Tag ruiniert hatten, fuhren sie in mein Büro. Ich erfuhr hiervon erst wesentlich später durch einen Anruf meiner Sekretärin. Damit zeigte sich erneut die Zielrichtung des Angriffs. Es ging um meine anwaltliche Tätigkeit. Man wollte mich zwingen, meine Arbeit lange vor Eröffnung des Insolvenzverfahrens einzustellen und meine Mandanten im Stich zu lassen.

Was nun folgte kannte ich bereits. Schwere depressive Rückfälle traten innerhalb kürzester Zeit auf. Die ganze Aussichtslosigkeit meiner Lage wurde mir stets aufs Neue bewusst. Ich konnte einfach nicht mehr.

Selbst zum Aufstehen reichte meine Kraft morgens kaum mehr. Mein erster Griff galt meinen Psychopharmaka, auf die ich mich sofort stürzte. Ich warf zu diesem Zeitpunkt immer die doppelte Dosis ein. Aber immerhin töteten sie meine Gefühle vollständig ab. Den Rest erledigte der Wodka. Den Weg in meine Kanzlei fand ich dagegen nicht mehr.

Mittwoch, 24. November 2010

Auf Empfehlung meines vorläufigen Insolvenzverwalters reichte ich einen Insolvenzantrag beim Amtsgericht Leipzig ein und schuf damit endgültige Fakten. Für einen weiteren Kampf ums Überleben fehlte mir die Kraft. Um mich herum war es einsam und still geworden. Die innerliche Leere verschlang meine Seele.

Neben dem Eigenantrag beantragte ich außerdem die Restschuldbefreiung, damit mir – so wie es das Gesetz vorsieht – nach sechs Jahren meine Schulden erlassen werden. Hierzu füllte ich das im Internet verfügbare Formblatt aus, unterschrieb es, fuhr damit zum Insolvenzgericht und warf es in den Hausbriefkasten. Sicherheitshalber nahm ich meine Lebensgefährtin mit, damit diese den Einwurf des Insolvenzantrags bestätigen konnte.

Mein Misstrauen gegenüber der sächsischen Justiz konnte nicht größer sein. Trotz meiner schlechten Erfahrungen hatte ich es aber noch nie erlebt, dass Schriftstücke im Amtsgericht Leipzig verloren gehen. Mit dem Einwurf meines Insolvenzantrags fand ein wichtiger Teil meines Berufslebens seinen Abschluss. Ich hatte aufgegeben. Eigentlich konnte es nicht mehr schlimmer kommen.

Doch es kam schlimmer, viel schlimmer. Das, was ich nie für möglich gehalten hatte, trat ein. Mein Antrag auf Gewährung der Restschuldbefreiung ging auf den Fluren des Amtsgerichts Leipzig verloren. Dies jedoch sollte ich erst drei Monate später erfahren.

Samstag, 18. Dezember 2010

In den folgenden Tagen verschlechterte sich meine Gesundheit weiter. Mir war jeglicher Lebensmut abhandengekommen.

Die Perspektivlosigkeit und die Angst vor meinen rechtlich entfesselten, übermächtigen Gegnern setzte mir kräftig zu. Irgendwann kommt ein Punkt, an dem man nicht mehr aufstehen kann. Meine Depressionen verschlimmerten sich von Tag zu Tag, obwohl das kaum mehr möglich war. Gearbeitet hatte ich schon seit Wochen nicht mehr. Ich überließ die Dinge ihrem Schicksal.

Eigentlich war es ein belangloser Streit mit meiner damaligen Lebensgefährtin. Bei mir brachte er aber das Fass zum Überlaufen. In den Wochen zuvor hatte ich immer wieder an Selbstmord gedacht. Schon einmal unternahm ich einen Versuch. Offen war nur noch die Methode, mit der ich Hand an mich legen wollte. Eine Fortsetzung dieses beschissenen Lebens machte einfach keinen Sinn mehr.

Bei depressiven Menschen ist dieser Zeitpunkt kritisch. Der Abschied vom Leben wird als einzige Möglichkeit angesehen, um zu verhindern, dass die Dinge sich noch schlimmer entwickeln. Tod bedeutet ewige Verheißung, sagte ich mir damals immer wieder. Es war der logische Schritt, um weitere schlechte Erfahrungen mit absoluter Sicherheit zu verhindern. Was hatte mir das Leben noch zu bieten? An eine Besserung glaubte ich schon lange nicht mehr.

In den Tagen zuvor war meine Verbindung zur Realität endgültig abgerissen. Die meisten Dinge nahm ich nicht mehr wahr. Zuhause saß ich in meinem Sessel und schaute trübsinnig vor mich hin. Und oft drank ich Wodka.

Gegen Abend verließ ich die Wohnung. Ich hatte meine Methode gefunden. Es war Tod durch Erfrieren. Das soll ein schöner Tod sein. Ich wollte endlich friedlich einschlafen.

Ich wollte zu Fuß über die Prager Straße in ein Waldgebiet im 10 Kilometer entfernten Großpösna laufen. In der Dunkelheit würde ich mich schnell verirren und den Wald nicht mehr lebend verlassen. Also marschierte ich los. Ich wusste, dass meine Lebensgefährtin mich in diesem Gebiet niemals vermuten würde. Sie konnte mir ohnehin nicht mehr helfen.

Nachdem ich den Leipziger Süden erreicht hatte, bog ich in die Prager Straße ein. Zuvor hatte ich mich nur auf kleinen Nebenstraßen bewegt, um auszuschließen, dass meine Lebensgefährtin mich findet. Der Weg war beschwerlich, überall lagen Schnee und Eis. Es herrschte bittere Kälte. Die ehemalige Leipziger Messe, die trostlos und verödet zu meiner Rechten lag, ließ ich hinter mir und kämpfte mich weiter.

Irgendwann erreichte ich die Prager Straße 173, wo das Unfassbare geschah. Ich lief meinem Neurologen Meridonov in die Arme, der gerade aus seinem Auto ausstieg. Was trieb dieser an einem Samstag um diese Uhrzeit vor seiner Arztpraxis? Weiter konnte ich nicht, denn dann musste ich an ihm vorbei. Er hätte mich in der Dunkelheit bemerkt.

Wenn es schon mal schief geht dann läuft alles aus dem Ruder. Diese Begegnung rettete mir an diesem kalten Abend das Leben. Mein weiterer Weg war versperrt. Zögernd stoppte ich etwa 10 Meter von Meridonov entfernt, drehte mich um und überlegte. Nein, in ein Gespräch mit ihm wollte ich mich gar nicht erst verwickeln lassen. Wahrscheinlich hätte er mich sofort in die geschlossene Abteilung eines Krankenhauses einweisen lassen.

Durch die Kälte marschierte ich nun wieder zurück. Gegen 23 Uhr kam ich in meiner Wohnung an und traf auf meine völlig verzweifelte Lebensgefährtin. Offensichtlich hatte sie geahnt, was ich vorhatte und Freunde gebeten, nach mir zu suchen.

Ich weiß nicht was geschehen wäre, hätte ich meinen Neurologen an diesem Abend nicht getroffen. Wahrscheinlich wäre ich weitermarschiert, meinem Ziel nähergekommen und schließlich im Wald erfroren. Damals fielen die Temperaturen nachts bis auf minus 20 Grad.

Dienstag, 4. Januar 2011

Vor drei Wochen lud mich das Insolvenzgericht zur Abgabe einer eidesstattlichen Versicherung. Die Ladung verband es gleich mit einer geharnischten Drohung: Würde ich nicht freiwillig erscheinen werde man mich verhaften und durch die Polizei vorführen lassen. Auf meine angeschlagene Gesundheit nahm das Gericht keine Rücksicht.

Heute sollte der Termin stattfinden. Es kam jedoch nicht dazu. Wegen meiner andauernden Depressionen war ich nicht verhandlungsfähig, so mein Neurologe Meridonov. Wenigstens auf ihn konnte ich immer zählen. Er versuchte nach Kräften, mich zu schützen.

Vor weiteren gerichtlichen Aktivitäten bewahrte mich dies allerdings nicht. Denn das Amtsgericht Leipzig erließ am heutigen Tage einen weiteren Durchsuchungsbeschluss gegen meine verwaiste Kanzlei. Längst hatte ich den Überblick über die Zahl der bis zu diesem Tag gegen mich erlassenen Durchsuchungsbeschlüsse verloren. Ich bezweifle, dass die sächsische Justiz vergleichbaren Fällen dieselbe Aufmerksamkeit zukommen ließ. Wahrscheinlich war ich längst Rekordhalter geworden.

Dienstag, 11. Januar 2011

Die Dinge nahmen ihren Lauf. Geringfügige Besserung brachte ein einwöchiger Urlaub, den meine Lebensgefährtin auf den Kanaren gebucht hatte. Meine Kinder waren mit uns geflogen und dadurch hellte sich meine Stimmung etwas auf.

Einen letzten Termin beim Arbeitsgericht Leipzig nahm ich noch wahr, dann war meine anwaltliche Laufbahn beendet. Es war nur ein Gütetermin, der vielleicht 10 Minuten dauerte. Zu mehr war ich nicht mehr in der Lage.

Nachdem dieser Termin vorbei war, verabschiedete ich mich vom Vorsitzenden Richter, dankte für die lange und gute Zusammenarbeit und bat ihn außerdem, seine Kolleginnen und Kollegen von mir zu grüßen. Für mich sei das heute meine letzte Vorstellung gewesen. Am morgigen Mittwoch würde ich eine neue Tätigkeit in der Schweiz antreten.

Dies war zwar falsch. Ich besaß jedoch nicht die Absicht, größere Spuren zu hinterlassen. Zu sehr hatten mich meine Peiniger in den letzten Jahren gequält. Ich brauchte endlich Ruhe. Ein Wechsel in die Schweiz, den ich schon immer vollziehen wollte, klang da plausibel. Schließlich trennte mich in diesem Fall die Staatsgrenze von weiteren Angriffen aus Leipzig. Und diese musste sogar der Freistaat Sachsen akzeptieren. Außerdem war der Weg zu meinen in Allensbach lebenden Kindern von dort aus nur kurz.

In Wirklichkeit würde ich morgen in Ingolstadt die Stelle des Leiters der Rechtsabteilung in einem mittelständischen Unternehmen antreten. Damit bestand zum ersten Mal seit langem eine berufliche Perspektive.

Kapitel 2:

Die Verweigerung der Restschuldbefreiung

Meinen Abschied von Leipzig habe ich nie auch nur eine Sekunde bereut. Im Gegenteil. Bis heute ist diese Stadt für mich ein rotes Tuch, der Inbegriff meiner schlechten Erfahrungen. Sicherlich liegt dies an meiner ganz persönlichen Sichtweise. Längst ging es für mich nur noch darum, meine Lebensgefährtin, eine gebürtige Leipzigerin, ebenfalls zum Abschied aus dieser Stadt zu bewegen.

Seit meinem Umzug nach Ingolstadt hatten wir uns nur noch am Wochenende gesehen. Das Wochenende am 12./13. Februar 2011 sollte mir allerdings in nachhaltiger Erinnerung bleiben – und zwar in seiner denkbar schlechtesten Form.

Als ich freitags abends in Leipzig ankam, informierte mich meine Lebensgefährtin über einen Anruf des Insolvenzgerichts. Dieses wies darauf hin, dass ich noch einen Antrag auf Gewährung der Restschuldbefreiung stellen müsse. Ohne ihn könne ich nach sechs Jahren keine Befreiung von meinen Schulden erlangen.

Ich war wie vor den Kopf geschlagen. Denn ich erinnerte mich noch gut an meinen Antrag vom 24. November 2010, den ich beim Insolvenzgericht eingeworfen hatte. Ging dieser etwa verloren? Das durfte beim besten Willen nicht geschehen. Wut und Panik stiegen in mir hoch. Was war denn in der sächsischen Justiz noch alles möglich?

An ein zufälliges Verschwinden meines Antrags vom November glaubte ich nicht. Vielmehr war ich davon überzeugt, dass ihn jemand verschwinden ließ.

Also stellte ich beim Insolvenzgericht einen zweiten Antrag auf Erteilung der Restschuldbefreiung. Die Restschuldbefreiung wird nur gewährt, wenn der Schuldner für die Dauer der sechsjährigen Wohlverhaltensphase im Insolvenzverfahren das Einkommen, das er oberhalb der Pfändungsfreigrenze verdient, abtritt. Hieraus werden dann die Gläubiger und die Verfahrenskosten bezahlt.

Aufgrund meiner katastrophalen Erfahrungen mit der sächsischen Justiz und der ständigen Verletzung grundlegender rechtsstaatlicher Prinzipien wies ich in dem Antrag deutlich auf die Gesetzeslage hin. Den entsprechenden Passus, wonach ich mein Einkommen oberhalb der Pfändungsfreigrenze abtrete, ergänzte ich durch folgenden Zusatz:

»Dies gilt, solange das Insolvenzverfahren läuft.«

Damit stellte ich klar, dass die Abtretung meines Einkommens auf die Dauer des Insolvenzverfahrens beschränkt wird. Ich verwies also auf nichts anderes als geltendes Recht, das jedem, der in Insolvenz gerät, zusteht.

So wollte ich vermeiden, dass mein Insolvenzverwalter Rüdiger B. den pfändungsfreien Teil meines Einkommens ohne zeitliche Einschränkung verlangt. Mein Misstrauen gegenüber der sächsischen Justiz war zwischenzeitlich grenzenlos. Ich glaubte den Herren in den schwarzen Roben und weißen Kragen gar nichts mehr. Längst brannten bei mir alle Alarmlampen hell.

Meinen Antrag auf Restschuldbefreiung verband ich mit einem deftigen Brief, indem ich meine Behandlung durch das Insolvenzgericht rügte. Dieser schloss mit den Worten:

»Ich persönlich glaube auch nicht an eine Restschuldbefreiung. Hier wird es längst klare Anweisungen von oben geben.«

Ich schaffte den Antrag zum Insolvenzgericht, wo ich ihn in Gegenwart meiner Lebensgefährtin in den Briefkasten einwarf. Nun galt es abzuwarten.

Es war ein neuer Arbeitstag, ein gutes Stück entfernt von Leipzig. Allein die räumliche Distanz war Balsam auf meine Wunden. Niemand in Leipzig außer meiner Lebensgefährtin wusste, wo ich mich aufhielt.

Am Vormittag rief sie mich an. Es gab Post vom Insolvenzgericht. Dieses habe das Insolvenzverfahren über mein Vermögen eröffnet und Rechtsanwalt Rüdiger B. zu meinem Insolvenzverwalter bestellt.

Donnerstag, 19. Mai 2011

Heute fuhr ich von Ingolstadt nach Frankfurt am Main, um mich mit meinem Insolvenzverwalter zu treffen. Es ging um eine Klärung diverser Sachverhalte.

Das Gespräch dauerte etwa zwei Stunden und verlief in freundlicher Atmosphäre, bis mir Rüdiger B. einen Beschluss des Insolvenzgerichts vorlegte. Dieser datierte auf den 22. Februar 2011 und musste mir eigentlich von meinem damaligen Rechtsanwalt Gunnar Sch., der mich im vorläufigen Insolvenzverfahren vertreten hatte, zugestellt werden. Nur hatte Rechtsanwalt Sch. genau dies unterlassen.

Für mich enthielt der Beschluss des Insolvenzgerichts Leipzig fürchterliche Nachrichten: Amtsrichter Hock verweigerte mir die begehrte Restschuldbefreiung. Die Begründung hierfür sprach einmal mehr für sich.

Was ich nun las war ein glatter Hohn und der Gipfel einer entfesselten Justiz. Das Insolvenzgericht begründete die Verweigerung der Restschuldbefreiung mit meinem handschriftlichen Zusatz, mit dem ich mich auf geltendes Recht berufen hatte. Wörtlich hieß es in seiner Entscheidung:

»Mit dem vom Schuldner angebrachten handschriftlichen

Zusatz, mit dem der Schuldner nach Auffassung des Gerichts deren zeitliche Geltung auf das laufende Insolvenzverfahren beschrankt hat, ist die Abtretungserklärung aber unwirksam.«

Natürlich hatte ich die zeitliche Geltung der Abtretung auf das Insolvenzverfahren bezogen. Außerhalb der Insolvenz bzw. nach deren Beendigung bin ich nicht mehr verpflichtet, mein Einkommen an meine Gläubiger abführen. Genau so steht es in der Insolvenzordnung. Wo war ich hier überhaupt gelandet? Was für ein schlechter Film wurde gerade gespielt? Sicherlich ein übler Schmuddelfilm, und darin spielte Amtsrichter Hock die Hauptrolle.

Nun lernt jeder Student zu Beginn seiner Ausbildung, dass ein Richter auf bestehende Unklarheiten in Schriftstücken hinweisen muss, damit der Betroffene die Gelegenheit besitzt, Fehler abzustellen. Juristen sprechen in diesem Zusammenhang von einer gerichtlichen Hinweispflicht. Sie steht in der Zivilprozessordnung und stellt eine Ausprägung des verfassungsrechtlich garantierten Anspruchs auf rechtliches Gehör dar.

Der Richter am Insolvenzgericht Hock dachte allerdings nicht daran, einen derartigen Hinweis zu erteilten. Meinen Fehler konnte ich daher auch nicht mehr korrigieren.

Für mich war einmal mehr bezeichnend, wie wenig Recht Richter sprachen.

Und was noch viel schlimmer war: Von meinem Insolvenzverwalter erfuhr ich außerdem, dass das Insolvenzgericht den Beschluss über die Versagung meiner Restschuldbefreiung meinem Rechtsanwalt Sch. zugestellt hatte. Nur leitete ihn dieser nicht an mich weiter. Damit wurde der Beschluss rechtskräftig. Er war nicht mehr angreifbar.

Also blieben meine Schulden nach Ablauf des Insolvenzverfahrens bestehen. An das erste Insolvenzverfahren würde sich später ein zweites Verfahren anschließen. Finanziell bedeutete dies den absoluten Knock-out, die größt denkbare Katastrophe.

Und das auf Lebenszeit. Meine eben erst neu gewonnene berufliche Perspektive löste sich in Nichts auf.

Meiner Meinung nach hatte das Insolvenzgericht Leipzig nie vor, mir die Restschuldbefreiung zu gewähren. Deren Versagung machte noch aus einem anderen Grund Sinn: Sie verhinderte meine Rückkehr in den Anwaltsberuf.

Voraussetzung für die Tätigkeit als Rechtsanwalt sind »geordnete Vermögensverhältnisse«. Im Fall einer Insolvenz liegen diese nicht vor. Aufgrund der dauerhaften Verweigerung meiner Restschuldbefreiung konnte ich nie wieder als Rechtsanwalt arbeiten. Damit beugte die sächsische Justiz der Gefahr vor, dass ich künftig wieder als Rechtsanwalt Prozesse gegen den Freistaat Sachsen führen würde. Letztlich verhängte das Insolvenzgericht damit ein lebenslängliches Berufsverbot.

Kapitel 3:

Staatlicher Rufmord

Es dauerte nicht lange bis mich die Nachricht aus Leipzig erreichte. Es ging um einen Artikel in der heutigen BILD, der groß aufgemacht auf Seite 3 erschienen war. Dieser hatte es in sich.

Die BILD machte ihrem zweifelhaften Ruf wieder einmal alle Ehre. Es sind deren allmächtige Redakteure, die sich anmaßen, über menschliche Schicksale zu entscheiden, die definieren, was gut und was böse ist. Und das taten sie in meinem Fall wieder einmal durch meine persönliche Redakteurin Martina Kurtz. Eine Frau, die mit einem gewaltigen Maß an Selbstüberschätzung von sich immer behauptete, die Stimme des Volkes zu repräsentieren.

Kurtz ließ ihrer wahrlich begrenzten Fantasie freien Lauf. Sie formulierte vernichtend: »*Richter jagen Leipziger Ex-OB-Kandidat*« sowie »*FDP-Ulrich Kessler nach Pleite offenbar untergetaucht*«.[11] Weite Teile des Berichtes waren frei erfunden. Ich wurde als Lebemann, Aktfotograf, Porschefahrer und Pleitier gebrandmarkt. Das war wie in den vorangegangenen Pamphleten dieser Zeitung eine erneut öffentliche Hinrichtung. Steigbügelhalter meiner Exekution war das Insolvenzgericht Leipzig.

Martina Kurtz unternahm gar nicht erst den Versuch einer fairen Berichterstattung. Der Artikel war nichts anderes als eine schwere Verleumdung. Kurtz verwies auf frühere Strafverfahren, aus denen ich mich »*wortreich*« herausgeredet haben soll. Damit

---

11 *www.bild.de/regional/leipzig/schulden/richter-jagen-leipziger-ex-ob-kandidat-18534700.bild.html*

unterstellte sie, ich habe Straftaten gegangen, am Ende jedoch über das nötige Maß an Glück verfügt und sei deshalb noch einmal davongekommen.

Natürlich wusste sie es besser, aber um die Wahrheit ging es ihr nie. Sie verzieh mir nicht, dass ich mich fünf Jahre zuvor wegen ihrer permanent wahrheitswidrigen Berichterstattung endgültig geweigert hatte, gegenüber der BILD noch irgendwelche Statements abzugeben. Bei der BILD galt dies jedoch als Hochverrat. Damit war ich zum journalistischen Abschuss freigegeben. Und hierfür verwendete sie großkalibrige Munition.

Natürlich erreichte dieser Bericht sein Ziel. Jeder sollte wissen, dass ein Schwerkrimineller vor seiner Strafverfolgung das Weite gesucht hatte. Um die Wirkung des Berichts noch zu steigern, stellte ihn die BILD ins Internet ein. Seitdem musste man nur noch meinen Namen eingeben und fand diesen Artikel bei Google auf Platz 1.

Der Artikel war jedoch nur eine Seite der Medaille. Interessanter war die Frage, wie die BILD-Redakteurin an die Informationen herangekommen war. Aufgrund des Inhalts dieses Artikels stand fest, dass ein Vertreter des Insolvenzgerichts gegenüber der BILD aus dem Nähkästchen geplaudert haben musste.

Was dies für persönliche Konsequenzen für mich nach sich ziehen würde, musste dem Insolvenzgericht klar gewesen sein. Dennoch hielt es dies nicht davon ab, der BILD hochsensible Informationen zuzuspielen.

Es war nicht schwierig herauszufinden, wo die undichte Stelle im Insolvenzgericht lag. Es genügte ein einziger Anruf. Das Telefon nahm die Rechtspflegerin M. ab. Was ich mir von ihr anhören musste, war kaum zu glauben. Ja, sie habe mit der BILD gesprochen. Ich sei für das Insolvenzgericht nicht erreichbar gewesen, also wandte man sich an die BILD und vertraute darauf, dass mir dieser Artikel zu Ohren kommt. Ich würde mich dann schon melden, fuhr sie fort.

Für M. schien dies ein ganz normaler Vorgang zu sein. Sie widmete keine Sekunde der Frage, ob nicht mein allgemeines Persönlichkeitsrecht eine Weitergabe derart sensibler Informationen an die Boulevardpresse ausschloss. An Armseligkeit war dies nicht mehr zu überbieten. Und das von einer Vertreterin der sächsischen Justiz.

Ich weiß auch nicht, ob sie sich überhaupt Gedanken darüber machte, wie die Berichterstattung der BILD ausfallen würde. Es interessierte sie zudem nicht im Mindesten, wie sich dieser Artikel und seine Veröffentlichung im Internet auf meinen Beruf und mein dem Gericht bekannten schlechten Gesundheitszustand auswirken würde. Mit der Veröffentlichung verlor ich jedenfalls meine Stelle in Ingolstadt.

Beruflich blieben seitdem mehr als 600 Bewerbungen ohne Ergebnis, trotz einer guten Qualifikation. Lediglich in zwei Fällen fand ich eine, wenn auch nur kurzfristige Beschäftigung. Damit erwies M. den Gläubigern in meinem Insolvenzverfahren einen Bärendienst. Ohne eine Anstellung gab es natürlich auch kein pfändbares Einkommen. Daran schien M. nicht gedacht zu haben. Vielleicht standen für sie aber auch nur andere Motive im Vordergrund.

Gesundheitlich löste das Insolvenzgericht Leipzig erneut die schlimmsten Depressionen aus, die ich seit langem durchlebte. Aber daran vergeudete M. keinen Gedanken. Vielmehr erhöhte sie den Druck und lud mich zur Abgabe einer eidesstattlichen Versicherung nach Leipzig vor, um ein paar offene Fragen meines Insolvenzverwalters, mit dem ich erst einen Monat zuvor gesprochen hatte, zu klären. Wie bei allem, was aus Leipzig kam, führte dies zu einem gesundheitlichen Kollaps. Ich ging zu meiner Ingolstädter Neurologin Dr. Mehnert und ließ mich krankschreiben.

Die Vorlage des ärztlichen Attests reichte M. jedoch nicht, um den Termin zur Abgabe der eidesstattlichen Versicherung abzusagen. Sie verlangte die Stellungnahme eines Amtsarztes über meine Verhandlungsfähigkeit. Wenn ich nicht beim Insolvenzgericht erscheine, werde sie mich verhaften und zwangsweise vorführen lassen, äußerte M. kaltschnäuzig. Einen entsprechenden Antrag auf Erlass eines Haftbefehls habe sie bereits vorbereitet. Erfahrungsgemäß werde dieser vom zuständigen Richter sofort unterschrieben. Wenigstens in dieser Hinsicht arbeitete das Insolvenzgericht professionell. Für dieses Gericht war ich vogelfrei.

Mit ihrer Drohung versetzte das Insolvenzgericht meiner Gesundheit jedenfalls einen schweren Schlag. Ich war mir sicher, dass die Leipziger Justiz seit langem schon nach einem Vorwand suchte, um mich verhaften zu lassen. Sicherlich hätte man mich nur allzu gern hinter schwedischen Gardinen gesehen, also dort, wo ich aus Sicht meiner Gegner auch hingehöre. Das mag Paranoia sein, ist jedoch ein wesentlicher Teil meiner Krankheitsgeschichte.

Seit mehr als einer Woche war ich nun nicht mehr ansprechbar, aß kaum etwas und schlief ebenso wenig. Die meiste Zeit lag ich apathisch auf der Couch im Wohnzimmer meiner Ingolstädter Wohnung.

Der Schachzug des Insolvenzgerichts Leipzig ging allerdings nach hinten los. Wieder einmal musste es seiner harten Vorgehensweise Tribut zollen. An dem Tag, an dem ich die eidesstattliche Versicherung in Leipzig abgeben sollte, erschien ich stattdessen beim Gesundheitsamt in Ingolstadt, wo ich Frau Dr. Büchl meine Geschichte erzählte.

Ich traf auf eine sehr kompetente und empathische Ärztin. Bei ihr hinterließ ich einen derart desaströsen Eindruck, dass sie mich sofort ins Klinikum Ingolstadt zur stationären Behandlung einweisen wollte. Sie stand kurz davor, einen Krankenwagen zu rufen.

Im Klinikum Ingolstadt empfahl sie mich dem Neurologen Dr. Scholz, einer Koryphäe auf seinem Gebiet. Gleichzeitig informierte sie das Insolvenzgericht Leipzig darüber, dass ich aufgrund schwerster Depressionen den Termin zur Abgabe der eidesstattlichen Versicherung, zu dem die Rechtspflegerin M. sicherlich auch die BILD eingeladen hatte, nicht wahrnehmen könne. Sie bestätigte damit das von mir zuvor vorgelegte ärztliche Attest meiner Neurologin.

Damit platzte der zweite Versuch des Insolvenzgerichts, mich zur Abgabe der eidesstattlichen Versicherung zu zwingen. Glaubte man dort wirklich den Attesten meiner Ärzte nicht? Oder hatte man zwischenzeitlich sogar ferndiagnostische Fähigkeiten und eine eigene Sichtweise auf meine psychische Erkrankung entwickelt? Ich bewerte die Vorgehensweise des Leipziger Insolvenzgerichts auch heute noch als reine Schikane.

Donnerstag, 24. November 2011

Seit drei Monaten war ich in Ingolstadt in Behandlung meiner Neurologin Dr. Cordula Mehnert, eine engagierte Ärztin mit ausgezeichnetem Leumund. Sie hatte mich medikamentös neu eingestellt und erste Therapieansätze entwickelt.

Aus ihrer Sicht war ich bei der Berufswahl »*falsch abgebogen*«. Von Haus aus eher künstlerisch veranlagt, hätte ich mich nie für das harte Studium der Rechtswissenschaften und den Anwaltsberuf entscheiden dürfen. Sie riet mir, zu meinen Wurzeln zurückzukehren.

Am heutigen Tag nahm ich wieder einen Termin bei meiner Neurologin wahr. Es ging erneut um meine Verhandlungsunfähigkeit. Anfang Dezember sollte ich am Landgericht Leipzig einer Verhandlung beiwohnen.

In der Zeit nach meinem Wegzug hatte ich auf alles, was mit Leipzig zusammenhing, mit gewaltigen Fluchtreflexen reagiert. Zu einer objektiven Aufarbeitung meiner Erlebnisse war ich schon lange nicht mehr in der Lage. Jede Nacht litt ich unter massiven, immer wiederkehrenden Albträumen, die mich nervlich zerrissen.

Natürlich erkannte Frau Dr. Mehnert die Zusammenhänge. Es ging ihr darum, mich von negativen Reizen so gut wie möglich abzuschotten. Sie glaubte zudem nicht daran, dass ich selbst in der Lage war, die grundlegenden Dinge in meinem Leben zu ordnen.

Daher stellte sie beim Amtsgericht Ingolstadt den Antrag, mir einen rechtlichen Betreuer zur Seite zu stellen. Wenig später setzte das Betreuungsgericht Frau Rechtsanwältin Ihm als Betreuerin ein. Diese war fortan vor allem für meine finanziellen, rechtlichen und gesundheitlichen Belange zuständig, selbst für die Bearbeitung meiner Post. Da ich über keinerlei Einkünfte verfügte und nicht mehr krankenversichert war, beantragte sie für mich beim Jobcenter Ingolstadt Hartz-IV, was ohne weiteres genehmigt wurde.

Außerdem attestierte mir Frau Dr. Mehnert meine dauerhafte Verhandlungsunfähigkeit. Diese wurde ein halbes Jahr später vom Ingolstädter Landgerichtsarzt Dr. Steinkirchner bestätigt.

Die verhängte rechtliche Betreuung sowie die von ihr attestierte Verhandlungsunfähigkeit blockierten damit weitgehend die ständigen Attacken der Leipziger Justiz, die in der Folgezeit etwas ratlos erschien. Nun musste man meinen schlechten Gesundheitszustand zur Kenntnis nehmen, auch wenn dies meinen Gegnern überhaupt nicht in den Kram passte.

Überhaupt liefen in Ingolstadt die Uhren anders. Zum ersten Mal seit vielen Jahren hatte ich den Eindruck, dass man mir wirklich helfen wollte. Ich fand nun auch als Mensch Beachtung.

Hierin lag der elementarste Unterschied zwischen Sachsen und meiner neuen, oberbayerischen Heimat. Während die bayerischen Behörden mit einem hohen Professionalitätsgrad aufwarteten und wirklich etwas für mich taten, ging es in Sachsen nur darum, den rechtlich möglichen Handlungsspielraum auf dem Weg zu meiner vollständigen Vernichtung auszuschöpfen. Die sächsische Justiz traf ihre Entscheidungen immer gegen den Menschen, wie mir eine nach München emigrierte Leipzigerin einmal erzählte. In Sachsen fragte niemand nach, was man für den Betroffenen oder Rechtsschutzsuchenden tun konnte. Die Vertreter an den Schalthebeln der Macht in diesem Bundesland waren zu sehr im obrigkeitsstaatlichen Denken verhaftet und verfuhren dementsprechend mit ihren Bürgern.

Leider war ich kein Einzelfall. Viele Personen machten ähnliche Erfahrungen im Umgang mit der sächsischen Justiz. Dass keine Landschaften blühen konnten, wenn man die Blüten bei jeder sich bietenden Gelegenheit mit dem juristischen Fallbeil abschneidet, steht auf einem ganz anderen Blatt. Im Verlauf dieser Zeit ist mir endgültig klargeworden, dass der Aufholprozess in Sachsen auch aus menschlicher Sicht nicht gelingen konnte.

Meine Zeit als Aufbauhelfer war ohnehin mit meinem Wegzug aus Leipzig beendet. Ich hatte dort 18 Jahre meines Lebens gelassen, aus meiner heutigen Sicht eine unglaubliche, durch nichts gerechtfertigte Verschwendung von Energie und Lebenszeit. Was ich in mein neues Leben mitnahm waren viele schlechte Erfahrungen und die schwierige psychische Aufarbeitung meiner Erlebnisse. Auf Beides hätte ich gerne verzichtet. In dieser Zeit entstand mein fester Wille, nie wieder nach Sachsen zurückzukehren.

Mittwoch, 7. Dezember 2011

Auf diesen Tag hatte ich lange hingearbeitet. Es war einer der wenigen Lichtblicke in meinem Leben. Noch in Leipzig besuchte ich die öffentlichen Abende der Freimaurerloge Minerva. Deren Mitglieder standen für eine andere Welt als diejenige, die ich außerhalb ihrer wehrhaften Mauern kennengerlernt hatte. Hier gab es keine vorgefassten Meinungen oder Denunziationen hinter meinem Rücken.

Die Mitglieder dieser Freimaurerloge waren offen und neugierig. Sie interessierten sich für den Menschen, nicht für das, was über ihn geredet oder geschrieben wurde. In Leipzig war diese

Loge zu meiner Heimat geworden. Meine Erhebung in den Freimaurerstand scheiterte allerdings an meinem Umzug nach Ingolstadt. Bis heute blieb mir die Loge Minerva in bester Erinnerung.

In Ingolstadt entschied ich mich für die Loge »*Theodor zur festen Burg*«. Es handelte sich um eine kleine Loge, die jedem Interessierten offenstand. Auch deren Abende besuchte ich regelmäßig. Weil sich deren Mitglieder meine Aufnahme vorstellen konnten, erhielt ich vom Meister vom Stuhl die Nachricht, meine Erhebung in den Freimaurerstand solle nun stattfinden. Dies löste zum ersten Mal richtige Freude aus.

Doch es sollte anders kommen. Vor meiner Erhebung in den Freimaurerstand googelte mich ein Logenmitglied und stieß dabei auf den Bericht in der BILD vom 27. Juni 2011. Dieser sorgte für erhebliche Unruhe und Gesprächsbedarf. Immerhin wurde ich darin als Person gebrandmarkt, die von Richtern gejagt wurde und gegen die die Staatsanwaltschaft Leipzig seit Jahren ermittelte. Von der Berichterstattung ließen sich einige Mitglieder der Loge beeinflussen, weshalb mein Aufnahmetermin kurzfristig abgesagt wurde.

Psychisch nahm mich das stark mit. Die Freimaurerloge war für mich ein Zufluchtsort. Dies hatte sich nun geändert. Nun fühlte ich mich ausgestoßen. In Ingolstadt spürte ich wieder einmal, wie weit der Atem der sächsischen Justiz und der BILD-Leipzig reichen.

Für mich war das Thema Freimaurerei damit beendet. Ich wollte der Loge »*Theodor zur festen Burg*« eine belastende Auseinandersetzung über meine Person ersparen und zog meinen Aufnahmeantrag zurück. Seitdem habe ich nie wieder eine Freimaurerloge betreten.

Freitag, 20. Juli 2012

Auch wenn die Leipziger Gerichte erst einmal Ruhe gaben, verlief mein Genesungsprozess nicht ungestört. Leider interessierte sich mein Insolvenzverwalter Rüdiger B. ebenfalls nicht für meine schlechte Gesundheit. Natürlich betrachtete er seine Tätigkeit rein administrativ. Gesundheitlich wäre es jedoch besser gewesen, wenn er weniger radikale Wege gewählt hätte.

Langsam unternahm ich wieder erste Gehversuche und bemühte mich um Ordnung in meinem Leben. Die Arbeitssuche trat bald in den Mittelpunkt.

Hier bestand Handlungsbedarf. Der im Juni 2011 von der BILD veröffentlichte Artikel drohte meine Bemühungen im Keim zu ersticken. Weitere Anhänger der perfiden Berichterstattung hatten diesen Bericht im Internet gespiegelt, weshalb die gegen mich veröffentlichten Vorwürfe weit verbreitet waren.

Für meine anstehende Bewerbungsphase war dies absolut tödlich. Jeder Personaler wird diejenigen Kandidaten, die in die engere Wahl kommen, im Internet recherchieren. Aufgrund der Berichterstattung der BILD konnte ich nicht auf ein positives Echo zu meinen Bewerbungen hoffen.

Google hatte sich trotz mehrfacher Nachfragen geweigert, den BILD-Bericht zu entfernen. Nach Auffassung des Internetriesen bestand ein öffentliches Interesse an der Vermittlung eben dieser Informationen. Für Google gab es also ein Recht zur Denunziation. Selbst eine Klageandrohung führte nicht zu einem Einlenken. Auf einen Rechtsstreit wollte ich mich jedoch nicht einlassen. Hierzu fehlten mir Kraft und Geld.

Ein Bekannter schlug mir eine andere Form der Internetbereinigung vor. Hierbei ging es um Artikel, die positiv über mich berichteten. Diese wollte er auf seinen eigenen Internetseiten veröffentlichen und die Beiträge mehrfach publizieren. Er würde dafür sorgen, dass die neuen Berichte innerhalb kürzester Zeit bei Google vorne gelistet werden und damit die negative Berichterstattung der BILD verdrängen.

Die Idee fand ich gut, also machten wir uns an die Arbeit. Einige erste Berichte waren bereits veröffentlicht, um das Ranking der Beiträge zu testen. Darin war nachzulesen, dass ich zwischenzeitlich Vorträge über Immobilien in Süddeutschland hielt. Das traf zwar nicht zu, die Artikel meines Bekannten waren jedoch schnell in den Hitlisten von Google zu finden.

Dort fand sie mein Insolvenzverwalter Rüdiger B. dann ebenso schnell. Aus der Berichterstattung schloss er unmittelbar auf einen neuen Job als Referent und damit auf Einnahmen aus dieser Tätigkeit. Natürlich hätte B. vorher bei mir nachfragen können, ob es diese Einkünfte wirklich gab. Hierauf verzichtete er jedoch. Er machte sich nicht die Mühe, die Angelegenheit durch Rücksprache mit mir aufzuklären.

Stattdessen wandte er sich direkt an das Jobcenter Ingolstadt und informierte dieses über meine angebliche Nebentätigkeit sowie die daraus resultierenden Einkünfte. Demzufolge sollte mir das Jobcenter die Hartz-IV-Zahlung entziehen, womit mir wieder einmal die Lebensgrundlage genommen worden wäre. Sein Schreiben war die übliche Verfahrensweise, wie ich sie aus Leipzig kannte. Erst mit scharfer Munition schießen und dann – falls es noch etwas aufzuklären gab – vielleicht noch recherchieren.

Natürlich ging das Jobcenter den Vorwürfen meines Insolvenzverwalters nach und befragte meine Betreuerin Ihm. Diese stellte den Sachverhalt richtig. Ich bin mir sicher, dass das Ganze in Leipzig anders ausgegangen wäre. Dort wäre man sicherlich der Empfehlung meines Insolvenzverwalters ohne meine vorherige Anhörung gefolgt.

Es war leicht, hinter dem Rücken eines Betroffenen unwahre Tatsachen zu verbreiten. Besonders dramatisch war dies in meinem Fall, zumal ich erst aufgrund des Hartz-IV-Bezuges wieder krankenversichert war. Deshalb verzieh ich meinem Insolvenzverwalter diesen Tiefschlag nie. Ohne eine Krankenversicherung standen meine Genesung und vielleicht auch mein Leben auf dem Spiel.

Kapitel 4:

Die Untätigkeit politischer Entscheidungsträger

Am heutigen Tag ging es mir etwas besser. Es gab auch diese Tage, an denen meine Depressionen nachließen und ich in der Lage war, mich meinen Problemen zu stellen.

Nun machte ich mich erstmals daran, meine Erlebnissen niederzuschreiben und dafür zu sorgen, dass sich diese nicht wiederholen. Handelte es sich wirklich um eine Aktion, die von meinen Gegnern in der sächsischen Justiz gesteuert wurde, oder um eine Vielzahl von Zufällen? Zugegebenermaßen glaubte ich an Letzteres nicht. Meine Fragen forderten jedenfalls eine Antwort.

Ich würde mir später einmal große Vorwürfe machen, wenn ich nicht wenigstens den Versuch unternommen hätte, die Dinge aufzuarbeiten und bekannt zu machen. Zudem wollte ich eine Hintertür für die politische Kaste in Sachsen schließen, für den Fall, dass deren Vertreter später einmal auf die Ereignisse angesprochen werden. Politiker behaupten zum Selbstschutz gerne, keine Kenntnis von einem bestimmten Sachverhalt zu besitzen. So einfach wollte ich es meinen Gegnern jedoch nicht machen. Sie sollten gar nicht erst die Chance bekommen, sich später einmal herauszureden.

Also fasste ich in einer 20seitigen Dienstaufsichtsbeschwerde meine Erfahrungen in Sachsen zusammen und sandte diese an den sächsischen Ministerpräsidenten Stanislaw Tillich persönlich. Ich schilderte meine Auseinandersetzungen mit den sächsischen Spielbanken, die Attacken der Staatsanwaltschaften in Leipzig und Dresden, die Vorgehensweise der Finanzämter in Leipzig und Grimma sowie das Zustandekommen und den Ablauf meines Insolvenzverfahrens. Vor allem das Verschwinden meines ersten Antrags auf Erteilung der Restschuldbefreiung hatte ich noch nicht verkraftet. Auch auf die enge Kooperation zwischen der sächsischen Justiz und der BILD kam ich zu sprechen. Daraus ergab sich für den sächsischen Ministerpräsidenten ein umfassendes Bild. Er konnte nun selbst entscheiden, ob sich eine Intervention oder gar eine Aufarbeitung lohnen.

Hoffnungen darauf, dass etwas geschehen würde, besaß ich keine. Ich konnte lediglich den Ministerpräsidenten veranlassen, die ganze Angelegenheit zu überprüfen, sei es auch nur, um sich selbst aus der Schusslinie zu bringen.

Mein Schreiben leitete Tillich an die jeweiligen Fachressorts weiter. Das war wenigstens etwas. Damit gelangte es unter anderem an den Justizminister sowie die Präsidenten des Amtsgerichts Leipzig und des Oberlandesgerichts Dresden Hagenloch.

Samstag, 19. Januar 2013

Mit der Dienstaufsichtsbeschwerde allein begnügte ich mich allerdings nicht. Mein nächster Schritt galt dem sächsischen Landtag. Hierzu verfasste ich eine Petition.

Das Petitionsrecht steht in der Verfassung. Jeder Bürger kann sich bei seinem Landesparlament über seine Behandlung durch die öffentliche Hand beschweren und auf eine Abhilfe hinarbeiten. Es handelt sich hierbei allerdings nur um einen Placebo. Der Betroffene folgt meist seinem Gewissen, das es ihm nicht erlaubt, einfach einen Schlussstrich unter seine Erlebnisse zu ziehen.

Mit der Petition ist es wie mit einer Dienstaufsichtsbeschwerde. Sie kann formlos, ohne eine bestimmte Frist, also fristlos eingereicht werden und verläuft am Ende zwecklos.

Hiervon ging ich auch in meinem Fall aus. Meine Erwartungshaltung war zudem deshalb gering, weil mein ehemaliger

Parteikollege aus der sächsischen FDP, der Landtagsabgeordnete Tino Günther, Vorsitzender des Petitionsausschusses war. Argwöhnisch fragte ich mich, ob meine Petition unter diesen Voraussetzungen überhaupt beim Landtag eingehen wird. Vielleicht war ich auch einfach nur ein gebranntes Kind.

Wegen meiner Zweifel versandte ich meine Petition außerdem an den Vertreter der Partei DIE LINKE, Klaus Bartl, der mich wenig später davon unterrichtete, die Petition erhalten zu haben. Bei dem Landtagsabgeordneten Bartl handelt es sich um einen der wenigen Politiker in Sachsen, der Betroffene in ihrem aussichtslosen Kampf gegen staatliche Willkür unterstützt.

Mittwoch, 27. Februar 2013

Es ist alles andere als schön, wenn sich schlechte Erwartungen bestätigen. Nachdem ich über einen Monat nichts von meiner Petition gehört hatte, wandte ich mich nicht mehr an den Vorsitzenden des Petitionsausschusses, sondern an den damaligen Präsidenten des sächsischen Landtags Dr. Rößler. Ich bat diesen darum, den Eingang meiner Petition zu bestätigen. Zu meinem Bedauern teilte mir der Landtagspräsident wenig später mit, meine Petition sei beim sächsischen Landtag nie eingegangen.

Das passte mal wieder hervorragend zu meinen Erfahrungen mit der herrschenden Kaste in Sachsen. Verlorengegangen war meine Petition mit Sicherheit nicht. Vielleicht wollte mein ehemaliger Parteikollege mir auch nicht weiterhelfen. Jedenfalls zweifle ich nicht daran, dass er die Petition erhalten hatte.

Freitag, 15. März 2013

Also wandte ich mich erneut an den sächsischen Landtag. Dieses Mal versandte ich meine Petition per Einschreiben, um den Zugang nachweisen zu können. Wenig später erhielt ich die Nachricht, meine Petition liege dem Petitionsausschuss vor. Er werde sich in den kommenden Wochen mit ihr befassen.

Das geschah dann sogar. Die Antwort, die ich erhielt, überraschte mich in ihrer Schärfe allerdings doch. Es sei bei meiner Behandlung alles mit rechten Dingen zugegangen. Vor allem Prof. Dr. Milbradt habe sich nichts vorzuwerfen, wie dieser selbst in einer Landtagsrede – die man mir gleich übermittelte – ausgeführt hatte.

Nun ja. Wenn Prof. Dr. Milbradt sich ein fehlerfreies Handeln bescheinigt, gab es daran für die Vertreter der CDU im Petitionsausschuss nichts zu zweifeln. Also wies der Ausschuss meine Petition mit den Stimmen der CDU ab.

Auf meine Dienstaufsichtsbeschwerde erhielt ich eine ähnliche Antwort. Sowohl die sächsische Justiz als auch die beteiligten Finanzämter hätten in meinem Fall nur geltendes Recht angewendet. Dies mag aus deren Sicht sogar stimmen.

Wovon träumten diese Herren eigentlich sonst?

Kapitel 5:

Die Staatsgewalt schlägt zurück

Montag, 8. April 2013

Den heutigen Tag hatte ich mit Spannung erwartet. Voll inner-licher Unruhe suchte ich die Buchhandlung Hugendubel im Westpark in Ingolstadt auf. Nun hielt ich es in den Händen: Es war das neue Buch des investigativ tätigen Journalisten Jürgen Roth, mit dem Titel »*Spinnennetz der Macht*«.

Vor mehreren Jahren lernte ich Jürgen Roth kennen. Eines Nachmittages saß er in meinem Wohnzimmer, damals noch in Leipzig. Er war ein schmächtiger Mann mit scharfer, schneller In-telligenz, der eine Auseinandersetzung mit unseren Staatsvertretern nicht scheute und sich nicht einschüchtern ließ[12]. Als einer der we-nigen Journalisten war er bereit, Betroffene in ihrem Kampf zu un-terstützen. Er verlieh diesen eine Stimme. Diese war mahnend und fordernd zugleich. Missstände deckte er konsequent auf.

Jürgen Roth fragte mich damals nach meinen Erfahrungen im Umgang mit den Vertretern der herrschenden Kaste in Sach-sen. Man merkte schnell, dass es ihm auch ein persönliches An-liegen war, staatliche Willkür aufzuarbeiten. Er selbst hatte unter den Attacken der sächsischen Justiz ebenfalls gelitten. Seitdem ging der Kontakt zu ihm nicht verloren. Jürgen Roth ermunter-te mich dazu, meine Erlebnisse niederzuschreiben und diese der Öffentlichkeit zugänglich zu machen.

---

12 *www.juergen-roth.com/blog/tag/sachsensumpf-2/; www.berliner-zeitung.de/der-mafia-experte-juergen-roth-sieht-in-sachsen-eine-herrschaftsjustiz-am-werk--jetzt-ermittelt-die-chemnitzer-polizei-wegen-verunglimpfung-des-staates-gegen-den-journalisten-der-staatsfeind-15606154?originalReferrer=https://www.google.de/; www.gomopa.net/Pressemitteilungen.html?id=384&meldung=Sachsensumpf-Kritiker-Juergen-Roth-droht-Gefaengnis*

Schnell entfernte ich die Schutzhülle des Buches und begann zu lesen. Gierig überflog ich die Zeilen. Da stand er nun: mein Name und ein großer Teil meiner Erfahrungen in Sachsen. Ich nahm das Objekt meiner Begierde, ging zur Kasse und zahlte. Jürgen Roth berichtete über meine Erlebnisse als »*Kampf eines Aufrechten*«. Dies ging runter wie Öl. Immerhin war er eine der wenigen Personen, die diesen Kampf unterstützten und den Betroffenen Mut machte.

Mir bedeuteten seine Ausführungen viel. Sie bildeten den Anfang meiner längst fälligen Rehabilitation. Das war zwar eigentlich eine sächsische Aufgabe, dort sah man die Dinge jedoch anders. Um mir nichts vorwerfen zu müssen unterrichtete ich sowohl meinen Insolvenzverwalter als auch das Insolvenzgericht Leipzig über das Buch. Das war natürlich ein Fehler.

Nach der Lektüre seiner Ausführungen fühlte ich mich das erste Mal seit langem besser. Vielleicht war mein Kampf gegen die Windmühlen der Justiz doch nicht so aussichtslos, wie ich dies immer gedacht hatte. Ich hoffte, dass sich nun auch andere Journalisten meiner Sache annehmen und dafür kämpfen würden, dass sich diese Erfahrungen nicht wiederholen.

Doch ich sollte mich wieder einmal irren. Außer Jürgen Roth interessierte sich niemand für diesen Kampf.

Montag, 15. April 2013

Natürlich haben die Vertreter an den Schaltstellen der Macht in Sachsen das Buch von Jürgen Roth mit Unwillen gelesen. Mit einer Reaktion musste ich also rechnen. Gleiches gilt für meine Petition zum sächsischen Landtag, die ich kurz zuvor eingereicht hatte.

Leider fiel die Reaktion der sächsischen Justiz wieder einmal nicht so aus, wie ich es mir erhofft hatte. Stattdessen zeigte mir der Freistaat sein wahres Gesicht.

An der Hauseingangstür meiner Wohnung in Ingolstadt wurde stürmisch geklingelt. Es erschienen mehrere Kriminalbeamte und legten mir einen Durchsuchungsbeschluss des Amtsgerichts Leipzig vom 16. November 2012 vor. Vorausgegangen war eine Strafanzeige meines Insolvenzverwalters Rechtsanwalt Rüdiger B. vom Juni 2011.

Das Timing überraschte nun doch. Oder etwa nicht?

Fast zwei Jahre nach Erstattung einer Strafanzeige meines Insolvenzverwalters ordnete das Amtsgericht Leipzig zum wiederholten Mal die Durchsuchung meiner Wohnung an. Bezeichnenderweise wurde die Staatsanwaltschaft erst nach Veröffentlichung des neuen Buchs von Jürgen Roth tätig. Was für eine kuriose zeitliche Übereinstimmung! Der wievielte Durchsuchungsbeschluss des Amtsgerichts lag nun eigentlich vor? Inzwischen hatte ich den Überblick verloren.

Mein Insolvenzverwalter B. beschuldigte mich, einen betrügerischen Bankrott begangen zu haben. Ich soll erhebliche Gelder von meinen Anwaltskonten abgezweigt und meine Beteiligungen an den Biogasgesellschaften in strafbarer Weise auf ein Unternehmen übertragen haben.

Das waren wirklich heftige Vorwürfe. Noch im Mai 2011 hatte ich mich den Fragen meines Insolvenzverwalters bei unserem Treffen in Frankfurt am Main gestellt. Es blieben bei diesem Gespräch keine Fragen offen.

Getreu seiner bisherigen Linie machte sich mein Insolvenzverwalter bei seiner Strafanzeige nicht die Mühe, den Sachverhalt aufzuklären und sich hinsichtlich der Details bei mir rückzuversichern. Dass meine Einnahmen ausschließlich in den Kanzleibetrieb geflossen waren, ich mir zudem die letzten 18 Monate vor dem Antrag auf Eröffnung des Insolvenzverfahrens nicht einmal ein Gehalt gezahlt hatte, interessierte ihn nicht. Gleiches galt für die Gründe, die zur Übertragung meiner Geschäftsanteile an den Biogasgesellschaften führten. Rüdiger B. wusste es einfach besser. Er musste mich nicht vorher anhören.

Meinem Insolvenzverwalter war es wichtiger, seinen eigenen Weg zu gehen, auch wenn er damit die Gegebenheiten auf den Kopf stellte. Seine Strafanzeige, über die ich erst anlässlich der erneuten Durchsuchung erfuhr, ist für mich auch heute noch nichts anderes als eine massive Denunziation mit schwerwiegenden Folgen.

Vorteile für das Insolvenzverfahren erzielte er damit nicht, denn er setzte mich gesundheitlich dauerhaft schachmatt. Nun versank ich wieder im Tal der Depressionen.

Montag, 9. September 2013

Meine Gesundheit hatte sich etwas gebessert, wenn auch in kleinen Schritten. Vor vier Wochen wandte ich mich an den Leipziger Rechtsanwalt Dr. Stapper, ein Spezialist im Insolvenzrecht. Dieser hatte mich schon vor der Eröffnung meines Insolvenzverfahrens auf die Möglichkeit verwiesen, das Verfahren durch einen sogenannten Insolvenzplan vorzeitig zu beenden.

Ein Insolvenzplan beinhaltet eine Einigung mit meinen Gläubigern. Diese müssen den Insolvenzplan mittragen, ihm also positiv gegenüberstehen. Dr. Stapper sollte dessen Erfolgsaussicht prüfen.

Hierzu beantragte er Einsicht in meine Insolvenzakte. Diese enthielt u.a. die Berichte meines Insolvenzverwalters an die Gläubigerversammlung, also an die Gemeinschaft aller Gläubiger. Meine Gläubiger hatten von mir seit der Eröffnung des Insolvenzverfahrens nichts mehr gehört. Ich wusste daher nicht, ob sie einen Insolvenzplan befürworten würden.

Eigentlich ist jeder Insolvenzverwalter verpflichtet, dem Schuldner diese Unterlagen zu übermitteln. Mehrfach hatte ich meinen Insolvenzverwalter hierzu aufgefordert. Eine Antwort blieb er mir stets schuldig.

Vielleicht lag der Grund hierfür auch in der Art, wie er über mich berichtete. Mehrfach teilte er meinen Gläubigern mit, ich sei nicht kooperationswillig, wodurch die Arbeit des Insolvenzverwalters deutlich erschwert würde. Nicht akzeptabel war für mich, dass dies hinter meinem Rücken geschah und ich damit keine Möglichkeit besaß, die Vorwürfe richtig zu stellen.

Aufgrund meiner Kooperationsunwilligkeit – so führte mein Insolvenzverwalter aus – solle mir die Möglichkeit eines Insolvenzplans versagt werden. Was mein Insolvenzverwalter den Gläubigern verschwieg war die Tatsache, dass ich jede seiner Anfragen, sofern es welche gab, ausführlich beantwortet hatte. Vielmehr war es Rüdiger B., der nur selten Zuarbeiten von mir verlangt hatte.

Natürlich wollte ich von Rechtsanwalt Dr. Stapper wissen, ob meine Gläubiger von meinem Insolvenzverwalter über meine psychische Erkrankung informiert worden waren. Diese Frage verneinte er. Meine Gläubiger mussten daher annehmen, dass ich eine Kooperation im Insolvenzverfahren willkürlich verweigerte.

Dr. Stapper kam zu dem Ergebnis, dass ein Insolvenzplan derzeit keine Aussicht auf Erfolg besitzt. Meine Gläubiger würden sich der Auffassung meines Insolvenzverwalters anschließen und gegen einen Insolvenzplan sowie die damit verbundene Restschuldbefreiung stimmen.

Damit hatte mein Insolvenzverwalter vollendete Tatsachen geschaffen. Es sollte bei der gegen mich verhängten Höchststrafe, also dem sechsjährigen Insolvenzverfahren und der Verweigerung der Restschuldbefreiung bleiben. Ich würde auf meinen Schulden sitzen bleiben.

Das waren ausgesprochen bittere Nachrichten.

Mittwoch, 24. September 2014

Beruflich gelang mir vor ein paar Wochen ein kleiner Durchbruch. Ich trat beim Institut für Fortbildung von Betriebsräten

(IfB) aus Murnau am Staffelsee eine Stelle als Referent an. Ich hatte die Hoffnung auf einen neuen Job schon fast aufgegeben.

Ich sollte Betriebsräte im Arbeits- und Betriebsverfassungsrecht unterrichten. Für mich stellte diese Referententätigkeit eine enorme finanzielle Entlastung dar. Da meine Vergütung unterhalb der Pfändungsfreigrenze lag, besaß mein Insolvenzverwalter hierauf keine Zugriffsmöglichkeit.

Die ersten beiden Seminare in Frankfurt und Dresden hielt ich mit gutem Erfolg. Die Kritiken der Seminarteilnehmer waren positiv. Daher bestand die Chance, künftig öfter Betriebsräte schulen zu können.

Aber es sollte anders kommen. Wieder einmal hatte ich die Rechnung ohne den Wirt gemacht.

Mein Insolvenzverwalter erfuhr durch eine Indiskretion aus meinem Leipziger »Freundeskreis« von meiner neuen Tätigkeit und setzte zu einer Blutgrätsche an. Ohne mich zu informieren bzw. vorherige Auskünfte bei mir einzuholen wandte er sich direkt an das IfB. Außerdem beantragte er beim Insolvenzgereicht Leipzig eine Postsperre, welches ihm diese umgehend gewährte. Fortan würde Rüdiger B. die an mich gerichtete Post vor mir lesen.

Seine Vorgehensweise hatte sich seit seiner Attacke gegenüber dem Jobcenter Ingolstadt, wo er auf die Einstellung meiner Hartz-IV-Zahlungen hinarbeitete, nicht geändert. Mein Insolvenzverwalter berichtete dem IfB von meinen »kriminellen Machenschaften«. Es ginge ihm nur darum, Einnahmen an den Gläubigern vorbei zu erzielen.

Er forderte die Zahlung meiner gesamten Vergütung an ihn selbst. Die Pfändungsfreigrenzen akzeptierte er nicht. Und das, obwohl meine Referentenvergütung den Pfändungsfreibetrag nicht einmal überschritt.

Wenig später erfuhr ich die Konsequenzen wieder einmal am eigenen Leibe. Aufgrund des Briefs meines Insolvenzverwalters beendete das IfB die Zusammenarbeit mit mir. Damit ging mir das Referentengehalt verloren. Ich stürzte einmal mehr vollständig ab.

Die Vorgehensweise meines Insolvenzverwalters war alles andere als zielführend. Nach der Beendigung meiner Zusammenarbeit mit dem IfB konnte er nicht mehr auf eine höhere Referentenvergütung meinerseits hoffen und einen Teil davon einfordern. Damit schädigte er meine Gläubiger zum wiederholten Mal.

Die Kaltschnäuzigkeit meines Insolvenzverwalters musste ich darüber hinaus auch anlässlich eines Besuchs bei meiner Bank feststellen. Nachdem ich meine EC-Karte in den Schlitz des Bankautomaten eingeführt hatte, wurde diese einbehalten. Auf meinem Konto befand sich ein nur geringes Guthaben. Das IfB hatte kurz vorher meine Spesen für mein Vorstellungsgespräch überwiesen.

Nach Auskunft der Volksbank Greven ließ mein Insolvenzverwalter mein Konto pfänden und veranlasste die Zahlung der Spesen an sich. Nach den einschlägigen Regelungen der Zivilprozessordnung dürfen derartige Spesen allerdings nicht gepfändet werden. Meinen Insolvenzverwalter interessierte dies wenig. Die Spesen aus meinem Vorstellungsgespräch sah ich nie wieder.

Daran änderten meine Beschwerden bei ihm sowie beim Insolvenzgericht Leipzig nichts. Während mein Insolvenzverwalter Rüdiger B. seiner Linie treu blieb und meine Schreiben ignorierte, erhielt ich vom Insolvenzgericht Leipzig nur die kurze Antwort, der Insolvenzverwalter habe alles richtiggemacht. Auch eine hinter meinem Rücken erfolgte Denunziation sah das Insolvenzgericht nicht. Immerhin hatte Rüdiger B. von meinen »*kriminellen Machenschaften*« gesprochen.

Längst war beim Leipziger Insolvenzgericht alles erlaubt. Seine Vorgehensweise deckte sich zwar nicht mit der Rechtslage. Es entsprach aber der üblichen Marschrichtung in der Leipziger Justiz. Ähnlich hatte das Insolvenzgericht Leipzig bereits auf frühere Beschwerden meinerseits reagiert. Diese Praxis ermutigte meinen Insolvenzverwalter zu noch konsequenterem Vorgehen.

Nachvollziehen kann ich dieses Verhalten bis heute nicht. Wozu nutzen rechtliche Rahmenbedingungen, wenn man sich bei der Anwendung selbst die Absolution erteilt.

Dass gerade Vertreter der öffentlichen Hand, zu denen Insolvenzverwalter und das Insolvenzgericht gehören, verpflichtet sind, rechtliche Mindeststandards einzuhalten, stellt eine Binsenwahrheit dar. Immerhin geht es hier um nichts Geringeres als die Rechtsstaatlichkeit, deren Bedeutung und Reichweite ich aufgrund meiner Doktorarbeit genau zu kennen glaubte.

Mein rechtstheoretisches Wissen deckte sich jedoch nicht mit der im Freistaat Sachsen gelebten Rechtspraxis. Mein Kampf um die Einhaltung rechtsstaatlicher Mindeststandards war längst verloren. Sämtliche Verfassungsgrundsätze helfen dem Betroffenen nicht, wenn die Bereitschaft zu ihrer Einhaltung fehlt.

Montag, 22. Juni 2015

Wieder einmal befasste ich mich mit Überlegungen, mein Insolvenzverfahren durch einen Insolvenzplan zu beenden. Inzwischen stand sogar mein Insolvenzverwalter diesem Vorhaben positiv gegenüber.

Mein Rechtsanwalt hatte die aktuelle Gläubigerliste von Rüdiger B. abgefordert. Die Gläubigerliste gibt Auskunft darüber, welcher Gläubiger im Insolvenzverfahren Forderungen erfolgreich angemeldet hatte. Sie dokumentiert den exakten Schuldenstand. Es ist daher wichtig, diese Liste möglichst fehlerfrei zu erstellen. Gerade aus diesem Grund hatte ich meinem Insolvenzverwalter B. in den vergangenen Jahren immer wieder meine Unterstützung angeboten. Schließlich wusste ich am besten, welche Forderungen existierten und welche nicht.

Rüdiger B., der sich so gerne über meine fehlende Kooperationswilligkeit beklagte, ging auf mein Angebot leider nie ein. Nun sah ich das Ergebnis seiner Tätigkeit. Mein Insolvenzverwalter hatte in erheblichem Umfang Forderungen von Gläubigern bestätigt, die in Wirklichkeit nicht bestanden. Teilweise widersprachen diese sogar gerichtlichen Entscheidungen.

Eine Änderung der Gläubigerliste war nun allerdings nicht mehr möglich. Mein Schuldenstand hatte sich aufgrund der einseitigen Tätigkeit meines Insolvenzverwalters um mehrere hunderttausend Euro erhöht.

Natürlich machte ich Rüdiger B. auf diese Fehler aufmerksam. Eine Korrektur der Gläubigerliste nahm er indessen nicht vor.

Kapitel 6:

Der Kampf um die Restschuldbefreiung

Donnerstag, 27. November 2014

Heute platzte mir endgültig der Kragen. Ich reichte beim Landgericht Leipzig Klage gegen meinen ehemaligen Rechtsanwalt Gunnar Sch. ein. Dieser hatte mich im vorläufigen Insolvenzverfahren vertreten. Das Mandat legte er im Zeitpunkt der Eröffnung des Verfahrens gegenüber dem Insolvenzgericht Leipzig sowie meinem Insolvenzverwalter nieder, natürlich ohne mich hierüber zu unterrichten. Dabei handelte es sich um eine sehr eigenwillige Vorgehensweise.

Auch den Beschluss des Insolvenzgerichts Leipzig vom 22. Februar 2011, mit welchem mir die Restschuldbefreiung verweigert worden war, behielt er für sich. Aus diesem Grund wurde er rechtskräftig. Eine Restschuldbefreiung war damit unmöglich.

Meiner Meinung nach handelte es sich hier um einen klaren Beratungsfehler. Gunnar Sch. hätte mich entweder zeitnah über den Versagungsbeschluss des Insolvenzgerichts Leipzig informieren oder zur Schadensbegrenzung sofortige Beschwerde einlegen müssen.

Warum er Beides nicht tat, wo doch so viel für mich auf dem Spiel stand, ist mir bis heute nicht klar. Immerhin forderte er für seine katastrophale Arbeit auch noch ein fürstliches Honorar in Höhe von fast 15.000 € ein. Damit befriedigte er meine gegenüber der Leipziger Anwaltschaft bestehenden Vorurteile.
Bereits in den letzten drei Jahren hatte ich mich mit ihm außergerichtlich gestritten. Für Beratungsfehler müssen Anwälte eine Haftpflichtversicherung abschließen. Ihre Anwaltszulas-

sung hängt hiervon ab. Normalerweise melden Anwälte Schäden schnell ihrem Versicherer, um nicht den Deckungsschutz zu riskieren.

Nicht so Gunnar Sch. aus Leipzig. Er verweigerte mir bereits die Auskunft über seinen Haftpflichtversicherer. Diese Angabe musste ich über die Sächsische Rechtsanwaltskammer erzwingen. Sch. erwies sich in einer Wiese unkooperativ, wie ich das selten erlebt habe.

Da die Verjährung meines Schadensersatzanspruchs drohte, blieb mir nichts Anderes übrig, als meine Forderung gerichtlich geltend zu machen. Ich verlangte von ihm, mich so zu stellen, als würde ich eine Restschuldbefreiung erhalten. Meiner Ansicht nach war der Fall klar.

Dienstag, 3. Februar 2015

Überraschend schnell kam es zu einer mündlichen Verhandlung vor dem Landgericht Leipzig. Mein Gesundheitszustand verschlechterte sich vor diesem Termin wieder einmal. All meine schlechten Erinnerungen an die sächsische Justiz kamen in den letzten zwei Wochen vor diesem Termin wieder hoch. Meine posttraumatischen Belastungsstörungen zeigten sich von ihrer hässlichsten Seite.

Dennoch half all dies nicht. Der Rechtsstreit war wichtig. Für mich ging es um die Chance, vielleicht irgendwann doch noch einmal ohne Schulden zu leben. Ich nahm meine Kräfte zusammen, schluckte doppelt so viele Antidepressiva wie in normalen Zeiten und machte mich auf den Weg. Je näher ich Leipzig kam, umso schlechter fühlte ich mich. Ich war nun ein Fall für die Fachklinik, aber nicht für den Gerichtssaal.

Hinzu kamen die panischen Ängste: Immer, wenn ich nach Sachsen fuhr, rechnete ich mit meiner Verhaftung. Dafür gab es zwar keinen tragfähigen Grund. Längst traute ich der sächsischen Justiz aber alles zu. Auf dem Weg nach Leipzig dachte ich jedenfalls lange daran, die Flucht zu ergreifen und einfach umzukehren.

Der Gang ins Gerichtsgebäude wurde zu einer entsetzlichen Qual. Noch schlimmer war das Warten, bis die Verhandlung endlich begann. Wie sehr meine Erkrankung mir zusetzte, bemerkte ich, als Richter H. anfing, in finsterstem Sächsisch auf die Probleme des Rechtsstreits aufmerksam zu machen. Seine von mir so empfundene unfreundliche Art und sein Dialekt gaben mir den Rest. Ich hielt es nicht mehr aus.

Unter dem Vorwand, ein dringendes Bedürfnis befriedigen zu müssen, verließ ich schon nach wenigen Sätzen des Richters den Gerichtssaal und flüchtete aus dem Gebäude. Panikartig lief ich zur Tiefgarage im Petersbogen, wo ich geparkt hatte. Nicht ohne mich mehrfach umzudrehen. Überall vermutete ich Polizisten, die mich suchten. Nein, ich hätte nie nach Leipzig zurückkehren dürfen. Ich stieg in das Fahrzeug und brauste los.

Wieder einmal war ich auf der Flucht.

Meine Ängste ließen erst nach, als ich die Grenze zu den alten Bundesländern überquert hatte. Zwar rechnete ich damit, dass der Besuch in Leipzig mir gesundheitlich starke Probleme bereiten würde. Dass es so schlimm kommt, erwartete ich jedoch nicht.

Montag, 27. April 2015

Das Landgericht Leipzig lud mich zu einem Fortsetzungstermin am 28. April 2015. Meine Vernehmung als Zeuge war geplant. Wieder plagten mich schwere Depressionen.

Am vergangenen Freitag suchte ich meinen Hausarzt auf, um mich krankschreiben zu lassen. Sein Attest reichte mein Rechtsanwalt beim Landgericht ein. Kurze Zeit später erhielt dieser einen wütenden Anruf von Richter H., der ihm mitteilte, er werde die Krankschreibung nicht anerkennen. Er forderte ein amtsärztliches Attest. Sofern ich dieses nicht beibringe, werde er in der Sache gegen mich entscheiden.

So viel zu rechtsstaatlichen Gepflogenheiten. Unbefangenheit sieht jedenfalls anders aus.

Derartige Drohungen waren alles andere als gesundheitsfördernd. In Leipzig wusste nahezu jeder Richter über meine psychische Erkrankung Bescheid. Schon in der Vergangenheit waren zahlreiche Termine an meinem schlechten Gesundheitszustand gescheitert. Dennoch tat so mancher Richter meine Erkrankung als Schauspielerei ab.

Die Androhung von H. bestätigte meine schlimmsten Befürchtungen. Also begab ich mich zum Gesundheitsamt. Der zuständige Psychiater stufte mich als derzeit verhandlungsunfähig ein. Wieder einmal dieselbe Diagnose. Damit fand der Gerichtstermin nicht statt.

Dienstag, 16. Juni 2014

Das Landgericht Leipzig gab mir kaum Zeit zur Genesung. Es setzte wenige Wochen später einen neuen Verhandlungstermin an.

Die Tage davor hatte ich mit dem Gedanken verbracht, mich erneut vom Amtsarzt verhandlungsunfähig schreiben zu lassen. Allerdings wollte ich die Angelegenheit endlich hinter mich bringen. Vollgestopft mit schweren Psychopharmaka fuhr ich in die bei mir so unbeliebte Stadt.

Während der Verhandlung musste ich mir so Einiges von Richter H. anhören. Mehrfach machte er sich über meinen Gesundheitszustand lustig. Es war einfach unerträglich. Zwar kannte ich ihn nicht. Aus seinen Worten glaubte ich jedoch offene Abneigung zu hören, so, als sei er beauftragt, alte Rechnungen für alle mir weniger geneigten Richter zu begleichen. Für meine Klage besaß er trotz des eindeutigen Sachverhalts kein Verständnis.

Entgegen aller Animositäten muss ich H. eines hoch anrechnen: Während der mündlichen Verhandlung zeigte er mir diverse Schriftstücke aus meiner Insolvenzakte, die er zuvor beigezogen hatte. Darunter befand sich zu meiner völligen Überraschung auch mein Antrag auf Gewährung der Restschuldbefreiung vom 24. November 2010.

Es war genau der Antrag, der angeblich nie beim Insolvenzgericht Leipzig angekommen war. Und es bestand kein Zweifel: er befand sich dort, wo er sein sollte. Ich spürte förmlich, wie eine Druckwelle entstand, die sich schon bald in einer Explosion auflösen würde. Der Antrag fiel wie Manna vom Himmel.

Der Eingangsstempel des Insolvenzgerichts Leipzig vom 25. November 2010 bewies eindeutig den Zugang meines Antrags, so wie ich das mehrfach behauptet hatte, u. a. in meiner Dienstaufsichtsbeschwerde an den Ministerpräsidenten Tillich sowie meiner Petition zum sächsischen Landtag. Nach wiederholten Aussagen des Insolvenzgerichts Leipzig gab es diesen Antrag jedoch nicht.

Ich konnte es nicht glauben. Wie war es möglich, dass ein Richter am Landgericht Leipzig diesen Antrag problemlos in meiner Insolvenzakte findet, die Richter am Insolvenzgericht dagegen nicht? Ging es hier überhaupt noch mit rechten Dingen zu? Handelte es sich um ein Versehen oder steckte mehr dahinter?

Ein Versehen halte ich für ausgeschlossen. Es lag näher, dass es diesen Antrag nicht geben durfte, weil er bestimmten Leuten nicht ins Konzept passte.

Damit steckte plötzlich ein Ass in meinem Ärmel. Und zwar eins, das für den weiteren Verlauf meines Insolvenzverfahrens entscheidend sein konnte.

Sonntag, 20. September 2015

Mein Rechtsanwalt bat das Landgericht um eine Kopie dieses Antrags. Nach deren Erhalt leitete ich diese an das Insolvenzgericht weiter. Gleichzeitig erklärte ich im Hinblick auf meinen zweiten Antrag auf Erteilung der Restschuldbefreiung vom 12. Februar 2011 die Anfechtung aus allen in Betracht kommenden Gründen, insbesondere wegen arglistiger Täuschung durch das Insolvenzgericht Leipzig.

Wir erinnern uns: Im Februar 2011 machte mich das Insolvenzgericht Leipzig auf den fehlenden Antrag auf Erteilung der Restschuldbefreiung aufmerksam, weshalb ich einen zweiten Antrag eingereicht hatte. Da sich mein erster Antrag vom November jedoch in der Insolvenzakte befand, lag eine arglistige Täuschung des Gerichts zumindest nahe.

Leider konnte ich nicht sehen, welche Reaktion mein Schreiben bei der Rechtspflegerin M. und dem Insolvenzrichter H. hervorrief. Sie dürften zumindest für ein paar Sekunden ihr seelisches Gleichgewicht verloren haben. Damit hatte sich mein Brief schon einmal gelohnt.

Nun war der Kampf um meine Restschuldbefreiung neu eröffnet.

Mittwoch, 25. November 2015

In meinem Briefkasten fand ich Post vom Insolvenzgericht. Normalerweise verhieß dies nichts Gutes. Allerdings stand die Antwort auf meinen Brief vom 20. September 2015 noch aus. Mehr als zwei Monate hatte sich das Gericht Zeit gelassen.

Und dieses Mal gab es erfreuliche Nachrichten. Noch nie wurde ich Zeuge einer vergleichbaren richterlichen Verzweiflung. Nun bestätigte das Insolvenzgericht den Eingang meines ersten Antrags auf Erteilung der Restschuldbefreiung. Immerhin! Nach genau fünf Jahren war dies eine starke Leistung! Die Existenz dieses Antrags war nun auch nicht mehr zu bestreiten.

Plötzlich erinnerte sich das Insolvenzgericht auch an meine Dienstaufsichtsbeschwerde vom 26. Oktober 2012, die ich direkt an den sächsischen Ministerpräsidenten Tillich gerichtet hatte. Darin machte ich meinem Unmut über meinen verloren gegangenen Antrag lautstark Luft. Auch in meiner Petition an den sächsischen Landtag aus dem gleichen Jahr hatte ich die Schlamperei des Insolvenzgerichts Leipzig heftig kritisiert.

Aber es kam noch dicker. Nun erfuhr ich, dass der Abteilungsleiter für Insolvenzen am Insolvenzgericht Leipzig, Dr. Büttner, bereits Ende 2012 meinen Antrag auf Erteilung der Restschuldbefreiung vom 24. November 2011 in meiner Insolvenzakte entdeckt hatte. Denn er bestätigte seine Existenz in seiner dienstlichen Stellungnahme an die Präsidenten des Amtsgerichts Leipzig sowie des Oberlandesgerichts Dresden, die unter dem 14. Mai 2013 erfolgt war.

Meine Insolvenzakte enthält sogar Abschriften dieser dienstlichen Stellungnahme und beweist damit, dass gleich mehrere Richter in einer Führungsposition sowie Rechtspfleger in der sächsischen Justiz von der Existenz meines ersten Antrags auf Erteilung der Restschuldbefreiung wussten. Nur handelten sie nicht entsprechend.

Kein Richter korrigierte die Entscheidung des Insolvenzgerichts Leipzig, mit der mir die Restschuldbefreiung versagt worden war. Das stellt einen unerhörten Vorgang dar. Doch nicht nur das: Auch der ehemalige sächsische Ministerpräsident wurde mit Sicherheit vom Präsidenten des Oberlandesgerichts Dresden über meinen ersten Antrag auf Gewährung der Restschuldbefreiung informiert. Trotzdem bestätigte er wenig später, bei meiner Behandlung sei alles mit rechten Dingen zugegangen. Anlass zu einer Korrektur sah auch Tillich nicht.

Von einem Ministerpräsidenten sollte man eigentlich mehr erwarten.

Dies führt berechtigterweise zu der Frage, warum sich niemand meiner Sache annahm. Nun erwiesen sich die in meiner Dienstaufsichtsbehörde sowie meiner Petition erhobenen Vorwürfe als zutreffend. Ein Einschreiten hielt dagegen niemand dieser in hohen Staatsämtern arbeitenden Personen für geboten. Stattdessen bescheinigte sich die herrschende Kaste in Sachsen wohlwollend ein rechtlich einwandfreies Vorgehen.

An eine Schlamperei glaube ich nicht. Zu akribisch ist die Arbeitsweise der meisten Richter. Dies gilt insbesondere dort, wo die Justiz auf Weisung des sächsischen Ministerpräsidenten tätig wurde.

Die Antwort ist daher sehr viel einfacher: Man wollte meinen Antrag nicht finden und mir die Restschuldbefreiung gewähren. Hierfür waren sicherlich keine rechtlichen Gründe maßgebend. Es handelte sich vielmehr um eine politische Entscheidung. Die juristische und politische Kaste in Sachsen wollte unter allen Umständen verhindern, dass ich nach dem Ablauf von sechs Jahren von meinen Schulden befreit werde und wieder als Rechtsanwalt arbeiten kann. Hierbei handelt es sich um einen geradezu unglaublichen Skandal.

Aufgrund der klaren Beweislage stellte das Insolvenzgericht nun die Existenz meines früheren Antrags fest und räumte mir die Restschuldbefreiung ein. Damit war es möglich, nach sechs Jahren schuldenfrei zu leben, sofern die Restschuldbefreiung nicht noch von anderer Seite torpediert wird.

Mittwoch, 9. Dezember 2015

Das Wiederauftauchen meines ersten Antrags auf Gewährung der Restschuldbefreiung besaß gravierende Auswirkungen für meine Klage gegen Rechtsanwalt Gunnar Sch. Dieser haftete im Ergebnis nicht mehr für seine Pflichtverletzung, da mir nun die Restschuldbefreiung gewährt wurde. Juristen sprechen in diesem Zusammenhang von einer überholenden Kausalität. Dafür, dass mein erster Antrag verloren ging, traf Gunnar Sch. keine Schuld.

Oftmals haben wir es in der Rechtsprechung mit paradoxen Situationen zu tun. An einem Beratungsfehler von Rechtsanwalt

Sch. bestand zwar kein Zweifel. Er war nun jedoch nicht mehr entscheidend. Er war nicht mehr »*kausal*«. Meine Klage gegen ihn besaß aufgrund der neuen Entwicklung keine Aussicht auf Erfolg mehr.

Nur wusste ich das im Zeitpunkt der Klageerhebung nicht. Die Schuld lag eindeutig bei der sächsischen Justiz und damit beim Freistaat Sachsen. Allerdings musste ich nun mit einer Abweisung meiner Klage gegen Gunnar Sch. rechnen. Also nahm ich diese zurück. Dies führte jedoch dazu, dass ich nicht nur die Kosten des eigenen Anwalts tragen musste, sondern auch die meines Gegners.

Die Gesamtkosten beliefen sich auf 3.500 €. Das wollte ich nicht auf mir sitzen lassen. Schließlich handelte es sich um einen Fehler des Leipziger Insolvenzgerichts. Aus diesem Grund schrieb ich den sächsischen Justizminister Gemkow an und forderte ihn zur Zahlung der Prozesskosten auf. Wieder einmal handelte es sich um einen Staatshaftungsfall.

Außerdem dachte ich mir, dass der sächsische Justizminister die Arbeitsweise seiner Gerichte kennen sollte. Große Hoffnungen auf eine Schadensersatzleistung des Freistaates machte ich mir natürlich nicht. Bislang hatte die sächsische Justiz nie ihre Bereitschaft erkennen lassen, in meiner Sache objektiv zu entscheiden.

Mittwoch, 30. Dezember 2015

Damit war die Angelegenheit noch nicht beendet. Unter der Versagung der Restschuldbefreiung hatte ich gesundheitlich stark gelitten. Die berufliche und finanzielle Perspektivlosigkeit, die mit dieser Entscheidung verbunden war, hinterließ schwere Spuren.

Seitdem begleiteten mich ständig schwere Depressionen. An vielen Tagen war ich überhaupt nicht mehr ansprechbar. Meine Gesundheit verschlechterte sich soweit, dass ich Mitte Januar 2014 auf die Intensivstation des Klinikums Ingolstadt eingeliefert werden musste.

Erst nach über einem einmonatigen Aufenthalt trat eine Stabilisierung ein. Heilen lässt sich meine Erkrankung dagegen kaum. Bereits minimale Reize lösen schwere Rückfälle aus.

Daher schrieb ich den sächsischen Justizminister Gemkow ein zweites Mal an. Ich forderte Schmerzensgeld. Ich glaubte nicht ernsthaft an einen erfolgreichen Ausgang meines Ansinnens. Interessant war für mich eigentlich nur noch die Begründung, mit der man mein Anliegen ablehnen wird.

Dienstag, 26. Januar 2016

Heute erhielt ich Post vom Oberlandesgericht Dresden, also dem Gericht, das seit Jahren Kenntnis von meinem ersten Antrag auf Erteilung der Restschuldbefreiung besaß, ohne etwas unternommen zu haben. Die Richterin am Oberlandesgericht Wetzel antwortete auf meine Schmerzensgeldforderung.

Sie könne im Ergebnis ihrer Prüfung meinem Begehren nicht entsprechen. Was für eine Überraschung! Ich lasse mir gerne meine Vorurteile bestätigen! Wetzel drehte den Spieß einfach um: Nicht die sächsische Justiz sei schuld daran, dass mein erster Antrag auf Erteilung der Restschuldbefreiung verloren ging, sondern ich selbst. Denn ich hätte diesen Antrag nicht weiterverfolgt. Woraus die Richterin dies bei einem derart bedeutenden Antrag schloss, war mir rätselhaft.

Das war wieder einmal eine ganz starke richterliche Leistung. Seit wann muss ich ein Gericht daran erinnern, über wichtige Anträge zu entscheiden? Ist ein Antrag einmal gestellt, hat das Gericht auch davon ausgehen, dass ich es ernst meine. Das entsprach jedenfalls meiner anwaltlichen Erfahrung. Es wäre ja noch schöner, wenn ich jedes Mal gegenüber einem Gericht klarstellen muss, dass ich auch weiterhin zu meinen Anträgen stehe.

Dennoch – so Wetzel – begründe die unterbliebene Bearbeitung meines Antrages keine Staatshaftungsansprüche. Der hybride Rechtsstaat lässt grüßen.

Die Begründung belegt exemplarisch die Einstellung der sächsischen Justiz zu rechtsstaatlichen Mindeststandards. Wahrscheinlich war die Richterin Wetzel selbst nicht von ihrer Begründung überzeugt. Näher liegt jedenfalls, dass sie bei der Bearbeitung meines Falles klare Vorgaben besaß.

Natürlich steht mir dieser Schmerzensgeldanspruch zu. Von der sächsischen Justiz konnte ich jedoch keine unabhängige Bearbeitung meiner Ansprüche erwarten. Einmal mehr erfolgte die Entscheidung ergebnisbezogen.

Mittwoch, 24. Februar 2016

Wie man mit berechtigten Ansprüchen seiner Bürger umgeht, belegt ein weiterer Brief der sächsischen Justiz vom 24. Februar 2016. Er beinhaltet die Antwort auf die Forderung nach Erstattung der Kosten für den gegen Gunnar Sch. geführten Rechtsstreit.

Erneut antwortete mir die Richterin am Oberlandesgericht Wetzel. Erwartungsgemäß sah sie keine Verpflichtung, die Kosten des Rechtsstreits zu ersetzen. So falsch dies auch war, sie folgte damit einer Tradition. Zwar stehen diese Haftungsregelungen im Gesetz (§ 839 Bürgerliches Gesetzbuch). Die sächsische Justiz wendet sie jedoch nicht auf Schadensersatzbegehren an.

Wieder einmal sah die Richterin Wetzel den Fehler bei mir. Eine Haftung des Freistaates Sachsen käme nur dann in Betracht, wenn ich wegen des Verschwindens meines Antrags zur Klage gegen Rechtsanwalt Gunnar Sch. gezwungen gewesen wäre. Dies sei jedoch nicht der Fall, denn ich hätte das Insolvenzgericht an die Bearbeitung des verlorengegangenen Antrags erinnern müssen.

Hätte sich in diesem Fall wirklich etwas geändert? Obliegt es mir, dafür zu sorgen, dass Richter ihrer Arbeit ordnungsgemäß nachgehen? Bin ich für die Prüfung der Akten des Insolvenzgerichts zuständig? Und was war mit meiner Dienstaufsichtsbeschwerde sowie meiner Petition? Enthielten diese nicht sogar eine Beschwerde auf höchster Ebene?

Das war Rechtsakrobatik auf höchstem Niveau. Während jeder Bürger für sein Fehlverhalten haftet, gilt dies nicht für die Vertreter des Freistaates Sachsen. Aus rechtsstaatlicher Sicht ist diese Doppelmoral nicht hinnehmbar.

Natürlich muss es eine praktische Möglichkeit geben, den Freistaat Sachsen auf Schadensersatz zu verklagen. Große Lust dazu habe ich allerdings keine mehr. Ich ahne bereits, mit welchem Einfallsreichtum diese Klage behandelt würde. Was nicht sein kann darf im Freistaat eben nicht sein. Gewinnchancen hätte ich allenfalls vor dem Bundesverfassungsgericht oder dem Europäischen Gerichtshof für Menschenrechte. Dort gehört mein Fall eigentlich hin. Nur wäre der Weg dahin lang und beschwerlich.

Am Ende hat der Freistaat Sachsen sein Ziel erreicht. Das damit in der Praxis umgesetzte Zweiklassenrecht ist zwar unbefriedigend, weitere negative Erfahrungen möchte ich mir jedoch nicht mehr zumuten.

Zu Beginn meines Jurastudiums Mitte der 80er Jahre gab mir der Saarbrücker Volkswirtschaftsprofessor Dr. Stützle eine wichtige Entscheidungshilfe auf den Weg. Er sprach in der Vorlesung über allgemeine Volkswirtschaftslehre davon, jeder Marktteilnehmer habe grundsätzlich zwei Möglichkeiten, um auf Ereignisse zu reagieren, nämlich »*exit*« oder »*voice*«. Er könne selbst darüber entscheiden, ob er sich auf bestimmte Spielregeln einlässt, oder dem Marktgeschehen den Rücken kehrt.

Ähnlich ist es im Fall der sächsischen Justiz. Ich besitze keine realistische Chance, auf deren Gepflogenheiten Einfluss zu nehmen. Also blieb mir nur der Exit. Und den hatte ich mit meinem Wegzug aus Leipzig vollzogen.

Dienstag, 21. Februar 2017

Eigentlich ist heute ein guter Tag. So sollte es wenigstens sein. Denn die sechsjährige Wohlverhaltensphase in meinem Insolvenzverfahren ist abgelaufen. Sechs lange Jahre hatte mein Insolvenzverwalter Zugriff auf mein Einkommen, soweit dies die Pfändungsfreigrenzen überschritt. Aufgrund meiner Erkrankung war ich jedoch die meiste Zeit arbeitsunfähig.

Nun war ein Neustart möglich. Ich überlegte sogar, mir wieder eine Zulassung als Rechtsanwalt zu besorgen. Auch reservierte ich im Internet Adressen für meine künftige Homepage. Da ich vom Insolvenzgericht nichts gehört hatte, ging ich von einer Gewährung der Restschuldbefreiung aus.

Beim Insolvenzgericht sah man dies anders. Von dort erhielt ich die Mitteilung, dass derzeit nicht über meine Restschuldbefreiung entschieden werden könne. Denn die Insolvenzakte liege dem Gericht derzeit nicht vor.

Samstag, 1. Juli 2017

Nun waren bereits mehrere Monate vergangen. Eigentlich genug Zeit, um das Verfahren zur Gewährung der Restschuldbefreiung einzuleiten. Geschehen war leider immer noch nichts.

Nachdem ich bei den Mitarbeitern des Insolvenzgerichts zuvor bereits auf Granit gestoßen war, wandte ich mich direkt an den Abteilungsleiter für Insolvenzen, Herrn Richter am Amtsgericht Dr. Büttner. Es handelte sich um eben denjenigen Richter, der Ende 2012 meinen ersten Antrag auf Gewährung der Restschuldbefreiung in meiner Insolvenzakte entdeckt, dies jedoch nicht zum Anlass genommen hatte, in der Sache tätig zu werden.

Und so sollte es erneut sein: Auf seine Antwort wartete ich vergeblich.

Mittwoch, 15. August 2017

Es vergingen noch weitere sechs Wochen, bis das Insolvenzgericht schließlich handelte. Bislang hatte das Gericht keinen Grund zur Eile gesehen, zumal – so das Gericht –in meinem Fall mit Einwendungen von Gläubigern gegen die Gewährung der Restschuldbefreiung zu rechnen sei.

Ein halbes Jahr nach Ablauf der Wohlverhaltensphase teilte mir das Gericht nun allerdings mit, das Verfahren könne jetzt betrieben werden. Meine Insolvenzakte sei vom Landgericht an das Insolvenzgericht zurückgesandt worden. Es bat meinen Insolvenzverwalter Rüdiger B., einen außerplanmäßigen Bericht darüber zu erstatten, ob ich meinen Pflichten als Insolvenzschuldner während der Wohlverhaltensphase nachgekommen war.

Freitag, 17. November 2017

Die vergangenen Wochen verbrachte ich grübelnd. Wie so oft waren dunkle Wolken aufgezogen und dämpften meine Stimmung. Hierzu passte die Post, die ich heute vom Insolvenzgericht erhielt. Darin enthalten waren Einwendungen, welche einige Gläubiger, darunter die Finanzämter in Leipzig und Grimma sowie die Landesbank Baden-Württemberg, gegen die Gewährung meiner Restschuldbefreiung erhoben. Auch zwei Leipziger Rechtsanwälte hatten das Insolvenzgericht aufgefordert, mir die Restschuldbefreiung zu versagen. Das waren nun wirklich keine guten Nachrichten.

Noch schlechter wurde meine psychische Verfassung, nachdem ich mir diese Einwendungen genau durchlas. Meine Gläubiger beriefen sich auf den Bericht meines Insolvenzverwalters Rüdiger B. Dieser beschwerte sich offensichtlich über eine nachhaltige Verletzung meiner Kooperationspflichten und empfahl, mir die Restschuldbefreiung zu verweigern. Es sah also ganz so aus, als hätte Rechtsanwalt Rüdiger B. kräftig vom Leder gezogen.

Insolvenzverwalter B. hatte meinem Rechtsanwalt noch zwei Jahre zuvor bestätigt, dass ich meinen Kooperationspflichten nachgekommen war. Daher empfahl er einen Insolvenzplan zur Beendigung meines Insolvenzverfahrens. Dies war nun Schnee von gestern. Rüdiger B. legte seine Karten auf den Tisch. Und danach besaß ich ein schlechtes Blatt. Vielleicht wollte er es sich auch nicht mit dem Insolvenzgericht verscherzen und die Erteilung neuer Aufträge riskieren.

Ich bat das Insolvenzgericht mehrfach darum, mir seinen Bericht zur Verfügung zu stellen, damit ich mich inhaltlich dazu äußern kann. In einem Rechtsstaat ist dies selbstverständlich. Rechtliches Gehör kann nur dem gewährt werden, der über die gegen ihn erhobenen Vorwürfe informiert wird. Aus den Einwendungen der Gläubiger konnte ich nicht entnehmen, was mir mein Insolvenzverwalter Rüdiger B. genau vorwarf.

Meine Bitte blieb jedoch unbeantwortet. Das Insolvenzgericht Leipzig tat alles, um meine Anhörung zu hintertreiben. Es wollte mich gar nicht erst die Möglichkeit einräumen, mich mit den Einwendungen meiner Gläubiger inhaltlich auseinander zu beschäftigen.

Glücklicherweise war es Rechtsanwalt Rüdiger B., der mir seinen Bericht auf Nachfrage meines Rechtsanwalts Reinhard Willemsen zur Verfügung stellte. In der Tat machte er darin Ausführungen zur Verletzung meiner Kooperationspflichten. Dabei stützte er sich auf nicht näher genannte Informanten aus Leipzig. Leider sah mein Insolvenzverwalter keinen Grund, mich aufzufordern, zu deren Behauptungen Stellung zu beziehen. Rechtsanwalt Rüdiger B. schloss mit dem Hinweis, ich habe meine Kooperationspflichten zumindest grob fahrlässig verletzt.

Positive Worte fand er dagegen keine.

Am Ende spielte all dies nun keine Rolle mehr. Er hatte seinen außerplanmäßigen Bericht erstellt und diesen den Gläubigern zukommen lassen.

Das Insolvenzgericht Leipzig wird nun eine sehr spannende Frage beantworten müssen: Bin ich überhaupt zur Kooperation verpflichtet, wenn das Insolvenzgericht meinen ersten Antrag auf Erteilung der Restschuldbefreiung unterschlägt? Immerhin hatte das Gericht mir zu Beginn meines Insolvenzverfahrens die Restschuldbefreiung verweigert.

Nach der Insolvenzordnung stellt die Restschuldbefreiung eine notwendige Voraussetzung der Kooperationspflichten dar. Sie steht daher am Beginn jedes Insolvenzverfahrens. Man bietet dem Insolvenzschuldner die Restschuldbefreiung an und erwartet im Gegenzug seine Mitwirkung.

Wie kann ich zu einer Kooperation verpflichtet sein, wenn ich meine Kooperationspflicht aufgrund der Versagung der Restschuldbefreiung nicht einmal kannte? Immerhin warf mir Rüdiger B. grob fahrlässiges Verhalten vor.

Mit derartigen Überlegungen wird sich das Insolvenzgericht jedoch mit hoher Wahrscheinlichkeit nicht befassen. Es wird das machen, was es von Anfang an vorhatte, und was ich bereits in seinem Beschluss vom 21. Februar 2011 nachlesen musste: Ich soll, so der Wille der sächsischen Justiz, bis ans Ende meiner Tage auf meinen Schulden sitzen bleiben. Was jedem Einzelnen zusteht, wird mir verweigert.

Für mich handelt es sich bei der Angelegenheit um eine seit langem feststehende Entscheidung, die nur rechtlich begründet werden muss. Wie diese ausfällt, bleibt spannend, das Ergebnis dagegen nicht.

Leider ist mit der Entscheidung des Insolvenzgerichts über

die Gewährung bzw. Verweigerung meiner Restschuldbefreiung die Angelegenheit noch lange nicht vorbei. Sollte mir die Restschuldbefreiung versagt werden, muss ich wieder einmal den Rechtsweg ausschöpfen und notfalls beim Bundesverfassungsgericht sowie dem Europäischen Gerichtshof für Menschenrechte klagen. Bis zu einer endgültigen Entscheidung werden noch Jahre ins Land gehen.

Damit ist eine Rückkehr in den Anwaltsberuf ausgeschlossen.

Kapitel 7:

Und ewig grüßt das Murmeltier – mein Kampf um verfassungsrechtliche Mindeststandards

Ein weiteres Bespiel für die fehlende Fairness der sächsischen Justiz erlebte ich anlässlich meines Wiedereinstiegs ins Berufsleben. Zuvor berechnete ich, inwieweit das wirtschaftlich überhaupt Sinn macht. Nach den Pfändungstabellen durfte ich knapp 3.000 € netto von meinem Einkommen behalten. Ausschlaggebend hierfür waren meine Unterhaltspflichten gegenüber meiner neuen Ehefrau, die eine Tochter in die Ehe einbrachte, und meinen zwei Kindern.

Die Pfändungsfreigrenzen sind unverrückbar. Sie basieren auf einer verfassungsrechtlichen Forderung. Danach muss jedem Bürger derjenige Teil seines Einkommens belassen werden, der zur Führung eines menschenwürdigen Lebens notwendig ist. Sie sind Ausprägung des allgemeinen Persönlichkeitsrechts (Art. 2 Abs. 1 GG) und stellen damit einen wichtigen Grundpfeiler des Rechtsstaatsprinzips dar.

Aber wieder einmal kam alles ganz anders. Bei meinen Hoffnungen unterstellte ich erneut, dass diese Mindeststandards von der Leipziger Justiz berücksichtigt werden. Dem war jedoch nicht so. Meine »Freunde« interessierte es nicht im Mindesten, wie ich meinen Lebensunterhalt finanziere. Meine Unterhaltspflichten erkannten sie nicht an.

Montag, 22. Juni 2015

Der heutige Tag versprach endlich einmal ein erfolgreicher zu werden. Nach langer Durststrecke startete ich als Arbeitsrechtler

bei dem schottischen Unternehmen Standard Life in der Frankfurter Bürostadt Niederrad. Das Wetter spielte mit. Die Sonne
zeigte sich von ihrer besten Seite.

Gegen 5 Uhr am frühen Morgen brach ich von meiner Wohnung in Greven bei Münster, wo ich etwa ein Jahr zuvor hinge-
zogen war, auf. Die Nacht verlief unruhig. Die Gedanken daran,
wie mein erster Arbeitstag verlaufen würde, hielten mich lange
wach.

Finanziell lohnte sich die Tätigkeit ebenfalls. Man zahlte mir
bereits Mitte des Monats ein Gehalt in Höhe von 5.500 € brut-
to mit der Chance auf einen Bonus. Damit stand ich das erste
Mal seit langer Zeit finanziell wieder auf festem Boden. Sorgen
bereiteten mir dagegen die hohen Mietpreise, die im Großraum
Frankfurt gezahlt werden mussten. Die Wohnungssuche würde
nicht einfach werden.

Mit viel Tatkraft betrat ich gegen 8:30 Uhr das Büro meines
Arbeitgebers. Es konnte losgehen.

Donnerstag, 9. Juli 2015

Schneller als gedacht holte mich meine Vergangenheit wieder
ein. An diesem frühen Morgen bat mich der Personalchef von
Standard Life zu einem Gespräch. Er fragte mich, ob es etwas
Wichtiges gäbe, was ich ihm mitteilen wolle. Sofort gingen bei
mir alle Alarmglocken an.

Wie sich herausstellte hatte mich der der Betriebsrat meines
neuen Arbeitgebers gegoogelt. Und dabei war er auf den Artikel der BILD vom 27. Juni 2011 gestoßen. Schwierig war dies
aufgrund des Toprankings des Artikels sicherlich nicht. Weniger
schön war, dass der Betriebsrat gleich noch den Niederlassungsleiter von Standard Life hinter meinem Rücken über meine »kriminelle Vergangenheit« informiert hatte.

Der Schock saß tief. Wie schon oft zuvor spürte ich die ganze Perfidie, die in der engen Kooperation zwischen der Leipziger Justiz und der BILD-Zeitung lag. Die Informationen, welche das Insolvenzgericht an die BILD weitergegeben hatte, stigmatisierten mich noch Jahre später und drohten, jegliches berufliche Vorwärtskommen endgültig zu vereiteln.

Doch das war noch nicht alles: Auch meinem Insolvenzverwalter war meine neue Tätigkeit nicht verborgen geblieben. In einem Brief an meinen Arbeitgeber forderte er die Abführung des über dem Pfändungsfreibetrag liegenden Teils meiner Vergütung. Dies war an sich nichts Besonderes. Trotzdem trafen mich beide Nachrichten an diesem Tag wie ein Schlag. Ich spürte, wie mir wieder einmal der Boden unter den Füßen weggezogen wurde.

In längeren Gesprächen mit dem Personalchef sowie dem Niederlassungsleiter stellte ich meine Sicht der Dinge dar. Ich erzählte von meiner bewegten Vergangenheit. Vor allem mein Personalchef stärkte mir den Rücken. Daher blieb die vom Betriebsrat gegen mich geführte Attacke ohne Ergebnis. Sie wäre jedoch nie möglich gewesen, hätte das Leipziger Insolvenzgericht nicht intensiv mit der BILD kommuniziert.

Freitag, 14. August 2015

Eine anstrengende Arbeitswoche ging zu Ende. Müde fuhr ich nach Greven zurück. Am nächsten Tag wollten wir zu unserem 14tägigen Urlaub nach Italien aufbrechen. In San Remo, am Teutonengrill, hatte ich eine preisgünstige Ferienwohnung gemietet. Um Kosten zu sparen fuhren wir mit dem Auto.

Als ich in Greven meine Post durchsah, verflog meine Urlaubsstimmung jäh: Ich hielt meine Lohnbescheinigung für den Monat August in den Händen. Mein Arbeitgeber zahlte an mich nur 1.340 € netto aus. Dieser Betrag lag fast zweitausend Euro unterhalb der Pfändungsfreigrenze. Er deckte kaum die Kosten für die Unterbringung in Frankfurt während der Arbeitswoche. Damit nahm ein weiteres Kapitel meines ewigen Trauerspiels im Umgang mit der Leipziger Justiz ihren Anfang.

Ausweislich meiner Gehaltsbescheinigung schlug mein Insolvenzverwalter mächtig zu. Das war es dann wohl mit den Pfändungsfreigrenzen. Mein Blut gefror förmlich in meinen Adern. Und was noch schlimmer war: Mit dem mir verbliebenen Restgehalt konnte ich meinen Lebensunterhalt ebenso wenig finanzieren wie meine Unterhaltspflichten erfüllen. Auch der Italienurlaub war damit eigentlich obsolet. Nur hatte ich das Geld für die Unterkunft in San Remo bereits bezahlt.

Die Enttäuschung meiner Frau und meiner Kinder wollte ich dennoch nicht riskieren. Meine Kinder litten in der Vergangenheit schon genug unter meinen finanziellen Problemen. Lange Zeit mussten sie ohne jegliche Unterstützung auskommen, was mich psychisch extrem belastete. Es galt nun also, den Gürtel noch enger zu schnallen.

Das Thema Pfändungsfreibetrag musste bis zur Rückkehr aus dem Urlaub warten.

Dienstag, 17. November 2015

Meine Klärungsversuche hinsichtlich meines Gehalts blieben jedoch ohne Ergebnis. Mein Personalchef schied kurze Zeit nach meiner Rückkehr aus dem Urlaub aus. Mein Arbeitgeber verwies mich an meinen Insolvenzverwalter. Mit diesem müsse ich den Pfändungsfreibetrag klären.

In den folgenden Monaten zahlte mir Standard Life ein Nettogehalt zwischen 1.800 und 1.900 €. Das war immer noch viel zu wenig. Zudem rechnete mein Arbeitgeber mein Gehalt nach der Steuerklasse 4 ab. Das war in jedem Fall falsch, da meine Ehefrau keiner Berufstätigkeit nachging. Meine wiederholten

Reklamationen führten dennoch zu keinem Ergebnis. Langsam aber sicher ging mir finanziell endgültig die Luft aus. Bereits bei den Mietzahlungen für unsere neue Wohnung in Offenbach gab es Probleme.

Schon vorher hatte ich wiederholt versucht, meinen Insolvenzverwalter zur Berücksichtigung meiner Pfändungsfreibeträge zu bewegen. In mehreren Briefen erklärte ich ihm, warum sowohl meine Ehefrau Olena als auch insgesamt drei Kinder bei der Berechnung des Pfändungsfreibetrages zu berücksichtigen waren. Jedenfalls lag mein Gehalt deutlich unterhalb der Pfändungsfreigrenze und verletzte damit verfassungsrechtliche Mindeststandards.

Mein Insolvenzverwalter Rüdiger B. weigerte sich jedoch, meine Unterhaltspflichten bei der Berechnung der Pfändungsfreigrenzen zu berücksichtigen. Er war der Meinung, meine Frau würde einer Beschäftigung nachgehen. Da wusste er sicherlich mehr als ich. Das war umso erstaunlicher, als er mit mir hierüber nie gesprochen hatte.

Dieses Sonderwissen ist geradezu typisch für die Leipziger Justiz. Dinge werden ohne Nachweis behauptet. Hinzu kommt, dass das Insolvenzgericht Leipzig eine sehr eigenwillige Auffassung über rechtsstaatliche Standards besitzt. Die Anhörung meiner Person war dort nie notwendig. Behauptungen meines Insolvenzverwalters erstarkten so zu einem Vollbeweis.

Finanziell brannte der Baum nun lichterloh. Mit dem mir verbliebenen Teil meines Einkommens konnte ich unmöglich überleben, schon gar nicht meinen Lebensunterhalt finanzieren.

Natürlich habe ich meinem Insolvenzverwalter all dies erklärt. Immerhin besaßen meine Gläubiger ein Interesse an meiner neuen Tätigkeit, fielen doch so Zahlungen für sie ab. Ich hoffte auf ein Einlenken. Meine Hoffnung war jedoch vergebens.

Nun suchte ich Hilfe im Freundeskreis. A. aus Münster hatte identische Erfahrungen gemacht. Die Reaktion seines Insolvenzverwalters war ähnlich ausgefallen wie bei mir. Er empfahl mir, mich direkt an das Insolvenzgericht zu wenden, um den Insolvenzverwalter zur Einhaltung der Pfändungsfreigrenzen zu zwingen. Damit war er in seiner Sache erfolgreich.

Jedenfalls machte mir A. Mut. Ein wenig Glauben an die am Ende vielleicht doch noch siegende Gerechtigkeit hatte er in mir geweckt. Warum sollte die Rechtslage in Münster anders als in Leipzig sein?

Meine finanzielle Situation beeinträchtigte meine Gesundheit zunehmend. Immerhin drei Monate kämpfte ich schon um die Berücksichtigung meiner Pfändungsfreigrenzen. Mein nervenverzehrender Kampf ums Recht hatte meine Depressionen wieder verstärkt. Auch meine Arbeitsleistung bei Standard Life litt darunter. Ich blieb 10 Tage lang krankheitsbedingt der Arbeit fern und erhielt prompt die Kündigung während der Probezeit.

Die Kündigung sehe ich als logische Folge der Vorgehensweise meines Insolvenzverwalters. Damit hatte Rechtsanwalt Rüdiger B. meinen Gläubigern wieder einmal einen Bärendienst erwiesen.

Noch einmal nahm ich meine Kräfte zusammen und schrieb an das Insolvenzgericht Leipzig. Ich beantragte die Berücksichtigung meiner Pfändungsfreigrenzen und legte hierfür die notwendigen Nachweise vor.

Mein Insolvenzverwalter kannte demgegenüber kein Einlenken und beantragte seinerseits, meine Unterhaltspflichten gegenüber meiner Ehefrau und den Kindern unberücksichtigt zu lassen. Ihm war es völlig egal, ob uns noch genügend Geld für Lebensmittel und die Miete blieb.

Donnerstag, 4. Februar 2016

Es war ein stürmischer Tag mit vielen langen Regenschauern. Zu diesem Wetter passte nicht nur meine trübsinnige Stimmung, sondern auch die Post, die ich am heutigen Tage vom Insolvenzgericht Leipzig erhielt.

Es handelte sich um die befürchtete Hiobsbotschaft, die Antwort des Insolvenzgerichts im Verfahren um die Anerkennung meiner Pfändungsfreigrenzen. Das Gericht zeigte sich unerbittlich und gab meinem Insolvenzverwalter in vollem Umfang recht. Entschieden hatte die Rechtspflegerin M., also die Dame mit den exzellenten Kontakten zur Leipziger BILD.

Einen kleinen Funken der Hoffnung hatte es in mir bis zu diesem Zeitpunkt noch gegeben. Aufgrund meiner Ehe und meinen Kindern, an deren Existenz nicht gezweifelt werden konnte, war die Anerkennung der Pfändungsfreigrenzen eigentlich zwingend. Dieser Funke hauchte nun seinen Lebensgeist aus. Ich tauchte wieder ab in das dunkle Tal der Depressionen.

Meine finanziellen Probleme waren durch den Verlust meines Arbeitsplatzes noch schlimmer geworden. Damit ging mir auch mein stark gekürztes Gehalt verloren. Umso dringender war ich auf die Rückzahlungen angewiesen, die mir meiner Meinung nach aufgrund meiner Pfändungsfreigrenzen von meinem Insolvenzverwalter zustanden. Dieser hatte über mehrere Monate hinweg einen zu hohen Betrag eingefordert. Im Gegensatz zu mir sagte er jedoch die Entscheidung des Insolvenzgerichts richtig voraus.

Die Begründung des Insolvenzgerichts überraschte durch die Unverfrorenheit, mit der rechtsstaatliche Standards gebrochen wurden. Die Rechtspflegerin M. besaß offensichtlich nie die Absicht, die mich schützenden Regelungen über die Pfändungsfreibeträge (§ 850c der Zivilprozessordnung) anzuwenden. Sie suchte nur nach einer vermeintlich plausiblen Begründung, um meine Forderungen abzuschmettern. Hierzu entwickelte sie beträchtlichen Einfallsreichtum.

Ohne nähere Prüfung schloss sie sich der Auffassung meines Insolvenzverwalters an, der die Ablehnung des Pfändungsfreibetrages mit einer Erwerbstätigkeit meiner Ehefrau begründet hatte. Mein Hinweis darauf, dass meine Ehefrau keiner Beschäftigung nachgeht, stieß bei ihr auf taube Ohren. Stattdessen behauptete sie wahrheitswidrig, ich hätte eine Beschäftigung meiner Ehefrau eingestanden. Nach Auffassung des Gerichts würde meine Frau sogar mehr als 1.479,99 € verdienen.

Die Antwort auf die Frage, wo meine Frau gearbeitet haben soll und wie das Insolvenzgericht auf dieses Gehalt kam, wurde mir allerdings verweigert. Diese Entscheidung stellte alles auf den Kopf.

Das Gericht forderte von mir einen Nachweis für die nicht bestehende Erwerbstätigkeit meiner Ehefrau. Selbst diesen hatte ich mit einer eidesstattlichen Versicherung geführt. Dass meine Ehefrau morgens einen Deutschkurs an der Volkshochschule besuchte, wozu sie als ukrainische Staatsangehörige sogar verpflichtet war, rechtfertigte aus Sicht des Insolvenzgerichts dennoch keine andere Bewertung.

Auf diese Weise lassen sich rechtsstaatliche Regelungen problemlos aushebeln. Wenn alles nicht weiterhilft, erfinden Teile der Leipziger Justiz ihre eigene Realität. Wie so oft zuvor geht es um alternative Fakten. Dabei spielte der Wahrheitsgehalt keine Rolle. Recht war, was die hybride sächsische Justiz als Recht entschied. So wird am Ende das Ergebnis erreicht, welches man erreichen will.

Natürlich kennen mein Insolvenzverwalter und die Rechtspflegerin M. die Beweislastregelungen in einem Gerichtsverfahren genau. Interessant ist längst nur noch, mit welcher Hartnäckigkeit Schutzregelungen zu Lasten der Betroffenen ausgehebelt werden. Dies geschieht im Namen des Volkes und ist Ausdruck eines vermeintlich rechtsstaatlichen Verfahrens. Nur blieb der Rechtsstaat wie so oft auf der Strecke. Er endete in meinem Fall spätestens am Eingang eines Gerichtsgebäudes oder an dessen Hausbriefkasten in Leipzig.

Vielleicht leide ich inzwischen auch unter chronischem Masochismus. Ich rechne nicht mehr damit, von der Leipziger Justiz Recht zu bekommen. Mein Ziel hat sich geändert: Ich möchte nachlesen, wie die Begründung für den Rechtsbruch ausfällt. Die Väter unseres Grundgesetzes wünschten sich, dass das Recht für alle in gleichem Maße gilt. Mit Leipziger Verhältnissen hatten sie nicht gerechnet.

Am Ende ist es ein schwacher Trost, dass die Entscheidung der Rechtspflegerin M. auf tönernen Füßen stand. Meine Peiniger hatten einen Weg gefunden, meine Ansprüche abzulehnen. Das Ganze bildete nur einen weiteren Baustein, um mich psychisch zu zermürben und zur endgültigen Aufgabe zu zwingen. *»Wo kein Kläger, da kein Gericht«* sagt der Volksmund.

Dass ich mir große Sorgen um unseren Rechtsstaat mache, ist selbstverständlich. Ich stelle mir lebhaft vor, wie viele Menschen sich in einer ähnlichen Situation befinden, an den Klippen unseres Justizsystems aber zerschellen.

Mittwoch, 24. Februar 2016

Lange habe ich die Arbeit vor mir hergeschoben. Der tägliche Kampf ums Überleben ist ein Kampf von Minute zu Minute, von Stunde zu Stunde. Man findet keinen inneren Frieden. Mit eiserner Faust zieht die vollständige Ausweglosigkeit meine Psyche nach unten.

Doch es half alles nichts. Ich musste die vor etwa 10 Tagen beim Insolvenzgericht Leipzig eingereichte Beschwerde gegen die Entscheidung über die Missachtung meiner Pfändungsfreibeträge begründen. Meine Sätze waren mutlos, denn am Ende wird sich in der Leipziger Justiz niemand mit meinen Ausführungen näher beschäftigen.

Meinen Schriftsatz wollte ich vorab per Telefax an das Insolvenzgericht schicken. Die Übertragungsversuche scheiterten allesamt. Es ist so als würde jemand auf der anderen Seite das Fax ausschalten, sobald er meinen Briefkopf sieht. Mich überraschte schon lange nichts mehr.

Freitag, 26. Februar 2016

Die Nacht verlief weitgehend schlaflos. Und das, obwohl ich starke Antidepressiva zu mir nahm. Mehr als mir der Arzt verschrieben hatte. In dieser Verfassung suchte meinen Neurologen, Dr. Wichmann in Offenbach auf.

Der Termin verlief kurz und unerfreulich. Mit deutlichen Worten schenkte mir Dr. Wichmann reinen Wein ein. Aus seiner Sicht müsse ich mich sofort in stationäre Behandlung in eine Fachklinik begeben. Die voraussichtliche Behandlungsdauer schätzte er auf drei bis sechs Monate. Ansonsten sei keine Besserung meines Gesundheitszustandes zu erwarten.

Natürlich traf mich diese Empfehlung heftig, obwohl ich so etwas schon befürchtet hatte. Der tägliche Kampf ums Überleben hinterließ seine Spuren. Im Krankenhaus konnte ich jedoch nicht für die Einhaltung rechtsstaatlicher Mindeststandards kämpfen. Auch meine Familie wäre schutzlos gewesen.

Montag, 20. Februar 2017

Von meinem Antrag auf Anerkennung meiner Pfändungsfreibeträge habe ich nichts mehr gehört. Also fragte ich den Verfahrensstand beim Insolvenzgericht ab. Eine Antwort hierauf erhielt ich nicht. Vielleicht ist mein Brief auf den Fluren des Amtsgerichts Leipzig wieder einmal verloren gegangen.

Freitag, den 21. Juli 2017

Es sollten noch mehrere Monate vergehen, bis das Landgericht über meine Beschwerde entschied. Nun erzielte ich immerhin einen Teilerfolg. Für meine Ehefrau gewährte mir das Gericht den Pfändungsfreibetrag. Hieran kam es aufgrund der eindeutigen Rechtslage allerdings auch nicht vorbei. Für meine eigenen Kinder und das meiner Frau verweigerte mir das Gericht jedoch den notwendigen Schutz.

Bei letzterem sei ich nicht der leibliche Vater. Dabei übersah das Landgericht, dass ich mich anlässlich der Einreise meiner Ehefrau zur Finanzierung ihres Unterhalts und dem ihrer Tochter gegenüber der Ausländerbehörde und der deutschen Botschaft in Kiev verpflichten musste. Zudem lebte sie im gemeinsamen Haushalt, womit ihr tatsächlich Unterhalt gewährt wurde.

Meinen eigenen Kindern konnte ich keinen Unterhalt zahlen, weil mein Insolvenzverwalter mir die hierfür notwendigen Mittel wegnahm. Das war zwar rechtswidrig, aber nicht zu ändern. Wie sollte ich auch für deren Unterhalt aufkommen, wenn mein Insolvenzverwalter nur einen Pfändungsfreibetrag in Höhe von 1.700 € anerkennt?

Die Argumentation der Leipziger Justiz war absolut schizophren. Zuerst nimmt mir mein Insolvenzverwalter das Geld, das ich für die Unterhaltszahlung benötige. Anschließend verweigern mir meine Gegner den Pfändungsfreibetrag, weil ich keinen Unterhalt zahlen konnte. Wenn die Lage nicht so ernst wäre, konnte man darüber lachen.

Die Entscheidung des Landgerichts Leipzig wollte ich so nicht stehen lassen. Also legte ich beim Bundesverfassungsgericht hiergegen eine Verfassungsbeschwerde ein. Mal sehen, wie die Karlsruher Richter diesen Sachverhalt beurteilen.

TEIL V

Das Finanzamt Grimma sucht eine radikale Lösung

Es war Weihnachtszeit, Zeit der Ruhe und der Besinnung. Es ist eine Zeit, in der man normalerweise den Begehrlichkeiten der Finanzämter aus dem Wege geht. Leider galt dies im Fall meiner Exfrau nicht.

Das Finanzamt Grimma dachte nicht an die Einhaltung des Weihnachtsfriedens. Zugegeben, mit seinem gegen mich gestellten Insolvenzantrag hatte es einen wichtigen Etappensieg errungen. Dieser führte jedoch auch dazu, dass das Finanzamt den größten Teil der von ihm schön aufgehübschten Steuerforderungen ausbuchen musste.

Für eine deutliche Befriedigung meiner Gläubiger wurde in meinem Insolvenzverfahren zu wenig Geld eingetrieben. Also sann das Finanzamt nach anderen Möglichkeiten, um sich schadlos zu halten. Nun ging es auf meine Exfrau los, um ihr und meinen Kindern die Lebensgrundlage zu entziehen.

Rücksichtslos machte das Finanzamt gegenüber dieser eine Steuerforderung in Höhe von 33.000 € für das Jahr 2005 auf. Es handelte sich um einen Zeitraum, in dem wir trotz unserer Trennung steuerlich noch gemeinsam veranlagt wurden. Bis dahin ließ das Finanzamt meine Exfrau in Ruhe.

Die nun auf dem Tisch liegende Steuerforderung konnte meine Exfrau unmöglich ausgleichen. Seit mehreren Jahren war sie nicht mehr berufstätig und kümmerte sich um die Kinder. Sie verfügte daher über kein pfändbares Einkommen. Das musste auch dem letzten Mitarbeiter des Finanzamtes Grimma klar gewesen sein. Nur sollte meine Exfrau dennoch für meine Steuerzahlungen einstehen. Ich empfand diese Attacke als völlig überzogen.

Meine Exfrau wehrte sich nach besten Kräften. Wenige Wochen später führte ihre massive Kritik zu einer »*Neuberechnung*«. Am Ende standen nicht die geforderten 33.000 € Steuern, sondern nur noch 3.500,00 €, die nachzuzahlen waren. Das waren knapp 10 % des ursprünglich geltend gemachten Betrags. Anscheinend hatte sich das Finanzamt um mehrere hundert Prozent verrechnet. Galt das nur im Fall meiner Exfrau oder vielleicht auch bei mir? Diese Frage drängte sich förmlich auf.

Als ob dem Finanzamt Grimma seine überzogenen Steuerforderungen nicht bereits vorher klar gewesen sein mussten. Das Finanzamt führte jedoch seinen eigenen Vernichtungsfeldzug. Und dieser betraf die ganze Familie.

Für meine Exfrau war die verbliebene Steuerforderung dennoch nicht zu stemmen. Am Ende übernahm ihr zweiter Ehemann die Zahlung.

Mittwoch, 18. März 2015

Wenn man denkt, es müsse langsam genug sein, sieht man sich getäuscht. Das Finanzamt Grimma zeichnete sich durch einen unbändigen Appetit und die Unfähigkeit zu Vergessen aus. Nicht einmal 18 Monate später ging es noch einmal auf meine Exfrau los und zeigte sich unerbittlich. Dieses Mal ging es um Einkommenssteuern aus dem Jahr 2006, welche das Finanzamt aufgrund meiner Insolvenz ausbuchen musste.

Das Finanzamt forderte meine Exfrau dieses Mal auf, Steuern in Höhe von 18.000,00 € nachzuzahlen. Zu Recht platzte dieser nun endgültig der Kragen. Sie hatte gehofft, es werde endlich Frieden einkehren. So etwas wie Friedensabsichten sind im Finanzamt Grimma allerdings völlig unbekannt.

Meine Exfrau wusste sich zur Wehr zu setzen: Sie rief kurzerhand die Sachbearbeiterin des Finanzamtes an und beschwerte sich massiv über ihre Vorgehensweise. Dabei redete sie ihr lange ins Gewissen, was meine Exfrau ziemlich gut beherrscht. Sie stellte der Sachbearbeiterin unter anderem die Frage, ob es dem Finanzamt nicht ausreicht, mich beruflich vernichtet und mir meine Lebensgrundlage genommen zu haben.

Ich kann mir gut vorstellen, wie die Sachbearbeiterin während des Telefonats nervös auf ihrem Stuhl hin und her rutschte und am Ende immer kleiner wurde. Nachdem meine Exfrau ihren Unmut losgeworden war, erklärte die Sachbearbeiterin, sie wolle die Steuern noch einmal nachrechnen.

Dies geschah dann drei Wochen später. Für meine Frau führte die »Neuberechnung« zu einem glücklichen Ausgang. Das Finanzamt Grimma schickte ihr einen neuen Steuerbescheid. Danach musste sie für das Jahr 2006 nur noch 55,00 € Steuern zahlen.

So sehr mich dies für meine Exfrau gefreut hatte, so fassungslos war ich auf der anderen Seite. Das Finanzamt Grimma hatte wieder einmal gezeigt, wie beliebig seine Steuerfestsetzung war. Die Steuerfestsetzung folgte dort anscheinend persönlichen Motiven.

Der Weg von 18.000,00 € zu zahlender Steuern zurück auf 55,00 € war weit, eine ordnungsgemäße Steuerfestsetzung damit reines Glücksspiel. Glück, auf das ich jedenfalls nicht hoffen konnte.

TEIL VI

Der Kampf um meine Berufsunfähigkeitsrente

Kapitel 1

Das sächsische Rechtsanwalts-versorgungswerk

Donnerstag, 11. November 2010

Die ewigen Attacken der Staatsanwaltschaft Leipzig forderten ihren Tribut. Meine Psyche hielt den hohen Belastungen nicht mehr stand. Meine Gegner hatten mich gesundheitlich erledigt. Ich besaß nun ganz andere Sorgen, es ging um mein physisches Überleben, um meine Rolle als Vater von zwei wunderbaren Kindern.

Oft saß ich in meinem Büro herum, ohne produktiv zu sein, sofern ich überhaupt den Weg in meine Kanzlei geschafft hatte. Gezeichnet von meiner Erkrankung, der damit verbundenen deutlichen Herabsetzung meiner kognitiven Fähigkeiten und eine hohe Dosis Psychopharmaka konsumierend, verfiel ich immer mehr.

Ich bemerkte kaum noch, wie die Stunden des Tages langsam vergingen, bis ich nach Hause gehen konnte. Dort erwarteten mich noch mehr Psychopharmaka und ein großes Glas Wodka (oder mehr), mit dem ich versuchte, meine Erinnerungen auszulöschen und Ruhe zu finden. Ruhe, die nicht lange andauerte, weil sie von der Angst, schlafen zu gehen und den zu erwartenden Albträumen abgelöst wurde. Eine Angst, die am folgenden Morgen in die Angst aufzustehen umschlug. Jede Nacht suchten mich Albträume mit der Präzision eines Schweizer Uhrwerks heim. Es waren entsetzliche Träume, an deren Ende nur absolute Dunkelheit und Tod standen. Immer wieder, jede Nacht. Und oft gleich mehrfach. Bis zum nächsten Morgen.

Lange hatte ich das Unausweichliche hinausgezögert. Aber

es ging einfach nicht mehr. Meine Dämonen verfolgten mich jeden Tag.

Seit mehr als einem Monat war ich meiner Kanzlei ferngeblieben. Meine Depressionen hatten dies verhindert. Schon die Wochen zuvor war ich die meiste Zeit nicht mehr ansprechbar. Ich konnte mich nicht mehr auf die einfachsten Dinge konzentrieren. Stattdessen befasste ich mich regelmäßig mit der Frage, wie ich dieses Leben, das mir schon lange zur Qual geworden war, beenden konnte.

Statt ins Büro zu gehen suchte ich am heutigen Tage meinen Neurologen Meridonov auf. Nach einer kurzen Wartezeit ließ mich die Sprechstundenhilfe zu ihm vor.

Ich erzählte ihm wieder einmal, was mich bedrückte, schilderte meine Lage, die sich in den letzten Monaten deutlich verschlechtert hatte. Vorsichtig wies er darauf hin, dass meine schweren Depressionen mit meinen Rahmenbedingungen und der bestehenden Perspektivlosigkeit zusammenhingen.

Dass sich daran in absehbarer Zeit etwas ändern würde, glaubte ich nicht. Zudem war ich gesundheitlich durch meine Erlebnisse in den vergangenen Jahren stark vorbelastet. Eine Stabilisierung meines Gesundheitszustandes war aus Sicht meines Neurologen jedoch zwingend erforderlich, um Schlimmeres zu verhindern. Aus diesem Grund, so seine Empfehlung, müsse ich die Belastungen insgesamt reduzieren. Dies schließe eine weitere Anwaltstätigkeit aus. Damit wiederholte er nur einen dringenden Ratschlag, den er mir schon zwei Jahre zuvor gegeben hatte.

Seine Worte überraschten mich nicht wirklich. Ich kannte sie ja bereits. Innerlich war das alles längst absehbar. Jeder hatte meinen psychischen Verfall in den vergangenen Jahren bemerkt. Die Zeiten meines Arbeitsausfalls nahmen ständig zu, meine Krankmeldungen bei Gericht summierten sich gewaltig. Gesundheitlich war ich schon lange ein absolutes Wrack.

Meridonov bekräftigte, ich sei definitiv berufsunfähig und empfahl mir zum wiederholten Mal, meine Kanzlei zu schließen. Finanziell müsse ich mich in diesem Fall zwar einschränken, mir werde jedoch mit Sicherheit eine Berufsunfähigkeitsrente gezahlt. Bei der Antragstellung werde er mich natürlich unterstützen.

Im Gegensatz zur gesetzlichen Rentenversicherung, welche für die Altersversorgung der meisten Arbeitnehmer zuständig ist, werden in die anwaltlichen Versorgungswerke nur Rechtsanwälte aufgenommen. Als Spartenversicherung regeln sie sämtliche Versicherungsfragen rund um die Tätigkeit dieser Berufsgruppe.

Einen Tag nach meinem Besuch bei Meridonov reichte ich beim sächsischen Rechtsanwaltsversorgungswerk einen Antrag auf Zahlung einer Berufsunfähigkeitsrente ein. Denselben Antrag stellte ich bei der Versorgungskammer Bayern, die für mich für die vorausgegangenen sieben Monate zuständig war. Ich hatte meine Anwaltszulassung wegen der vielen Anfeindungen in Leipzig zwischenzeitlich nach München verlegt.

Montag, 12. September 2011

Es war viel Zeit vergangen, bis ich mich beim sächsischen Rechtsanwaltsversorgungswerk über den Bearbeitungsstand meiner Berufsunfähigkeitsrente erkundigte. Natürlich vertraute ich darauf, bald die ersehnte Rentenzahlung zu erhalten.

Lange musste ich nicht auf eine Antwort warten. Die Geschäftsführerin des Versorgungswerks Piekara teilte mir mit, es läge bislang kein Antrag auf Zahlung einer Berufsunfähigkeitsrente vor.

Meinem Ansinnen stand sie zudem mehr als skeptisch gegenüber. Nach der Satzung des Versorgungswerkes könnten lediglich Mitglieder der sächsischen Rechtsanwaltskammer eine Berufsunfähigkeitsrente beanspruchen. Meine Mitgliedschaft dort habe jedoch aufgrund der Verlegung meiner Anwaltszulassung nach München geendet. Daher gehe mein Antrag inhaltlich »*ins Leere*«. Sportlich erklärte die Geschäftsführerin, sie könne mir gerne einen förmlichen Ablehnungsbescheid zukommen lassen, wenn ich dies wünsche.

So richtig überzeugte mich diese Begründung nicht. Der gesamte Vorstand des sächsischen Rechtsanwaltsversorgungswerks setzte sich aus Rechtsanwälten zusammen. Da musste man eigentlich wissen, wie mein Antrag zu beurteilen war.

Rechtlich ist der Sachverhalt nicht sonderlich kompliziert, dachte ich mir. Natürlich kann das sächsische Rechtsanwaltsversorgungswerk die Voraussetzungen, unter denen Rechtsanwälten ein Anspruch auf Zahlung der Berufsunfähigkeitsrente zusteht, genauer festlegen. Es befindet sich dabei allerdings nicht in einem rechtsfreien Raum; denn es muss bestimmte Rahmenbedingungen, insbesondere die Vorgaben des Grundgesetzes, beachten. Dieses Rechtsproblem, auch als sogenannte Drittwirkung der Grundrechte bekannt, war anscheinend nicht bis zu den Juristen im Anwaltsversorgungswerk vorgedrungen.

Es handelte sich hier um alles andere als eine Banalität. Jeder Jurastudent macht bereits frühzeitig mit der Drittwirkung der Grundrechte Bekanntschaft. Mir waren diese Grundsätze an der Universität Saarbrücken von Prof. Dr. Burmeister eingebläut worden. Burmeister trat als engagierter Verfechter der Grundrechtsgeltung in der mittelbaren Staatsverwaltung auf, zu der auch das sächsische Rechtsanwaltsversorgungswerk als Anstalt des öffentlichen Rechts zählt.

Man muss im Grundgesetz nicht lange suchen, um die Haltlosigkeit der Auffassung des sächsischen Rechtsanwaltsversorgungswerks aufzuarbeiten. Zu dem Kern der Grundrechte zählen die Berufsausübungsfreiheit (Art. 12 GG), die Eigentumsgarantie (Art. 14 GG), die Freizügigkeit (Art. 11 GG) sowie das Recht auf freie Entfaltung der Persönlichkeit (Art. 2 Abs. 1 GG). Diese Grundrechte sind von Anstalten des öffentlichen Rechts zwingend zu berücksichtigen.

Wo kämen wir denn hin, wenn staatliche und halbstaatliche Organisationen den Kernbestand unserer verfassungsrechtlichen Freiheiten einfach ignorieren? Nach dem Grundgesetz durfte ich in jedem Teil der Bundesrepublik einschränkungslos arbeiten, ohne Nachteile befürchten zu müssen. Tätig war ich bis zuletzt allerdings nur in Leipzig.

Dass die Satzung des sächsischen Rechtsanwaltsversorgungswerks verfassungsrechtlichen Ansprüchen nicht gerecht wurde, ist für jeden Laien verständlich. Mehr als 15 Jahre lang hatte ich meine Beiträge an das Versorgungswerk gezahlt. Dieses weckte in mir das Vertrauen, dass es mich im Fall einer Berufsunfähigkeit unterstützen wird.

Das sächsische Rechtsanwaltsversorgungswerk sah dies jedoch anders. Es sanktionierte die Verlegung meiner Anwaltszulassung nach München mit einer kalten, entschädigungslosen Enteignung. Für meine Beiträge sollte ich keine Gegenleistung, erst Recht keine Berufsunfähigkeitsrente, erhalten.

Da war sie wieder: Die mehr als eigenwillige Beziehung von Vertretern der öffentlichen Hand zu rechtsstaatlichen Grundsätzen. Hier bildete das sächsische Rechtsanwaltsversorgungswerk keine Ausnahme.

Die Zahlung der Berufsunfähigkeitsrente hätte zu zusätzlichen Ausgaben des Versorgungswerks geführt. Dies war in meinem Fall wohl nicht opportun. Lieber entschied man sich dazu, elementare Regelungen unseres Rechtssystems nicht anzuwenden.

Ein Umdenken des Rechtsanwaltsversorgungswerks konnte ich in den folgenden Monaten nicht erreichen. Es wies meine Ansprüche ab und erließ ein Jahr später einen Widerspruchsbescheid. Es verwundert schon, dass das Versorgungswerk hierfür ein Jahr benötigte, zumal seine Rechtsauffassung von Anfang an feststand.

Für meinen Gesundheitszustand war diese Entscheidung verheerend. Bis zuletzt hatte ich mir Hoffnungen gemacht. Außerdem war ich auf das Geld dringend angewiesen. Nun musste ich beim Verwaltungsgericht Dresden Klage einreichen. Ich vertraute darauf, dass das Gericht diesem Unfug ein Ende setzt.

Donnerstag, 22. September 2011

Vorher machte ich meine Ansprüche auf Zahlung einer Berufsunfähigkeitsrente noch bei der Bayerischen Versorgungskammer geltend. Diese ist für die bayerischen Rechtsanwälte zuständig.

Die bayerische Versorgungskammer erwies sich als deutlich professioneller und kooperativer. Es gab weder bei der Antragstellung noch bei der Abwicklung irgendwelche Probleme. Allerdings betonte die Kammer zu Recht, dass meine Mitgliedschaft in der Versorgungskammer nur sieben Monate angedauert hatte. Daher stünden mir nur geringe Rentenleistungen zu. Meine höheren Ansprüche müsse ich gegenüber dem sächsischen Rechtsanwaltsversorgungswerk geltend machen.

Anstatt einer monatlichen Rente entschied ich mich für eine Kapitalabfindung. Jedenfalls ging die Bayerische Versorgungskammer ganz anders mit meinem Anliegen um.

Die Tatsache, dass die Bayerische Versorgungskammer meine Ansprüche auf Zahlung einer Berufsunfähigkeitsrente anerkannte und das Sächsische Rechtsanwaltsversorgungswerk dagegen nicht, habe ich bis heute nicht verstanden. Nach meiner Meinung waren hierfür eher persönliche Motive ausschlaggebend.

Persönliche Motive sollten nie über die Anwendung rechtsstaatlicher Grundsätze entscheiden.

Kapitel 2:

Rechtsschutz in Sachsen

Montag, 26. November 2012

Die Tage und Wochen zuvor hatte ich mit einer wahren Fleißarbeit verbracht. Die Zeit drängte, um meine Ansprüche auf Zahlung der Berufsunfähigkeitsrente gerichtlich durchzusetzen.

Das Abfassen der Klageschrift bedeutete Stress, diese Tätigkeit war mit unschönen Erinnerungen verbunden, die ständig nach Aufmerksamkeit schrien. Wie konnte es sein, dass meine Kollegen im sächsischen Rechtsanwaltsversorgungswerk mir meine Berufsunfähigkeitsrente vorenthielten? Und das noch zu einem Zeitpunkt, wo ich das Geld am dringendsten benötigte? Immer wieder gingen mir diese Fragen durch den Kopf.

Die juristische Arbeit war Öl auf die Mühlen meiner posttraumatischen Belastungsstörungen. Akribisch trug ich in meiner Klage die rechtlichen Rahmenbedingungen zusammen. Die juristische Datenbank »Juris« war eine große Hilfe. Es gab zwar keinen einschlägigen Fall, was mich eigentlich wunderte. Vielleicht lag dies aber auch daran, dass die Anwaltsversorgungswerke in anderen Bundesländern die Ansprüche ihrer Mitglieder akzeptierten.

Das Bundesverwaltungsgericht hatte sich in der Vergangenheit mit ähnlichen Fällen herumschlagen müssen. Dort ging es zwar um die normale Rente. Seine Rechtsgrundsätze waren allerdings auf meinen Fall übertragbar. Das Gericht hatte die Ansprüche von Rentenempfängern ausschließlich bejaht. Diese dürften nicht entschädigungslos enteignet werden.

Natürlich kennen auch die Anwälte im sächsischen Versorgungswerk diese Rechtsprechung. Über das Verbot einer Enteig-

261

nung von Versicherungsansprüchen musste man auf dem Boden unseres Grundgesetzes nicht lange diskutieren.

Nun war meine Klageschrift fertig. Zu diesem Zeitpunkt lebte ich von Hartz-IV und war nicht in der Lage, den Rechtsstreit zu finanzieren. Meine Klage verband ich daher mit einem Prozesskostenhilfeantrag.

Prozesskostenhilfe wird nur gewährt, wenn man selbst nicht in der Lage ist, für die Kosten eines Rechtsstreits aufzukommen und die Angelegenheit Erfolgsaussichten besitzt. Mit dieser Regelung ermutigt der Gesetzgeber Bürger ohne ausreichende finanzielle Mittel, Ansprüche vor Gericht geltend zu machen, anstatt darauf zu verzichten. Hierbei handelt es sich um einen rechtsstaatlichen Aspekt unseres Prozessrechts. Viele Gerichte gehen deshalb großzügig mit diesen Anträgen um.

Ich rechnete trotz meiner schlechten Erfahrungen mit der sächsischen Justiz fest mit einer Gewährung der Prozesskostenhilfe. Mit der Verlegung meiner Anwaltszulassung nach München konnte ich meine beim sächsischen Versorgungswerk angesparten Ansprüche unmöglich verlieren. Vielleicht gingen in Sachsen die Uhren aber auch anders.

Rückblickend betrachtet ist es mehr als verwunderlich, wieso ich immer noch an rechtsstaatliche Verhältnisse in der sächsischen Justiz glaubte. Hatte ich denn in den vergangenen Jahren nichts dazugelernt? Wieso sollte es dieses Mal anders werden? Es gibt Dinge, die sich nicht ändern, weil die Menschen, welche die Entscheidungen treffen, nicht an einer Änderung interessiert sind.

Und so sollte es auch dieses Mal sein.

Montag, 14. Januar 2013

Die Entscheidung des Verwaltungsgerichts Dresden, die ich nun in Händen hielt, ließ mir das Blut in den Adern gefrieren. An einem kühlen Montagmorgen stürzte mich das Gericht in ein eisiges Nirwana. Es lehnte meinen Antrag auf Prozesskostenhilfe ab und nahm mir damit die Möglichkeit, meine Rechte mit staatlicher Unterstützung zu verfolgen.

Auch dies besaß meiner Meinung nach Tradition. Die Probleme der Justiz liegen meistens in der Rechtsanwendung. In der Praxis kommt es immer darauf an, wie man mit geltendem Recht umgeht, was man also aus den rechtlichen Regelungen herausliest. Wenn man einem Bürger nicht Recht geben oder ihn davon abhalten will, seine Rechte durchzusetzen, so wird man hierfür einen Weg finden und diesen entsprechend begründen.

Im Fall des Verwaltungsgerichts Dresden geschah dies wie folgt: Man sah keine Erfolgsaussicht für meine Klage. Zum Zeitpunkt meines Antrags auf Zahlung meiner Berufsunfähigkeitsrente war ich nicht mehr Mitglied der sächsischen Rechtsanwaltskammer. Damit setzte sich das Verwaltungsgericht Dresden über sämtliche grundrechtlichen Bindungen sowie die Rechtsprechung des Bundesverwaltungsgerichts hinweg.

Was war also mit meinen langjährigen Beitragszahlungen, mit denen ich Ansprüche auf eine Berufsunfähigkeitsrente begründet hatte? Waren diese nichts wert? Durften mir diese einfach genommen werden? Anscheinend ja. Mit meiner verfassungsrechtlichen Kritik setzte sich das Verwaltungsgericht gar nicht erst auseinander.

Wir leben nicht mehr in einem Land, in dem Bürger, welche aus nachvollziehbaren Gründen wegzogen, einfach enteignet werden konnten. Hatte sich das etwa im Freistaat Sachsen nicht herumgesprochen? Und was war mit meiner Freiheit, meinen Beruf dort auszuüben, wo ich dies für sinnvoll hielt? In Sachsen galt all dies alles nicht. Dass Richter es nach einer so langen Berufsausbildung nicht besser wissen, war für mich nicht nachvollziehbar.

Es geht hier nicht um hemmungslose Richterschelte. Ich bin

fest davon überzeugt, dass das Verwaltungsgericht Dresden sehr wohl in der Lage war, den Sachverhalt sauber zu beurteilen. Dass es dies am Ende nicht tat, macht mich nachdenklich.

Mir platzte beim Lesen der Kragen. Eine derartige Katastrophenentscheidung wollte ich nicht auf mir sitzen lassen. Ich legte Beschwerde beim sächsischen Oberverwaltungsgericht in Bautzen ein. Vielleicht war dieses ja geneigt, sich mit meiner verfassungsrechtlichen Kritik auseinanderzusetzen.

Auf eines durfte ich sicherlich hoffen: Richter in höheren Instanzen weisen regelmäßig eine deutlich größere Erfahrung auf. Sie sind ferner unabhängiger vor einer politischen Einflussnahme, zumal sie einen wesentlichen Teil ihres Karrierewegs schon hinter sich haben.

Donnerstag, 4. April 2013

Es war etwas Zeit seit meiner Niederlage vor dem Verwaltungsgericht vergangen. Dass es nicht bei dieser Niederlage bleiben sollte, überraschte mich dann doch. Das Oberverwaltungsgericht Bautzen gab meiner Beschwerde in vollem Umfang statt.

Was ich lesen konnte, war Öl auf meine rechtsstaatlichen Wunden. Natürlich bestünde für meine Klage eine Erfolgsaussicht, so das Oberverwaltungsgericht. Aufgrund meiner langjährigen Beitragszahlungen habe ich Ansprüche auf eine Berufsunfähigkeitsrente erworben. Diese unterfallen der Eigentumsgarantie des Grundgesetzes (Art. 14 GG).

Das Oberverwaltungsgericht begründete meinen Anspruch auf Zahlung der Berufsunfähigkeitsrente genauso, wie ich dies in meiner Klage getan hatte. Es zitierte auch dieselben Urteile des Bundesverwaltungsgerichts.

Für das Verwaltungsgericht Dresden war dies eine schallende Ohrfeige, die nicht nur aufhorchen ließ, sondern mir auch noch Mut machte. Denn damit deutete das Oberverwaltungsgericht an, wie es über meinen Fall in einem Berufungsverfahren entscheiden würde.

Jedenfalls stand mir nun die Prozesskostenhilfe zu. Der Kampf um die Sache konnte beginnen. Ich hatte einen wichtigen Punktsieg errungen. Und natürlich hoffte ich, dass das Verwaltungsgericht Dresden sich an der Entscheidung des Oberverwaltungsgerichts orientieren wird. Danach waren meine Chancen, meine Berufsunfähigkeitsrente erfolgreich geltend zu machen, deutlich gestiegen.

Mittwoch, 12. November 2014

Das Verwaltungsgericht Dresden nahm sich Zeit für seine Entscheidung. Zwei Jahre waren seit Einreichung meiner Klage vergangen. Zwei Jahre, in denen ich immer wieder bei Gericht nachfragte, wann ich mit einem Verhandlungstermin rechnen kann. Zwei Jahre, in denen die einsilbige Antwort des Gerichtes lautete, man sei völlig überlastet. Es waren aber auch zwei Jahre, in denen das sächsische Rechtsanwaltsversorgungswerk nicht die Spur eines Entgegenkommens zeigte.

Auch so lassen sich rechtsstaatliche Grundsätze aushebeln. Die Gerichte sind – aus welchen Gründen auch immer – nicht in der Lage, zeitnah Entscheidungen zu treffen. Dies gilt insbesondere für die Sozialgerichte, wo ein Rechtsstreit in einer Instanz durchaus fünf Jahre dauern kann.

Dort, wo Rechtsschutzsuchende auf ein schnelles Urteil angewiesen sind, werden sie hingehalten. Betroffene schrecken daher oft vor der Geltendmachung ihrer Rechte zurück. Unseren Herren an den Schalthebeln der Macht scheint diese Entwicklung egal zu sein. Gegenmaßnahmen, etwa in Gestalt einer besseren personellen Ausstattung der Gerichte, haben sie nicht ergriffen.

Natürlich war die Angelegenheit für mich dringend. Ich musste schließlich meinen Lebensunterhalt irgendwie finanzieren. Der tägliche Kampf ums Überleben stellte eine immense Belastungsprobe dar. Meine Gegner profitierten dagegen von der Verzögerung des Rechtsstreits. Da half meine rechtliche Überzeugung wenig.

Also entschied ich mich dazu, das Ganze zu beschleunigen. Ich reichte beim Verwaltungsgericht Dresden einen Antrag auf Erlass einer einstweiligen Anordnung ein und verband diesen erneut mit einem Antrag, mir Prozesskostenhilfe zu bewilligen. Damit wollte ich eine schnellere Entscheidung des Gerichts erzwingen. Nun musste sich das Verwaltungsgericht zeitnah mit meiner Berufsunfähigkeitsrente befassen.

An die Erfolgsaussichten meines Antrags glaubte ich irgendwie schon. Das Oberverwaltungsgericht hatte schließlich deutlich den bestehenden Rechtsrahmen aufgezeigt und die Erfolgsaussichten meiner Klage bejaht. Ich wusste, dass Richter es nicht gerne sehen, wenn ihr Entscheidungen von der nächst höheren Gerichtsinstanz aufgehoben werden. Daher orientieren sie sich gerne an deren Rechtsprechung.

Mittwoch, 18. Februar 2015

Wie heißt es so schön? *»Wer sich in die Fänge der Justiz begibt, kommt darin um!«* Nach diesem Sprichwort geht es nicht darum, Recht zu haben, sondern dieses auch zu bekommen.

Der Grundtenor des Sprichwortes ist eindeutig pessimistisch. Man wird vielleicht alles verlieren, wenn man sich überhaupt auf ein Gerichtsverfahren einlässt. Das Sprichwort zeugt von der Bitterkeit vieler Betroffener, die vor Gericht ergebnislos ihr Recht gesucht, dieses nicht gefunden und später resigniert haben.

Wieder einmal war der Tag der Entscheidung gekommen. Heute befasste sich das Verwaltungsgericht mit meiner Berufsunfähigkeitsrente. Meine Hoffnungen hatten schon vorher einen herben Dämpfer erhalten, da für meinen Antrag dieselbe Kammer des Verwaltungsgerichts zuständig war, die bereits meinen vorherigen Prozesskostenhilfeantrag abgelehnt hatte.

Das Verwaltungsgericht blieb seiner Linie treu und beschied sowohl meinen Antrag auf Erlass einer einstweiligen Anordnung, als auch meinen Prozesskostenhilfeantrag negativ. Mit keinem Wort beschäftigte es sich mit der Rechtsauffassung des Oberverwaltungsgerichts.

Damit konnte ich nicht auf einem schnelleren Wege die Zahlung meiner Berufsunfähigkeitsrente erzwingen. Wenigstens den Prozesskostenhilfeantrag hätte man mir genehmigen können.

Leider steht die sächsische Justiz nur selten auf der Seite Schutzsuchender. Oft wurden Ansprüche der Betroffenen abgewiesen. Aus dieser Praxis folgt tiefe Resignation. Sie führt zu einem Verzicht der Betroffen auf jegliche Rechtsverfolgung. Und das selbst dort, wo sie das Recht eigentlich auf ihrer Seite haben.

Damals glaubte ich, auf einer schwarzen Liste zu stehen. Anders waren all diese »Zufälle« nicht zu erklären. Mein langjähriger Kampf um das Recht schien bei meinen Gegnern nie in Vergessenheit geraten zu sein.

Unser Rechtsstaat krankt außerdem daran, dass Richter Karriere machen wollen. Am Ende entscheidet das Justizministerium darüber, ob sie in der Hierarchie aufsteigen, also zu höheren Weihen befähigt sind. Da liegt es auf der Hand, dass es sich einige Richter nicht mit ihren Vorgesetzten verscherzen wollen.

Sofort dachte ich wieder an den ehemaligen sächsischen Justizminister Heitmann, der es sich zur Aufgabe gemacht hatte, gerichtliche Entscheidungen zu korrigieren und so darüber entschied, welcher Richter beförderungsfähig war und welcher nicht[13].

13 Siehe www.spiegel.de/politik/deutschland/sachsen-justizminister-heitmann-zurueckgetreten-a-92979.html; www.handelsblatt.com/impressum/nutzungshinweise/blocker/?callback=%2Farchiv%2Funertraeglichen-angriffe-fuehren-zum-ruecktritt-sachsens-justizminister-heitmann-gibt-auf%2F2004406.html; www.rp-online.de/politik/sachsens-justizminister-zurueckgetreten-aid-1.2268419

Sachfremde Motive des Verwaltungsgerichts Dresden vermute ich bis heute. Beweisen kann ich dies natürlich nicht. Überrascht hat mich allerdings, dass sich das Verwaltungsgericht seiner Sache doch nicht so sicher zu sein schien. Denn es begründete nun, warum meine langjährigen Beitragszahlungen nicht von der Eigentumsgarantie des Grundgesetzes (Art. 14 GG) geschützt werden.

Für den juristischen Laien ist diese Begründung mehr als unverdaulich. Nach Auffassung des Verwaltungsgerichts besaß meine Berufsunfähigkeitsrente nur Versicherungscharakter, der durch die grundgesetzliche Eigentumsgarantie nicht geschützt wird. Das mag verstehen, wer will. Am Ende war diese richterliche Spitzfindigkeit entscheidend.

Überzeugt hat mich diese Meinung bis heute nicht. Denn selbst wenn meine Berufsunfähigkeitsrechte Versicherungscharakter besitzen würde, ändert dies nichts daran, dass ich mit meinen Beitragszahlungen Ansprüche auf eine Berufsunfähigkeitsrente begründet habe. Die Auffassung des Verwaltungsgerichts Dresden traf daher nicht den Kern des Rechtsproblems.

Das Verwaltungsgericht versuchte zu rechtfertigen, was in der Sache nicht zu rechtfertigen war.

Natürlich musste ich die Kosten des Rechtsstreits tragen. Hier sorgte das Gericht für eine maximale Belastung, indem es den Streitwert hoch ansetzte. Dementsprechend heftig fielen die von mir zu zahlenden Gerichtskosten aus. Ich sah das Ganze als eine Bestrafung meiner Hartnäckigkeit.

Aus Sicht der Justiz macht eine derartige Kostenfolge durchaus Sinn. Sie besitzt disziplinierende Wirkung und führt dazu, dass Betroffene von weiteren Klagen Abstand nehmen. Es wird für sie einfach zu teuer, die eigenen Rechte geltend zu machen. Billiger dagegen ist es, von vornherein auf den Weg zum Gericht zu verzichten.

Für mich war dieser Tag ein Tag wie jeder andere. Ich ging meiner Arbeit nach und erstellte Betriebsvereinbarungen für meinen neuen Arbeitgeber, die Standard Life Ltd. in Frankfurt-Niederrad.

Während ich mir in meinem Großraumbüro den Kopf zerbrach, tagte fast 500 Kilometer entfernt das Verwaltungsgericht Dresden. Es verhandelte meine Klage auf Zahlung einer Berufsunfähigkeitsrente, das sogenannte Hauptsacheverfahren, auf das ich so lange gewartet hatte.

Die Sache besaß nur einen Haken: Ich kannte den Gerichtstermin nicht. Damit ging es wieder um meinen Anspruch auf rechtliches Gehör, den jedes Gericht in der Bundesrepublik beachten muss. Die Ladung zu einem Gerichtstermin stellt eine absolut grundlegende Voraussetzung dieses Anspruchs dar. Wer nicht geladen wird, kann seine Meinung nicht äußern und sich verteidigen.

Dennoch erschien mir das Ganze nicht weiter schlimm. Das Verwaltungsgericht Dresden hatte mir noch nie Recht gegeben. Seine Vorstellungen über die Anwendung meiner Grundrechte lagen weit von meiner Auffassung entfernt. Warum sollte ich also nach Dresden fahren, wenn ich an der Meinung des Gerichts ohnehin nichts ändern konnte? Über meine Hauptsacheklage entschied zudem dieselbe Kammer, die zuvor bereits meinen Antrag auf Erlass einer einstweiligen Anordnung abgelehnt hatte.

Es war nicht das erste Mal, dass ich keine Kenntnis von einem Gerichtstermin besaß. Ähnliche Erfahrungen machte ich zuvor bereits beim Amts- sowie beim Landgericht Leipzig. Für mich galt da eher das Gesetz der Serie. Vielleicht war das Zynismus, vielleicht war meine Anwesenheit ja wirklich nicht erwünscht.

Dennoch stellte das Verwaltungsgericht Dresden meine ordnungsgemäße Ladung fest, obwohl mir diese nie zugegangen war. Damit sah das Gerichtsprotokoll so aus, als hätten die Richter alles richtiggemacht. Dem Verwaltungsgericht spielte meine Abwesenheit in die Hände. Es machte kurzen Prozess, schloss die Verhandlung nach nur neun Minuten und hatte damit ausreichend Zeit für das tägliche Mittagessen. Wenigstens dieses Bedürfnis konnte zeitnah befriedigt werden.

Donnerstag, 21. November 2015

Dass das Verwaltungsgericht Dresden über meinen Fall verhandelt hatte, wusste ich immer noch nicht. Umso überraschter war ich, als ich Post bekam. Wieder einmal fiel ich aus allen Wolken. Entgegen meiner Hoffnung ließ es sich nicht von der gegenteiligen Meinung des Oberverwaltungsgerichts beeindrucken.

Nein, ich habe keinen Anspruch auf Zahlung einer Berufsunfähigkeitsrente, so das Gericht. Diese werde zwar jedem Mitglied schon nach einer einmaligen Beitragszahlung gewährt. In meinem Fall wären meine Ansprüche jedoch nicht geschützt.

Das verstand ich immer noch nicht. Gerade wenn der Anspruch auf Zahlung der Berufsunfähigkeitsrente bereits nach einer einmaligen Beitragszahlung entsteht, muss er dem Eigentumsschutz des Grundgesetzes unterfallen. Dann waren meine Ansprüche sogar noch stärker, als ich angenommen hatte. Wieso konnte ich mich dann nicht auf sie berufen? Diese Frage wollte mir das Verwaltungsgericht Dresden nicht beantworten. Das war meine Schuld, denn schließlich hatte ich die Teilnahme an der mündlichen Verhandlung versäumt.

War denn alles falsch, was ich während meines Jurastudiums über die Reichweite des Grundgesetzes gelernt hatte? Wie war es möglich, dass das Gericht erneut alle verfassungsrechtlichen Grundsätze über Bord warf? Oder unterlag ich einem permanenten rechtlichen Irrtum?

Wie wenig rechtsstaatliche Forderungen in meinem Fall eine

Rolle spielten, musste ich auch aus einem anderen Grund feststellen: Denn das Verwaltungsgericht Dresden ließ eine Berufung gegen sein Urteil nicht zu. Damit war dieses rechtskräftig. Das Verwaltungsgericht war sich seiner Sache also ganz sicher. Und es betrachtete die Angelegenheit als abgeschlossen.

Zu den ehernen rechtsstaatlichen Prinzipien zählt der Anspruch jedes Bürgers auf ein faires Verfahren. Dieses beschränkt sich nicht nur auf eine gerichtliche Instanz, sondern eröffnet die Möglichkeit, ein Urteil durch ein höheres Gericht überprüfen zu lassen.

Bei einer derart wichtigen Frage wie der Reichweite der Grundrechte bei der Zahlung einer Berufsunfähigkeitsrente hätte das Verwaltungsgericht meiner Meinung nach die Berufung zulassen müssen. Oder wollte man verhindern, dass das Oberverwaltungsgericht sich der Sache annimmt?

Es fiel mir schwer, diese erneute Niederlage zu verarbeiten. Je mehr man einstecken muss desto größer ist die Bereitschaft, in einem See der Tränen zu versinken und endgültig loszulassen. Zuerst natürlich den Glauben an den Rechtsstaat.

Mittwoch, 16. Dezember 2015

Lange grübelte ich über das Urteil des Verwaltungsgerichts. Zum wiederholten Mal stellte sich die Sinnfrage. Die endlos anmutende Kette gerichtlicher Niederlagen hatte sich um eine weitere Episode verlängert. Wofür noch Kraft und Energie in ein aussichtsloses Unterfangen investieren?

Am Ende wollte ich mich wieder einmal nicht so abspeisen lassen. Es war ja nicht nur mein Kampf, redete ich mir ein. Auch andere Menschen befanden sich in einer vergleichbaren Lage. Die Frage musste also abschließend geklärt werden.

Ich weiß nicht, was am Ende den Ausschlag gab. Ich nahm ein weiteres Mal meine Kräfte zusammen und verfasste einen

Antrag auf Zulassung der Berufung. Diesen wies das Verwaltungsgericht ab und übergab die Angelegenheit an das Oberverwaltungsgericht zur endgültigen Entscheidung. Dort war nun derselbe Senat zuständig, der schon einmal meinen Prozesskostenhilfeantrag positiv beschieden hatte.

Dienstag, 23. August 2016

Viel Zeit war vergangen. Nun hielt ich die Entscheidung des Oberverwaltungsgerichts in meinen Händen. Mein Antrag auf Zulassung der Berufung wurde abgelehnt. An dieser Entscheidung wirkte der Präsident des Oberverwaltungsgerichts Künzler mit. Was für eine schallende Ohrfeige!

Das Oberverwaltungsgericht setzte sich nicht einmal mit meiner Rechtsauffassung auseinander. Mein Antrag wurde allein deshalb zurückgewiesen, weil ich vor dem Oberverwaltungsgericht keinen Anwalt hinzugezogen hatte. Dies sei für ein Verfahren vor dem Oberverwaltungsgericht zwingend notwendig.

Ich traute meinen Augen kaum, denn ich hatte mich gegenüber dem Oberverwaltungsgericht gar nicht geäußert. Mein Antrag auf Zulassung der Berufung gelangte nur deshalb nach Bautzen, weil dieser zuvor vom Verwaltungsgericht Dresden abschlägig beurteilt worden war.

In diesem Fall bin ich meiner Meinung nach nicht auf die Unterstützung eines Anwalts angewiesen. Weder habe ich vor dem Oberverwaltungsgericht verhandelt noch irgendwelche Anträge gestellt. Nur dann wäre die Hinzuziehung eines Anwalts notwendig gewesen.

Es muss möglich sein, seine Rechtsauffassung bei einem Antrag auf Zulassung der Berufung auch ohne anwaltliche Unterstützung zu äußern. Für die Hinzuziehung eines Rechtsanwalts fehlten mir zudem die notwendigen finanziellen Mittel. Das Oberverwaltungsgericht Bautzen sah dies jedoch anders und verurteilte mich dazu, die Kosten des Verfahrens zu tragen. Wieder einmal wurde der hierfür maßgebliche Streitwert ausgereizt.

Der Kampf um meine Berufsunfähigkeitsrente nahm sieben Jahre in Anspruch. Am Ende stand nur endlose Ohnmacht. Soviel Energie hatte ich in diese Auseinandersetzung gesteckt, allen Depressionen zuwider. Es war alles umsonst. Zwar überlegte ich mir, gegen den Beschluss des Oberverwaltungsgerichts Bautzen Verfassungsbeschwerde einzulegen, ich entschied mich letztendlich dagegen. Mir fehlte einfach die Kraft.

Für mich war mein Kampf um die Berufsunfähigkeitsrente kein normaler Kampf. Es ging mir vor allem um die Einhaltung grundgesetzlicher Vorgaben. Meine (Wunsch-)Vorstellungen scheiterten in dramatischer Weise an der harten Realität. Offensichtlich machte es im Freistaat Sachsen keinen Sinn, weiter für seine Rechte zu kämpfen.

Dienstag, 24. Oktober 2017

Zu meiner Überraschung war der Kampf um meine Berufsunfähigkeitsrente wohl doch noch nicht vorbei. Nachdem der Leipziger Universitätsprofessor Dr. Schönknecht mich untersucht hatte, legte er sein Gutachten vor. Danach konnte ich seit dem Jahre 2008 nicht mehr meinen Beruf als Rechtsanwalt ausüben und war damit berufsunfähig.

Da ich erst zwei Jahre später meine Anwaltszulassung nach München verlegt hatte, musste sich nun das sächsische Rechtsanwaltsversorgungswerk mit meiner Berufsunfähigkeitsrente befassen. Also wandte ich mich erneut an das Versorgungswerk und bat um eine Neubewertung meines Antrags.

Die Antwort, die ich aufgrund einer Nachfrage erhielt, war wenig überraschend. Das Versorgungswerk berief sich auf die Entscheidung des Oberverwaltungsgerichts sowie darauf, ich sei in Wirklichkeit erst drei Jahre später berufsunfähig geworden.

Da besitzt das Versorgungswerk wohl eine höhere ärztliche Expertise als Prof. Dr. Schönknecht.

Wie dem auch sei. Ich werde nun erneut beim Verwaltungsgericht Dresden auf Zahlung meiner Berufsunfähigkeitsrente klagen müssen. Das Rennen geht also in die Verlängerung. Allerdings gebe ich mich gar nicht erst dem Trugschluss hin, vor einem sächsischen Gericht gewinnen zu können. Die endgültige Entscheidung wird daher erst vor dem Bundesverfassungsgericht bzw. dem Europäischen Gerichtshof für Menschenrechte fallen. Bis die Angelegenheit endgültig entschieden wird, dürften noch 10 Jahre vergehen. Und das bei einer Rentenzahlung, auf die ich aufgrund meiner miserablen wirtschaftlichen Situation dringend angewiesen bin. Ach du mein schauriges Vaterland.

TEIL VII

Die eigenwilligen Ermittlungsmethoden der Staatsanwaltschaft Leipzig

Kapitel 1:

Die Verfolgung geht weiter

Seit nun fast 20 Jahren verfolgen die sächsischen Staatsanwalt-schaften nahezu jeden meiner Schritte. Sie überzogen mich mit Ermittlungsverfahren, unterstellten mir alle denkbaren Strafta-ten und ließen es dabei an jeglicher Objektivität fehlen. Sie wol-len unter allen Umständen eine Verurteilung erreichen. Erfolg hatten sie mit ihrer Strategie bislang nicht.

Ich wünschte mir, dass sie Strafanzeigen, die ich selbst einge-reicht hatte, von der Staatsanwaltschaft mit der gleichen Leiden-schaft verfolgt werden.

Immer wieder erstattete ich in der Vergangenheit Strafanzeigen gegen Personen, die mich betrogen hatten. Auf eine nachhaltige Resonanz stießen diese nie. In den meisten Fällen, sogar bei Schä-den im siebenstelligen Bereich, weigerte sich die Staatsanwalt-schaft, überhaupt Ermittlungen aufzunehmen. Dabei verzichteten vor allem diejenigen Staatsanwälte, die bislang mit Akribie gegen mich vorgingen, auf die notwendige Aufarbeitung begangenen Unrechts. Für die Strafverfolgung galten unterschiedliche Maß-stäbe, je nachdem, wer betroffen war.

Die bei mir entstandenen Schäden stellten somit meine Pri-vatangelegenheit dar. So sehr mich die Staatsanwaltschaft auf der einen Seite verfolgte, so sehr ließ sie meine Gegner auf der anderen Seite gewähren. Die Aufarbeitung von Unrecht darf je-doch nicht von persönlichen Motiven abhängen. In jedem Fall muss die Staatsanwaltschaft ihrer Unabhängigkeit Rechnung tragen.

So mancher meiner Gegner wurde durch die spürbare Apa-thie von Seiten der Staatsanwaltschaft zu weiteren Straftaten an-gespornt. Sie wussten, dass sie nichts zu befürchten hatten.

Die Staatsanwaltschaft war mit ihrem eigenwilligen Vertriebsmodell – wie vertreibe ich einen Menschen aus Sachsen? – am Ende erfolgreich. Dass ich das Kapitel Leipzig tatsächlich abgehakt habe, scheint mir bis heute dennoch niemand in dieser Behörde zu glauben. Die Staatsanwaltschaft betreibt »business as usual«. Ihr Auftrag ist noch lange nicht erledigt.

Donnerstag, 1. Dezember 2011

Heute wollte die Staatsanwaltschaft Leipzig einen wichtigen Etappensieg erringen. Es stand die Hauptverhandlung in einem Strafverfahren an, welches auf die letzte Anklage der Staatsanwältin Eßer-Schneider zurückging.

Ich hatte Zahlungen für eine Mandantin einbehalten, weil mir diese ein Honorar in Höhe von 300.000 € schuldig blieb. Dies entsprach einer unter Anwälten normalen Vorgehensweise. In meinem Fall sah meine persönliche Staatsanwältin darin ein strafbares Verhalten.

Dass Eßer-Schneider in ähnlichen Fällen gegen Berufskollegen vorgegangen wäre, ist mir nicht bekannt. Genauso wenig interessierte sie sich für meine Mandantin, die mich um viel Geld geprellt hatte. Sofern mich Mandanten finanziell schädigten, sah sie hierin kein strafbares Verhalten.

Zur Überraschung der Staatsanwaltschaft Leipzig konnte die Hauptverhandlung nicht stattfinden. Vielmehr musste sie ihren Angriffen auf mich Tribut zollen. Denn meine Neurologin Dr. Mehnert hatte mir eine Verhandlungsunfähigkeit testiert.

Allerdings bot mir die Staatsanwaltschaft gleich einen Deal an, sollte ich trotzdem zur Hauptverhandlung erscheinen. Sie sei bereit, das Strafverfahren zu beenden, sollte ich einer Verurteilung zu 90 Tagessätzen zustimmen. Damit wäre ich nicht vorbestraft.

Dennoch lehnte ich ab. In der Sache hatte ich mir nichts vorzuwerfen. Ich bestand darauf, meine Sichtweise im Fall meiner Gesundung darzulegen.

Dienstag, 27. März 2012

Nun musste das Landgericht Leipzig ein Gutachten über meine Verhandlungsunfähigkeit einholen. Hierzu schaltete es Dr. Steinkirchner vom Landgericht Ingolstadt ein. Nach Auffassung der Staatsanwaltschaft Leipzig war meine Verhandlungsunfähigkeit nur vorgespielt. Von mir vorgelegte Gutachten wurden von ihr stets als reine Gefälligkeitsarbeiten abgetan.

Dr. Steinkirchner war jedoch anderer Meinung. Nach eingehender Untersuchung stellte er eine starke Bewusstseinsstörung, insbesondere schwere Depressionen, fest. Ich war seiner Meinung nach für mindestens ein Jahr nicht in der Lage, mich um meine Strafverteidigung zu kümmern. Damit bestätigte er die zuvor bereits von Dr. Mehnert diagnostizierte Verhandlungsunfähigkeit.

Freitag, 17. Mai 2013

Die ständigen ärztlichen Begutachtungen setzten mir stark zu. Erneut ließ mich die Staatsanwaltschaft Leipzig von Dr. Steinkirchner untersuchen. Seit seiner letzten Untersuchung blieb ich von belastenden Außenreizen weitgehend verschont. Mein Gesundheitszustand hatte sich etwas verbessert. Für Dr. Steinkirchner war dies Grund genug, nun meine Verhandlungsfähigkeit zu testieren.

Meine beiden Untersuchungen bei ihm hatten etwas Bizarres, Surreales. Richtig nachvollziehen kann ich den Zweck dieser Veranstaltungen bis heute nicht. Was hilft die Feststellung meines Gesundheitszustandes an einem bestimmten Tag, wenn sich dies aufgrund höherer Außenreize später ins absolute Gegenteil umkehren wird?

Die Begutachtung befasste sich nicht mit der Frage, ob ich aufgrund meiner psychischen Erkrankung während eines Hauptverhandlungstermins in der Lage war, mich angemessen zu verteidigen und mich den gegen mich erhobenen Vorwürfen zu stellen. Hierauf kommt es jedoch aus rechtsstaatlicher Sicht an.

Mein Strafverteidiger Curt-Mathias Engel sollte später einmal erklären, dass es eine Verhandlungsunfähigkeit ohnehin nur auf dem Papier gibt. In der Praxis komme diese nicht vor. Vielleicht liegt dies an dem Gutachterauftrag des jeweiligen Gerichts. Jedenfalls enthielt die Einschätzung von Dr. Steinkirchner keine zukünftige Prognose. Es handelte sich um eine reine Momentaufnahme.

Mittwoch, 14. Januar 2014

Wenig später wurde ich in meinen Zweifeln über die Sinnhaftigkeit dieser Untersuchungen bestärkt. Das Landgericht Leipzig setzte wieder einen Hauptverhandlungstermin an. Dank ihrer hohen medizinischen Expertise war die Staatsanwaltschaft von meiner Genesung überzeugt.

Doch wieder einmal sollte es anders kommen. In den Tagen vor dem Gerichtstermin verschlechterte sich mein Gesundheitszustand dramatisch. Meine Psyche, die besonders auf von der sächsischen Justiz ausgehende Reize reagierte, machte der Staatsanwaltschaft einen Strich durch die Rechnung. Seit Tagen hatte ich nichts mehr gegessen. Ich lag nur noch auf der Couch und reagierte nicht mehr. Die Außenwelt nahm ich nicht mehr wahr.

Zwei Tage zuvor noch hatte ich meine Neurologin Dr. Mehnert aufgesucht. Diese empfahl mir nachhaltig, mich stationär im Klinikum Ingolstadt behandeln zu lassen. Auch sie glaubte offensichtlich nicht mehr an einen außerhalb des Krankenhauses erzielbaren Behandlungserfolg.

Nachdem sich mein Gesundheitszustand weiter verschlechterte, fuhr mich meine damalige Lebensgefährtin in die Notaufnahme des Krankenhauses. Dort schlug man die Hände vor dem Gesicht zusammen. Mein Blutdruck war zwischenzeitlich auf über 200 angestiegen, die fehlende Nahrungsaufnahme hatte mich stark geschwächt, weshalb ich sogleich Infusionen bekam. Die Ärztin in der Notaufnahme verlegte mich auf die Intensivstation der Depressionsabteilung. Ohne diese Maßnahme hätte ich wahrscheinlich den morgigen Tag nicht mehr erlebt.

Damit musste der Gerichtstermin in Leipzig erneut abgesagt werden. Wieder einmal machte meine Erkrankung der Aufarbeitung der gegen mich gerichteten Vorwürfe einen Strich durch die Rechnung.

Freitag, 13. Februar 2014

Meine Ärzte im Klinikum Ingolstadt gaben ihr Bestes. Etwa zwei Wochen nach meiner Aufnahme gab es aufgrund der verabreichten schweren Psychopharmaka eine erste Stabilisierung meiner Gesundheit. Meine Ärzte ermöglichten mir nun sogar, meinem Hobby, dem Kampfsport nachzugehen.

Dreimal in der Woche durfte ich die Taekwondo-Schule von Claus Moos, die sehr familiär ausgelegt ist, besuchen. Für die Behandlung von Depressionen ist sportliche Betätigung wichtig. Vor allem meine Taekwondo-Schule trug zu einer Stabilisierung bei. Diese war längst zu meiner Heimat geworden. Ich erzählte meinem Trainer Claus einmal, er habe mir das Leben gerettet. Er glaubt zwar eher an einen Scherz. Ich meinte dies dagegen ernst. Vor allem der Umgang mit meinen Sportsfreunden tat meiner Seele gut.

Nun wurde ich entlassen. Mein Gesundheitszustand hatte sich weiter gebessert. Ich machte die ersten Schritte zurück in mein früheres Leben.

Eine Heilung war während meines einmonatigen Aufenthalts im Klinikum Ingolstadt dagegen nicht möglich. Zu tief hatten sich die Auslöser meiner Erkrankung in meine Psyche eingegraben. Die verabreichten Medikamente halfen so gut es ging. Die weitere Behandlung sollte ambulant erfolgen. Gegen Rückschläge wappnete mich dies jedoch nicht.

Mittwoch, 20. Mai 2015

Nun waren bereits sieben Jahre seit der Erstattung der Strafanzeige ergangen. Heute erhielt ich wieder Post von meinem Strafverteidiger Curt-Mathias Engel aus Leipzig.

Der Kontakt zu ihm war in den vergangenen Jahren fast verloren gegangen, denn die Korrespondenz und die ständige Konfrontation mit der Staatsanwaltschaft Leipzig lösten bei mir immer wieder schwere Rückfälle aus. Ich versuchte nach Kräften, mich diesen Einflüssen zu entziehen. Daher antwortete ich weder auf die Schreiben meines Strafverteidigers noch auf seine Anrufe. Es ist ihm hoch anzurechnen, dass er mich selbst unter den schwierigsten Rahmenbedingungen immer unterstützt hat.

Für meine Erkrankung ist dieses Verhalten typisch. Die Psyche blockt unerfreuliche Ereignisse nahezu vollständig ab. Im günstigsten Fall reagiert der Betroffene mit Flucht. In dieser Situation ist niemand in der Lage, sich belastenden Ereignissen zu stellen. Darunter leidet nicht nur die allgemeine Lebensführung, sondern natürlich auch die Verteidigungsfähigkeit.

Langsam verlor die Staatsanwaltschaft Leipzig die Lust auf das von ihr eingeleitete Strafverfahren. In all den Jahren zuvor war sie keinen Schritt weitergekommen. Mein Strafverteidiger teilte mir nun mit, die Staatsanwaltschaft sei bereit, das Strafverfahren gegen mich gegen Zahlung von 5.000 € für gemeinnützige Zwecke einzustellen. Von einer Verurteilung sprach dagegen niemand mehr.

Eigentlich waren das gute Nachrichten. Es bestand die Chance, die mit diesem Strafverfahren verbundenen psychischen Belastungen zu beenden. Dennoch sah ich in diesem Vorschlag den erneuten Versuch einer Erpressung. Schließlich war es nicht das erste Mal, dass die Staatsanwaltschaft Leipzig mich mit Vorwürfen konfrontierte, um im Ergebnis eine Geldzahlung zu verlangen. Ich verfolgte dagegen meine Rehabilitation.

Zudem wollte ich die Staatsanwaltschaft in einer Hauptverhandlung mit ihrer Ermittlungsarbeit konfrontieren. Schließlich hatte sie trotz meiner wiederholten Forderungen meinen Kronzeugen Holger Mißbach nicht vernommen. Seine Vernehmung war nun aufgrund seines Todes nicht mehr ermöglich.

Eine Entscheidung über die Geldzahlung musste ich allerdings nicht treffen. Der von der Staatsanwaltschaft geforderte Betrag überstieg meine wirtschaftlichen Möglichkeiten um ein Vielfaches. Anscheinend glaubte die Staatsanwaltschaft immer noch, dass ich über ein nachhaltiges Einkommen verfüge. Daher äußerte ich mich zum Vorschlag der Staatsanwaltschaft nicht.

Freitag, 28. Oktober 2016

Zum ersten Mal seit mehreren Monaten trat ich wieder die Reise nach Leipzig an. Lange zuvor dachte ich darüber nach, ob ich mich nicht wieder in ein Krankenhaus einweisen lassen soll. Bislang hatte ich die dringende Empfehlung meines Offenbacher Neurologen Dr. Wichmann, mich langfristig in einer auf Depressionen spezialisierten Klinik stationär behandeln zu lassen, ignoriert.

Am Ende siegte mein Wille, mich am Amtsgericht Leipzig zu verteidigen. Die Staatsanwaltschaft hatte mich auf eine Anzeige meines Insolvenzverwalters Rüdiger B. wegen Bankrotts angeklagt. Staatsanwalt Mörsfelder warf mir vor, ich hätte Teile meines Vermögens auf Dritte übertragen, um meine Gläubiger zu schädigen.

An den Vorwürfen war nichts dran. Allerdings verzichtete ich im Vorfeld darauf, mich überhaupt zu den Vorwürfen der Staatsanwaltschaft Leipzig zu äußern. Zu grenzenlos war mein Misstrauen gegenüber dieser Anklagebehörde. Nun verlas ich vier Stunden lang meine Aussage und stellte die Vorwürfe richtig. Staatsanwalt Mörsfelder erklärte, er kenne meine Darstellung, er halte sie jedoch für unrichtig.

Bezeichnenderweise hatte die Staatsanwaltschaft Leipzig zunächst auch meine damalige Lebensgefährtin wegen derselben Vorwürfen angeklagt. Für diese erarbeitete ich eine Stellungnahme, die sich mit meiner Aussage inhaltlich weitgehend deckte. Deshalb erzählte ich Staatsanwalt Mörsfelder in der Sache wirklich nichts Neues. Dass die von meiner ehemaligen Lebensgefährtin eingereichte Stellungnahme von mir verfasst worden war, wusste Staatsanwalt Mörsfelder dagegen nicht.

Bei völlig identischem Sachverhalt behandelte Staatsanwalt Mörsfelder meine frühere Lebensgefährtin jedoch anders als mich. Während er das Strafverfahren gegen diese einstellte, verfolgte er die gegen mich gerichteten Vorwürfe weiter.

Wieder einmal erfuhr ich eine Sonderbehandlung. Staatsanwalt Mörsfelder war nicht bereit, in meinem Fall entlastende Tatsachen, die bei meiner Lebensgefährtin zur Verfahrenseinstellung geführt hatten, ähnlich zu bewerten. Gewundert hat mich dies allerdings nicht.

Freitag, 4. November 2016

Es war der zweite Verhandlungstag in meinem Strafverfahren wegen Bankrotts. Heute wollte ich mich den Fragen des Gerichts stellen.

Doch es kam anders: Unmittelbar nach Beginn der Verhandlung erklärte das Amtsgericht, aufgrund meiner Stellungnahme, in der ich Aussagen zu meiner psychischen Erkrankung und zwei Suizidversuchen gemacht hatte, müsse ich erneut durch einen Gutachter untersucht werden. Es ging darum zu klären, ob ich überhaupt schuldfähig sei. Dies sei jedoch eine wesentliche Voraussetzung des Strafprozesses und gleich am Anfang zu prüfen. Wieder einmal eine gerichtlich angeordnete ärztliche Begutachtung.

Nach kurzer Zeit war die Verhandlung beendet und ich trat die Rückreise nach Offenbach an. Damit stand eine weitere nervenärztliche Evaluierung bevor.

Samstag, 27. Mai 2017

Am heutigen Tage untersuchte mich der vom Amtsgericht eingesetzte Gutachter, der Leipziger Hochschulprofessor Dr. Schönknecht, ein zweites Mal. Bereits drei Wochen zuvor hatte er sich intensiv mit mir befasst.

Im Gegensatz zu seinen Vorgängern gab sich Prof. Dr. Schönknecht deutlich mehr Mühe. Während diese glaubten, innerhalb von 90 Minuten meine Lebenssituation und meine Erkrankung aufarbeiten zu können, nahm sich Schönknecht deutlich mehr als 10 Stunden Zeit. Er blickte tief in meine malträtierte Seele und arbeitete insbesondere diejenigen Ereignisse auf, die eine deutliche Verschärfung meines Gesundheitszustandes ausgelöst hatten.

Nach seiner Auffassung konnte eine Schuldunfähigkeit in meinem Fall nicht ausgeschlossen werden. Dieses Ergebnis passte der Staatsanwaltschaft Leipzig überhaupt nicht. Sie verlangt nun, die früher gerichtlich bestellten Gutachter ebenfalls zu vernehmen, obwohl sich diese nur mit meiner Verhandlungsunfähigkeit, nicht dagegen mit meiner Schuldfähigkeit beschäftigt hatten.

Am Ende erwiesen sich die seit 20 Jahren andauernden Attacken der sächsischen Staatsanwaltschaften als kontraproduktiv. Ob es überhaupt zu einer Aufarbeitung der gegen mich gerichteten Vorwürfe kommen wird, bleibt abzuwarten.

Kapitel 2:

Staatsanwaltschaft Leipzig – Straftaten bleiben ungesühnt

Die Ermittlungsarbeit der Staatsanwaltschaft Leipzig sehe ich nicht nur aufgrund der vehementen Verfolgung meiner Person kritisch. Dieselbe Vehemenz ließ die Staatsanwaltschaft an anderer Stelle vermissen, nämlich wenn es darum ging, Straftaten, die gegen mich gerichtet waren, aufzuarbeiten. Bezeichnenderweise tat sich dabei vor allem Staatsanwalt Mörsfelder, der die Staatsanwaltschaft in meinem Strafverfahren wegen Bankrotts vertrat, hervor.

Freitag, 30. Juli 2010

Ich stand im wahrsten Sinne des Wortes vor einem Scherbenhaufen. Was Jahre zuvor hoffnungsfroh begonnen hatte, schien nun zerstört. Vorbei war meine Hoffnung, mich von meinem Anwaltsberuf unabhängig zu machen.

Doch was war geschehen?

Vor fünf Jahren gewann mich mein damaliger Freund Lap K. für die Idee, Biogasanlagen zu errichten. Seine Geschichte hatte mir imponiert. Im Alter von 6 Jahren fischte ihn die Cap Anamur aus dem südchinesischen Meer, auf der Flucht vor dem sozialistischen Regime in Vietnam. Überprüfen konnte ich das natürlich nicht. Seitdem arbeitete er fleißig und betrieb eine Kartbahn in Grimma.

Der Bau von Biogasanlagen steckte damals noch in den Kinderschuhen. Sie waren ein wichtiger Teil der Energiewende, hin zu grünen Energieträgern. Da Lap K. über kein Kapital verfügte, kam mir die Aufgabe des Investors zu. Ich sollte die benötigten Gelder als Darlehen bereitstellen. In der Spitze investierte ich mehr als 1,3 Millionen € für drei verschiedene Anlagen. Im Gegenzug gehörten mir 50 % der Biogasanlagen und eröffneten mir die Aussicht auf die entsprechenden Erträge.

Leider spielte Lap K. falsch. Geblendet von den glänzenden Verdienstmöglichkeiten stellte er sich die Frage, warum er den Kuchen noch mit mir teilen sollte. Meine umfangreichen finanziellen Hilfen vergaß er von einem Tag auf den anderen. Weder zahlte er in der Folgezeit Gewinne aus dem Betrieb der Anlagen aus noch dachte er an die Rückzahlung meiner Darlehen.

Informationen des Buschfunks besagten seit 2009, er wolle mich aus den Anlagen herausdrängen und mir die Liquidität abschneiden. Er plante, mich in die Insolvenz zu treiben, zumal er meine auf die Investitionstätigkeit zurückgehenden steuerlichen Probleme kannte. Er rechnete fest damit, eine kostengünstige Einigung mit meinem Insolvenzverwalter erzielen zu können. Und genau dies geschah nun.

Die Anteile an den Biogasgesellschaften hatte ich bereits Anfang November 2009 auf meine Lebensgefährtin übertragen. Schon damals sah ich mein Verhältnis zu Lap K. mit Sorge und fürchtete, dass sich die Gerüchte bewahrheiten würden.

Mit der Übertragung der Anteile wappnete ich mich für einen späteren Rechtsstreit. Aufgrund der Anteilsübertragung stand ich in den bevorstehenden Gerichtsverfahren als Zeuge zur Verfügung. Gerade für meine Darlehen und die Absprachen mit Lap K., die bewiesen werden mussten, war dies wichtig. Während meiner früheren engen Freundschaft zu ihm hatte ich davon abgesehen, die Darlehensverträge schriftlich abzufassen. Das war ein kapitaler Fehler. Vor allem für einen Rechtsanwalt. Gegenüber »*Freunden*« war ich einfach zu gutgläubig.

Anfang Mai 2010 gab mich Lap K. zum Abschuss frei und zeigte sich absolut kompromisslos. Wenig später zog er die Anteile meiner Lebensgefährtin an den Biogasanlagen ein. Meine

Darlehen zahlte er auch in der Folgezeit nicht zurück. Somit war ich nicht in der Lage, die Steuerforderungen des Finanzamts Grimma, die dieses gegen mich festgesetzt hatte, zu bedienen. Die weitere Entwicklung ist dem Leser bekannt.

Jetzt lagen sie vor mir, die Trümmer meines Gutmenschentums. Warum gingen meine Warnlampen erst so spät an? Mir lief endgültig die Zeit davon. Also erstattete ich gegen meinen ehemaligen Freund eine umfangreiche Strafanzeige.

Wegen der offenen Zahlungen lag meiner Meinung nach ein hinreichender Tatverdacht für ein betrügerisches Handeln sowie Untreue vor. Dies galt insbesondere aufgrund der Tatsache, dass mein ehemaliger Freund seine Strategie zuvor eingehend geplant hatte.

Lap K. belastete zudem die Biogasgesellschaften massiv mit eigenen Kosten und schraubte diese ständig weiter in die Höhe. Außerdem ließ er sich hinter meinem Rücken für die Errichtung der Biogasanlagen eine Provision in Höhe von mehreren hunderttausend Euro auszahlen. Das empfand ich als ausgesprochen unschön, da ich gleichzeitig die Errichtung der Anlagen mit viel Geld finanziert hatte. Seinen gegen mich eingeschalteten Rechtsanwalt Götz aus Leipzig vergütete Lap K. ebenfalls über die Firmenkonten der Biogasanlagen.

Sehr ausführlich befasste ich mich in meiner Strafanzeige mit den gegen ihn gerichteten Vorwürfen. Gleich dreimal erweiterte ich diese in den Jahren 2010 und 2011 und machte die Staatsanwaltschaft auf weitere Straftaten aufmerksam.

Damit begann ein Wirtschaftskrimi. Für die Staatsanwaltschaft Leipzig gab es Einiges zu tun.

Dienstag, 20. Dezember 2011

Mehr als ein Jahr musste ich auf die Antwort der Staatsanwaltschaft warten. Unmittelbar vor Weihnachten teilte mir Staatsan-

291

wältin Siler mit, sie sehe keinerlei Anhaltspunkte für Straftaten meines ehemaligen Geschäftspartners und lehnte die Einleitung eines Ermittlungsverfahrens ab.

Ich war wie vor den Kopf geschlagen. Lap K. war mir hohe Beträge schuldig geblieben. Und dies sollte nicht einmal Ermittlungen der Staatsanwaltschaft auslösen? Mit welchem Maßstab ging diese Behörde überhaupt vor? Während sie mich massiv verfolgte entgingen Personen, die mich finanziell vernichtet hatten, ihrer Strafverfolgung.

Die Staatsanwaltschaft Leipzig entschied nun einmal darüber, wen sie als Verbrecher ansah und wen sie entkommen ließ.

Freitag, 29. Juni 2012

Ein halbes Jahr später bestätigte Staatsanwältin Siler erneut die fehlende Ermittlungsbereitschaft der Staatsanwaltschaft. Dieses Mal hatte Lap K. in meinem Insolvenzverfahren Forderungen in Höhe von 750.000 € angemeldet, wahrscheinlich, um Verhandlungsmasse gegenüber meinem Insolvenzverwalter zu schaffen.

Seine Ansprüche waren frei erfunden. Ich hätte – so Lap K. – massiv in die Kasse gegriffen. In Wirklichkeit handelte es sich um die Rückzahlung eines Teils der ausgereichten Darlehen, die sämtlich von Lap K. veranlasst worden waren. Dieses Geld wollte er nun wiederhaben. Meiner Meinung nach ging es hierbei um Betrug. Denn er hatte gegenüber meinem Insolvenzverwalter den Sachverhalt falsch dargestellt.

Staatsanwältin Siler sah dies jedoch anders. Sie verweigerte erneut die Einleitung von Ermittlungen gegen Lap K. Am Ende überraschte mich nichts mehr. Gleich drei Strafanzeigen verliefen im Sand.

Meine bisherigen Versuche, die Staatsanwaltschaft zur Aufnahme von Ermittlungen gegen Lap K. zu bewegen, waren alle gescheitert. Es traf sich gut, dass zwischenzeitlich meine Schwester Charlotte die Anteile an den Biogasgesellschaften erworben hatte. Vielleicht würde die Staatsanwaltschaft in ihrem Fall unbefangener mit dem Sachverhalt umgehen.

Dieses Mal ließ ich meine Schwester die Strafanzeige unterzeichnen. Auf mehr als 100 Seiten aktualisierte ich meine gegen Lap K. gerichteten Vorwürfe. Nun ging es nicht nur um finanzielle Ansprüche. Auch das Verhalten meines ehemaligen Geschäftspartners vor dem Amts- sowie dem Landgericht Leipzig sollte aufgearbeitet werden. Dort hatte er mehrfach unwahr vorgetragen.

Mit meinen handbuchmäßigen Ausführungen hoffte ich, die Staatsanwaltschaft überzeugen zu können. Vielleicht würde sie ja ihre Vorgehensweise ändern, wenn nicht ich, sondern meine Schwester Charlotte als Anzeigenerstatter auftrat.

Ich bat meine Schwester darum, diese Strafanzeige direkt an den sächsischen Ministerpräsidenten Tillich zu versenden und diesen auf die bisherige Untätigkeit der Staatsanwaltschaft hinzuweisen. Sie kündigte in ihrem Brief an, den Freistaat gegebenenfalls auf Schadensersatz zu verklagen, sollten keine Ermittlungen aufgenommen werden.

Eine Reaktion auf dieses Schreiben blieb die sächsische Staatskanzlei schuldig.

Dienstag, 15. Juli 2014

Die Antwort der Staatsanwaltschaft auf die Strafanzeige meiner Schwester war ein weiterer Tiefschlag. Inzwischen hatte sich Staatsanwalt Mörsfelder eingeschaltet, eben jener Staatsanwalt, der mich mit Vehemenz wegen eines vermeintlich betrügerischen Bankrotts verfolgte. Staatsanwalt Mörsfelder besaß nun die Chance, die Dinge gerade zu rücken.

Welchen Maßstab Staatsanwalt Mörsfelder anlegte, stand nun schwarz auf weiß geschrieben. Er lehnte die Einleitung eines Ermittlungsverfahrens gegen meinen ehemaligen Geschäftspartner ebenfalls ab.

Mörsfelder sah im Hinblick auf die offenen Zahlungen keinerlei Straftat. Es handele sich um die bloße Nichtzahlung einer Forderung, so die Staatsanwaltschaft Leipzig. Dass diese Nichtzahlung auf strafbaren Motiven beruhte, interessierte ihn nicht. Gleiches galt hinsichtlich meiner Darlehen. Diese seien zwischenzeitlich verjährt – was falsch war – und müssten schon aus diesem Grund nicht zurückgezahlt werden. Mörsfelder weigerte sich auch, der Zahlung der Rechtsanwaltskosten über die Firmenkonten der Biogasgesellschaften durch Lap K. nachzugehen.

Damit verhinderte die Staatsanwaltschaft eine strafrechtliche Aufarbeitung der umfangreichen Vorwürfe. Sie ließ mich im Regen stehen.

Sonntag, 8. Februar 2015

Nicht nur die Staatsanwaltschaft Leipzig beschäftigte sich mit den Auseinandersetzungen um die Biogasgesellschaften. Aufgrund ihrer Untätigkeit war mein ehemaliger Geschäftspartner nun besonders mutig geworden.

Anfang Oktober 2011 hatten die von Lap K. geführten Biogasgesellschaften beim Amtsgericht Leipzig Klage erhoben und wollten feststellen lassen, dass die Einziehung der Geschäftsanteile an den Gesellschaften wirksam ist. Da Lap K. jedoch eine falsche Anschrift angegeben hatte, wurde die Klage meiner Lebensgefährtin nie zugestellt. Auch eine Ladung zum Termin zur mündlichen Verhandlung ging nie zu.

Trotz der fehlenden Zustellungen, insbesondere der Ladung zur mündlichen Verhandlung, erließ das Amtsgericht Leipzig am 9. Januar 2012 ein Versäumnisurteil und gab der Klage von Lap K. in vollem Umfang statt. An diesem Versäumnisurteil war rechtlich alles falsch, was falsch sein konnte.

Aufgrund des Streitwerts war das Amtsgericht bereits nicht zuständig. Geklagt hatten außerdem die Biogasgesellschaften anstatt meines ehemaligen Geschäftspartners, womit ein falscher Kläger die Bestätigung der Wirksamkeit der Einziehung verlangte. Nicht zuletzt scheiterte der Erlass eines Versäumnisurteils an der fehlenden Ladung zum Termin zur mündlichen Verhandlung.

Jeder dieser Gründe bringt eine derartige Klage normalerweise zu Fall. Das Amtsgericht machte sich die Sache jedoch einfach. Und nicht nur das: Auch das Versäumnisurteil wurde nicht zugestellt, so dass hiergegen nicht einmal Einspruch eingelegt werden konnte. Eklatanter konnten rechtsstaatliche Grundsätze nicht ausgehebelt werden. Wer nichts von einer Klage oder einem Urteil weiß, kann sich hiergegen nicht zur Wehr setzen.

Die Auseinandersetzung mit meinem ehemaligen Geschäftspartner belegt exemplarisch die hohen Hürden, auf die Rechtsschutzsuchende treffen. In Sachsen war die Kluft zwischen Recht haben und Recht bekommen besonders groß.

Als ich mehr als ein halbes Jahr später durch einen Zufall Kenntnis vom Versäumnisurteil des Amtsgerichts erhielt, schäumte ich vor Wut. Ich legte Einspruch ein und erzwang eine Wiederaufnahme des Verfahrens sowie eine Verweisung des Rechtsstreits an das Landgericht Leipzig. Dieses hob das Versäumnisurteil des Amtsgerichts wenig später auf und wies die Klage meines ehemaligen Geschäftspartners ab.

Ärgerlich war vor allem, dass Lap K. den Rechtsstreit immer noch von den Biogasgesellschaften bezahlen ließ. Um die Honorarrechnungen seines Rechtsanwalts Götz auszugleichen, griff er tief in die Kasse. Mehr als 350.000 € hatte er dafür aufgewandt, um meine Schwester aus den Biogasgesellschaften zu drängen. Dadurch reduzierte sich auch der Gewinn, der auf ihre Geschäftsanteile entfiel. Die Jahresabschlüsse der Biogasgesellschaften belegen diesen Vorwurf eindeutig.

Lap K. machte zudem aus dieser Praxis auf Nachfrage keinen Hehl. Bislang sah die Staatsanwaltschaft jedoch keinen Anlass, hiergegen zu ermitteln.

Also erstattete meine Schwester erneut Strafantrag gegen Lap K. sowie seine Anwälte wegen des Verdachts der Veruntreuung bzw. Betrugs. Nun allerdings geschah etwas: Meine Schwester wurde von der Staatsanwaltschaft als Zeugin geladen.

Dumm war nur, dass meine Schwester keinerlei Detailkenntnis besaß und demzufolge auch keine Angaben zur Sache machen konnte. Hierauf wies ich die Staatsanwaltschaft mehrfach hin und verlangte stattdessen meine Vernehmung. Schließlich hatte ich die Auseinandersetzungen mit Lap K. an vorderster Front betreut.

Der Ladung zur Zeugenvernehmung konnte meine Schwester krankheitsbedingt nicht folgen. Das von ihr vorgelegte Attest akzeptierte die Staatsanwaltschaft Leipzig allerdings nicht und verhängte wegen der Nichtwahrnehmung des Termins ein Bußgeld in Höhe von 500 €. Nachdem dieses nicht gezahlt wurde, erließ sie gegen meine Schwester einen Haftbefehl und befahl dessen Vollstreckung, worauf meine Schwester schließlich einlenkte. Für ihre Strafanzeige wurde meine Schwester daher von der Staatsanwaltschaft Leipzig empfindlich gemaßregelt.

Die Vernehmung meiner Person unterblieb dagegen bis zum heutigen Tage.

Damit machte die Staatsanwaltschaft Leipzig mehr als klar, gegen wen sie vorgehen wollte bzw. gegen wen nicht. Über einen Haftbefehl gegen Lap K. hat sie dagegen zu keinem Zeitpunkt nachgedacht, obwohl die Gefahr bestand, dass sich dieser in sein Heimatland Vietnam absetzt.

Bis zum heutigen Tag sind keine belastbaren Aktivitäten der

Staatsanwaltschaft Leipzig feststellbar. Sie ließ meinen ehemaligen Geschäftspartner auch weiterhin gewähren. Und der ergriff die Gelegenheit beim Schopf. Was sollte ihm auch geschehen?

Alles was ich in der Vergangenheit unternommen hatte, war vergeblich. Normalerweise sollten Strafverfahren auch dazu dienen, dass Täter unter dem Druck der laufenden Ermittlungen ihre Vorgehensweise ändern. Bei Lap K. war das Gegenteil der Fall.

Das Ganze stellt ein Paradebeispiel dafür dar, wie wenig rechtsstaatliche Grundsätze bei der Verfolgung von Straftaten innerhalb der Staatsanwaltschaft Leipzig eine Rolle spielen. Selbstverständlich besaßen wir ein Recht darauf, von Straftaten verschont zu werden. Bei der Staatsanwaltschaft stießen wir jedoch auf taube Ohren.

Montag, 18. Januar 2016

Trotz all meiner negativen Erfahrungen im Umgang mit der sächsischen Justiz war für mich Aufgeben nie eine Option. Zugegeben, meine Gegner schlugen mich immer wieder nieder. Oft war ich während langer depressiver Phasen kampfunfähig und nicht in der Lage, meine Meinung vorzutragen. Am Ende stand ich allerdings wieder auf, obwohl dies eher auf ein Selbstmordkommando hinauslief.

Trotzdem drängte ich weiter auf eine strafrechtliche Aufarbeitung meiner Auseinandersetzungen mit Lap K. Zwischenzeitlich beschäftigte sich das Oberlandesgericht in Dresden mit der Einziehung der Geschäftsanteile an den Biogasgesellschaften. Mehrere Beweisaufnahmen führten für ihn zu einem desaströsen Ergebnis, da diese meine Rechtsauffassung bestätigten. Längst war klar, dass Lap K. hemmungslos gelogen hatte.

Je nach Verfahrensstand belegte ich Lap K.'s Vorgehensweise mit einer neuen Strafanzeige. Für die Staatsanwaltschaft Leipzig ist dieser Arbeitsanfall zwar beschwerlich, vielleicht kann ich sie trotzdem noch zu einem Umdenken veranlassen. Eine Reaktion ihrerseits steht bislang immer noch aus.

Donnerstag, 26. Oktober 2017

Der Nachmittag brachte einen Paukenschlag. Und wieder war es ein Unerfreulicher. Über die beiden Biogasgesellschaften wurde das Insolvenzverfahren eröffnet, und der Leipziger Rechtsanwalt Axel Roth zum Insolvenzverfahren bestellt.

Aus dem Eröffnungsbeschluss konnte ich außerdem entnehmen, dass Lap K. seine Anschrift inzwischen nach England verlegt hatte. Offensichtlich plant er dort ein Insolvenzverfahren, um seine Gläubiger restlos zu prellen. Nach britischem Recht ist eine Restschuldbefreiung nach 1–2 Jahren möglich.

Genau diese Entwicklung hatte ich in meinen Strafanzeigen gegen Lap K. vorhergesagt und sogar den Erlass eines Haftbefehls wegen Fluchtgefahr angeregt. Geschehen ist allerdings nichts. Dabei wäre es ein Leichtes gewesen, seinen Reisepass sicherzustellen.

Damit sind meine deutlich im siebenstelligen Bereich liegenden Ansprüche wertlos. Ob Lap K. strafrechtlich zur Rechenschaft gezogen wird – nach Aussage des Insolvenzverwalters Axel Roth hat er die Gesellschaften ausgecasht – bleibt abzuwarten.

Bedanken kann ich mich hierfür vor allem bei der Staatsanwaltschaft Leipzig. Auch die Dauer der Gerichtsverfahren – das Verfahren vor dem Oberlandesgericht läuft immer noch an – spielte Lap K. in die Hände. Selbst nach sechs Jahren liegt noch eine rechtskräftige Entscheidung über die Unwirksamkeit der Einziehungsbeschlüsse vor. Ob diese überhaupt noch ergehen wird, ist bislang offen.

Von einem effektiven Rechtsschutz kann jedenfalls nicht gesprochen werden.

Es ist ein weiteres unwürdiges Kapitel über die hybride sächsische Justiz. Wieder einmal verweigert die Staatsanwaltschaft Leipzig die Aufklärung eines Wirtschaftskrimis trotz deutlicher Beweise für eine Vielzahl von Straftaten. Dieses Mal hatte ich eine Strafanzeige gegen meinen ehemaligen Geschäftspartner Lap K. wegen Beleidigung sowie des Verdachts der Untreue eingereicht.

K. hatte mich anlässlich einer Verhandlung vor dem Oberlandesgericht Dresden massiv als Verbrecher beleidigt. Es störte ihn in keiner Weise, dass der gesamte Senat des Oberlandesgerichts, wie auch mein Rechtsanwalt Willemsen, ferner Lap K.s Anwalt Götz Zeugen dieser Attacke wurden.

Dies wollte ich mir nicht gefallen und erstattete Strafanzeige. Ferner ging es darum, dass Lap K. im deutlich siebenstelligen Bereich Gelder aus zwei Biogasgesellschaften entnommen hatte. Dies jedenfalls ging eindeutig aus den Jahresabschlüssen der Unternehmen hervor. Ermittlungstechnisch waren diese Vorwürfe leicht aufzuarbeiten.

Meiner Meinung nach handelte es sich um Betrug im großen Stil. Der von Kristiansen verursachte Schaden liegt insgesamt im achtstelligen Bereich. Für die Staatsanwaltschaft Leipzig ist dies jedoch kein Grund tätig zu werden. Sie weigerte sich in Person von Staatsanwältin Siler erneut, Ermittlungen gegen Lap K. einzuleiten und stellte das Verfahren ein.

Staatsanwältin Siler sah keinerlei Anhaltspunkte für verwirklichte Straftaten und verwies zudem darauf, früher bereits erfolgreich untätig geblieben zu sein. Die Verfolgung des Beleidigungsvorwurfs lehnte sie ab, weil der von Lap K. erhobene Vorwurf nicht im Protokoll der mündlichen Verhandlung vor dem Oberlandesgericht festgehalten war. Als Außenstehende urteilte sie jedenfalls, es fehle an Tatsachen, die den Beleidigungsvorwurf rechtfertigen.

Schon in der Vergangenheit hatte Staatsanwältin Siler sich hartnäckig geweigert, strafrechtlich relevante Sachverhalte aufzuarbeiten. Darin lag geradezu eine Aufforderung an meinen ehemaligen Geschäftspartner Lap K., mit seinen Aktivitäten weiterzumachen und den Schaden erheblich zu vergrößern. Dafür schulde ich der Staatsanwaltschaft Leipzig meinen Dank.

Natürlich hätte Frau Staatsanwältin Siler Zeugen darüber befragen können, ob mich Lap K. tatsächlich beleidigt hat. Immerhin können diese sich an seine Attacke nur zu gut erinnern. Aber warum sollte die Staatsanwaltschaft Leipzig selbst banalste Vorgänge aufklären?? Es ist doch einfacher, eine Einstellungsverfügung zu schreiben und die Akte ist vom Tisch.

Zumindest bei der Staatsanwaltschaft Leipzig haben Verbrecher freie Fahrt.

Für mich war dies absolut inakzeptabel. Also wandte ich mich an den sächsischen Justizminister Gemkow und erstattete gegen Staatsanwaltschaft Siler Strafanzeige wegen Strafvereitelung. Ferner stellte ich einen Antrag auf Einleitung eines Disziplinarverfahrens, um die Gründe für ihre Untätigkeit besser hinterfragen zu können.

Der Ausgang beider Aktionen ist offen. Hoffnungen habe ich dagegen keine mehr.

Nachwort

Den Glauben an das Rechtsstaatsprinzip habe ich längst verloren. Die Vielzahl der Nackenschläge, die ich von den juristischen und politischen Vertretern der sächsischen Version des Rechtsstaates einstecken musste, erzeugte die beabsichtigte Wirkung.

Nun handelt es sich bei mir um eine Person mit juristischer Vorbildung. Das macht es am Ende allerdings nicht besser, sondern führt nur dazu, dass die Zusammenhänge noch dramatischer gesehen werden. Es ist ein Grund zu verzweifeln.

Auf der einen Seite steht die Vorstellung davon, wie ein grundgesetzkonform arbeitender Staat seine Bürger behandeln sollte. Die gelebte Realität im Freistaat Sachsen steht dieser Vorstellung jedoch diametral entgegen. Bis zuletzt übten meine Gegner an den Schaltstellen der Macht ihre Befugnisse hemmungslos aus und interessierten sich nicht für verfassungsrechtliche Mindeststandards. Hierbei handelt es sich um die bittere Realität.

Wie ergeht es nun Personen, die ohne entsprechende Vorkenntnisse in vergleichbaren Situationen ähnliche Attacken abwehren müssen? Sie sind sämtlich zum Scheitern verurteilt. Sie können den Widerspruch zwischen Vorstellung und Realität nicht auflösen. Sie können allenfalls selbst darüber entscheiden, wie viele Wunden diese Attacken schlagen werden. Ansonsten sind gesundheitliche Konsequenzen die logische Folge.

Kein Mensch sollte gezwungen sein, den Kampf ums Recht aufzugeben. Dies erfordert jedoch ein dramatisches Umdenken unserer Staatslenker. Allerdings scheinen sie das Problem jedoch nicht einmal erkannt zu haben.

Die Erosion des Rechtsstaates wird daher immer weiter fortschreiten. Am Ende steht möglicherweise ein Scheitern des gesamten Systems, das nicht mehr auf die Unterstützung der Bürger hoffen kann. Seine Glaubwürdigkeit steht schon lange auf dem Spiel.

Mit meinem Tagebuch versuche ich, einen Schlussstrich zu ziehen unter meinen aussichtslosen Kampf um den Rechtsstaat. Ich tat es außerdem, um anderen Menschen, die sich in einer ähnlich hoffnungslosen Lage befinden, Mut zu machen und aufzustehen.

Nicht diese Menschen unterliegen einem Irrtum. Der Irrtum liegt bei den Vertretern der öffentlichen Hand, welche die Einhaltung rechtsstaatlicher Grundsätze auf ihrem persönlichen Altar opfern. Sie scheuen nicht davor zurück, das Leben eines Menschen zu zerstören, sofern dies ihren Interessen entspricht.

Allerdings muss man sich auch nicht alles gefallen lassen.